Knaur

Von Stefan Maiwald ist außerdem erschienen:

Ungelöst

Über den Autor:

Stefan Maiwald, Jahrgang 1971, lebt und arbeitet als Autor in München. Im Knaur Taschenbuch Verlag erschien bereits sein Buch *Ungelöst* (77404).

Stefan Maiwald

Mysteriöse Todesfälle

Von Mozart bis Monroe:
Die ganze Wahrheit

Knaur

Besuchen Sie uns im Internet:
www.droemer-knaur.de

Originalausgabe Februar 2000

Redaktion: Werner Bauer
Umschlaggestaltung: Agentur ZERO, München
Umschlagabbildung: AKG, Berlin
Satz: Ventura Publisher im Verlag
Druck und Bindung: Ebner Ulm
Printed in Germany
ISBN 3-426-77451-8

5 4 3 2 1

Inhaltsverzeichnis

Vorwort 7
Wolfgang Amadeus Mozart 11
Napoleon Bonaparte 24
Edgar Allan Poe 35
Abraham Lincoln 42
Ludwig II. 52
Annie Chapman, Polly Nichols, Elizabeth Stride,
Catherine Eddowes, Mary Jane Kelly 61
Ambrose Bierce 69
Das Lindbergh-Baby 76
Antoine de Saint-Exupéry 86
Glenn Miller 95
James Dean 103
Rosemarie Nitribitt 110
Marilyn Monroe 116
John F. Kennedy 123
Paul McCartney 132
Bruce und Brandon Lee 141
Elvis Presley 148
Heinz-Herbert Karry 157
Roberto Calvi 165
Birgit Dressel 175
Alfred Herrhausen 183
River Phoenix 192
Kurt Cobain 200
Jitzhak Rabin 210

Gianni Versace 220
Diana 226
Falco 231
Florence Griffith-Joyner 238
Ausgewähltes Quellenverzeichnis 245

Vorwort

Von den Toten soll man nur Gutes reden, doch drumherum wird stets das Böse vermutet. Junge Prominente sterben keines natürlichen Todes, und selbst die Alten läßt man nicht mehr friedlich dahinscheiden. Der Tod adelt, und ein Tod durch den Meuchelmörder hebt das Opfer in den Himmel. Das aktuelle Beispiel: War Lady Diana zickig, untreu, weinerlich, mager- und selbstsüchtig? Keineswegs: Sie war mitfühlend, liebevoll, nobel, ja, eine wahre Königin der Herzen, in unermüdlichem Einsatz für die Armen, getötet vom Bösen schlechthin, das manche mittlerweile nicht nur bei Waffenhändlern oder Geheimdiensten, sondern im Buckingham Palace oder sogar bei der greisen Königinmutter höchstselbst vermuten. Und Prinz Charles war einem ohnehin schon immer suspekt.
In vielerlei Hinsicht ist *Ungelöst,* im Frühjahr 1999 im gleichen Verlag erschienen, der Vorläufer dieses Buches. Dort ging es primär um Verschwörungstheorien – doch auch bei ungelösten Todesfällen spielen Verschwörungstheorien eine beachtliche Rolle. Weil *Ungelöst* für recht viel Aufsehen gesorgt hat, waren die Reaktionen auf die dort behandelten Themen massiv. Insbesondere die Behauptung, US-Präsident John F. Kennedy sei höchstwahrscheinlich nur von einem einsamen Irren erschossen worden und nicht von einer wie auch immer gearteten Melange aus CIA, FBI, Mafia, Ostblock und Kuba, hat für so viel Widerspruch gesorgt, daß wir den Fall hier noch einmal aufrollen. Dazu

sind im Fall Kennedy neue Dokumente aufgetaucht, die Sandy Berger, der Sicherheitsberater von US-Präsident Bill Clinton, »sehr interessant« findet.
Einige weitere Personen, in anderem Kontext neu beleuchtet, gehören in beide Bücher: Wolfgang Amadeus Mozart, Ludwig II. von Bayern oder Marilyn Monroe. Und der Fall Diana läßt keinen ruhen und schafft es immer noch einmal wöchentlich auf die vordersten Seiten der Boulevardberichterstattung, so daß hier die neuen Erkenntnisse und die aberwitzigsten Spekulationen vorgestellt werden, die im letzten halben Jahr aufgetaucht sind.
Alles andere an diesem Buch ist neu. *Mysteriöse Todesfälle* sammelt und gewichtet die Rätsel, die beim Ableben bedeutender Persönlichkeiten zwangsläufig auftreten. Warum es eine Zwangsläufigkeit gibt, ist keineswegs so leicht zu erklären, und auch Soziologen tun sich schwer. Ist es unser technokratisches Jahrhundert, das das mystische Böse blühen läßt? Ist es das Millennium, das den Menschen Angst einjagt und in jeder Ecke einen dunklen Schatten vermuten läßt? Ist es die veränderte Medienwelt, die jedem noch so dubiosen Zeugen ein breites Forum bietet und von waghalsigen Mutmaßungen durch höhere Auflagen und Einschaltquoten profitiert? Ist es der immer stärkere Wunsch nach Identifikation, der unsere Stars zu Idolen ganzer Generationen macht? Ist es schlicht unsere ureigene Klatschsucht, weil der Mensch letztlich, wie es Umberto Eco einmal ausdrückte, ein *animal fabulator* ist?
Bei allem sollte nicht vergessen werden: Vieles geht tatsächlich nicht mit rechten Dingen zu. Menschen werden ermordet, einige unserer Idole sind ganz sicher keines natürlichen Todes gestorben – so wie es auch stets Verschwörungen gab, um unliebsame Personen zu beseitigen.

Dennoch: Viele Todesfälle werden von uns erst zu mysteriösen Todesfällen gemacht. Wo Rauch ist, sagt der Volksmund, ist auch Feuer – und die Rauchschwaden haben bei vielen Menschen offensichtlich den Blick auf die Wirklichkeit getrübt.

Wolfgang Amadeus Mozart

Mozarts früher Tod ist umrankt von Mythen, Legenden und Spekulationen – doch auch sein Leben ist eingepackt in Wattebäusche gnädiger Halbwahrheit. Selbst den Status »Wunderkind« zweifeln manche an, denn zum einen zog im Europa des 18. Jahrhunderts scharenweise begabtes Jungvolk von Fürstenhof zu Königshof; es gab einen regelrechten Wunderkind-Boom, den ehrgeizige Väter anzuheizen verstanden (eine Entsprechung heutiger Tennis-Clans). Zum anderen drillte ihn sein Vater Leopold seit dem vierten Lebensjahr: Fünf Stunden Klavierunterricht pro Tag waren Minimum, oft ging es schon vor dem Frühstück los. Kein Wunder, daß Mozart bereits als Sechsjähriger selbst komponierte. Musikwissenschaftler Dietmar Holland: »Der Komponist Mozart ist nicht vom Himmel gefallen, obgleich wir gern daran glauben möchten.«
Auch arm war er keineswegs, der Wahl-Wiener: Er kassierte rund 3000 Gulden im Jahr, nach heutigem Kurs etwa 120 000 Mark – eindeutig ein Besserverdienender (der allerdings das Geld genauso schnell ausgab, wie er es einnahm, weshalb denn am Ende auch nichts übrig war). Zyniker bemerken gern, daß er gar Milliardär gewesen wäre – quasi ein Andrew Lloyd Webber seiner Ära –, hätte das heutige Urheberrecht damals schon gegolten.
Sein Tod bleibt ein Mysterium. Bereits im Sommer 1791, augenscheinlich bester Gesundheit, vermutete Mozart: »Ich glaube, ich bin vergiftet worden.« Auch die Tatwaffe glaubte

er zu kennen: das populäre Aqua Toffana, eine farb-, geruch- und geschmacklose Mischung aus Arsen, Bleiweiß und Antimon. Seit September 1791 mußte er des öfteren tagelang das Bett hüten. Anfang November gestand er seiner Konstanze bei einer Fahrt in den Prater: »Mit mir dauert es nicht mehr lange, gewiß hat man mir Gift gegeben – ich kann mich von diesem Gedanken nicht losmachen.« Immerhin war der Giftmord bis zum 18. Jahrhundert ein modisches Verbrechen: An manchen Höfen war Gift ein Requisit »fast wie Blumen oder Edelsteine«, wie Mozart-Biograph Heinrich Eduard Jacob anmerkt. Am 18. November 1791 dirigierte Mozart noch öffentlich eine Kantate, zwei Tage später wurde er endgültig bettlägerig; er bekam Ödeme an Armen und Beinen. Man nähte ihm Nachtjacken, die er, da er mit den Händen nicht mehr an den Rücken kam, vorne zuknöpfen konnte. Weitere sicher belegte Symptome: Kopfschmerz, Schlaflosigkeit, Vergiftungsgefühl und Erbrechen. In den letzten Stunden machte sich offenbar auch eine Dyspnoe bemerkbar: die finale »große« Atmung, die von Mozarts Umgebung für das Markieren der Pauken gehalten wurde, während er jenes geheimnisvolle Requiem komponierte. Die Haushälterin Sophie Haibl schildert die letzten Minuten von Mozarts Agonie: »Closset, der Doktor, wurde lange gesucht, auch im Theater gefunden; allein er mußte das Ende der Piece abwarten. Dann kam er und verordnete ihm noch kalte Umschläge über seinen glühenden Kopf, die ihn so erschütterten, daß er nicht mehr zu sich kam, bis er verschied. Sein Letztes war noch, daß er mit dem Munde die Pauken in seinem Requiem ausdrücken wollte. Das höre ich noch jetzt ...«

Das Geheimnis des Requiems wenigstens ist aufgeklärt: Graf Franz von Walsegg, ein Dilettant, der über ausreichend Geld verfügte, brauchte die Totenmesse für seine kürzlich verstorbene Frau. Da er als der Verfasser gelten wollte – eine ärgerliche, aber übliche Bedingung bei damaligen Auftragsarbeiten –, hatte er einen Boten geschickt, der Mozart von diesem Wunsch unterrichtete und seinen Herrn nicht nannte.

Dennoch: Eine schauerliche Koinzidenz, daß Mozart über einer Totenmesse starb – und der Gedanke an den düster gekleideten, leise und mahnend sprechenden Boten schien ihm als Vorsehung des eigenen Todes. Mozart schrieb seinem Librettisten Da Ponte: »Ich sehe ihn ohne Unterlaß. Er bittet mich, er drängt mich, er verlangt die Arbeit von mir …«

Durch wessen Hand starb Mozart? Bereits zwei Tage nach seinem Tod blühten die Spekulationen im klatschversessenen Wien. Ehefrau Konstanze feuerte die Gerüchteküche an: »Er hatte viel mitleidslose Feinde, die ihn in den Tod jagten.«

Die populärste Theorie lautet: Antonio Salieri, Lehrer Beethovens und Schuberts, Erster Kapellmeister am Wiener Hof und Vertreter der italienischen Opernschule, hat Mozart auf dem Gewissen. Erst seit 1820 mußte sich der alte Mann derartige Vorwürfe anhören, vorher hatte es niemand gewagt, den Ruf des verdienstvollen Wiener Hofkapellmeisters öffentlich anzuzweifeln. Zerfressen von Neid und Eifersucht sei Salieri auf den Jüngeren, Erfolgreicheren gewesen. Auch nationalistische Argumente werden ins Feld geführt: Der Italiener Salieri verkraftete den Erfolg der deutschen Oper *Zauberflöte* nicht. Historisch belegt ist das Geständnis des senilen Salieri, der 1823, als 73jähriger, einem Priester beichtete, er habe Mozart vergiftet. Salieris Krankenpfleger Rosenberg und Porsche hingegen bezeugten, daß der inzwi-

schen wahnsinnige Greis alles mögliche fantasierte, doch »Mozarts Vergiftung« sei nicht darunter gewesen.
Gegen die Salieri-Theorie spricht, daß er finanziell viel erfolgreicher war als Mozart, und sein Ansehen bei seinen Zeitgenossen war zumindest ebenso groß. Die Tragödie vom Mittelmäßigen, der das Genie des anderen erkennt und sich für die ungerechte Verteilung der Talente rächen will, ist ein großartiger dramaturgischer Kunstgriff – aber durch nichts abgesichert.
Salieri selbst allerdings tat alles, um sich bei seinen Zeitgenossen verdächtig zu machen – nämlich nichts: Er schwieg beharrlich. Kein Brief und auch kein anderes Zeugnis von Salieris Hand ist bekannt geworden, in dem von Mozart die Rede wäre. Rossini, der den über vierzig Jahre älteren Komponisten-Kollegen 1822 in Wien besuchte, konnte seine Neugier nicht zügeln und fragte Salieri, eher im Scherz, nach dem frühen Tod Mozarts und den Gerüchten um einen Giftmord. Rossini berichtete, Salieri habe höflich und gelassen reagiert und etwas derart weit Hergeholtes nicht kommentieren wollen. Dennoch, vermutet Richard Armbruster in seinem Aufsatz *Salieris Schweigen,* werden die bald einsetzende Mozart-Bewunderung und die Verdächtigungen den alten Salieri getroffen haben. Selbst die Schüler des Hofkapellmeisters waren Mozart verfallen; sein Kompositionsstudent Franz Schubert schrieb glühende Liebeserklärungen in sein Tagebuch und beschäftigte sich viel intensiver mit Mozarts als mit Salieris Werken; Schuberts Freund Hüttenbrenner gar bat seinen Lehrer Salieri darum, ihm Mozarts Sterbehaus zu zeigen. Nein, Salieri sprach nicht gern über Mozart. Der Musikredakteur Friedrich Rochlitz mußte 1822 hartnäckig nachfragen, bis Salieri gestand, daß er von den Opern Mozarts den *Figaro* am meisten schätze. Hütten-

brenner dazu: »Soviel ich weiß, hat Salieri nur eine Aufführung des *Don Juan* versäumt. Dieses Werk muß ihn absonderlich interessiert haben; ich wüßte aber nicht, daß er sich je darüber enthusiastisch ausgesprochen hätte.«
Für echten Konkurrenzneid zwischen Mozart und Salieri spricht einiges. Mozarts italienische Opern mußten sich am Spielplan in Wien zwar nicht nur gegen die Werke Salieris durchsetzen, sondern auch gegen die Paisiellos, Cimarosas und Martins. Mit Salieri aber verband Mozart der Umstand, daß beide die einzigen erfolgreichen Komponisten von italienischen Opern waren, die auch in Wien lebten. Besondere gegenseitige Beachtung fanden die Werke auch deswegen, weil beide für dieselben Sänger schrieben. Jeder versuchte, die Sänger auf seine Seite zu ziehen, denn auch von deren Wohlwollen hing es ab, wie der Wettkampf der Uraufführungen entschieden wurde.
Sieben Jahre nach Mozarts Tod hat Salieri den gemeinsamen Wiener Jahren ein Denkmal gesetzt. Sein *Falstaff,* eine *Opera comica,* am 3. Januar 1799 im Wiener Kärntnerthortheater Premiere feierte, besteht zu gut einem Drittel aus Zitaten und Anspielungen auf Mozarts Kompositionen *Figaro, Don Giovanni* und *Così fan tutte.* Setzt man seinem Erzfeind ein – wenn auch verschlüsseltes und nur für Experten zu durchschauendes – Denkmal?
Mathilde Ludendorff, fanatische Ehefrau des Ersten-Weltkrieg-Feldherren und späteren Hitler-Förderers, behauptete, Freimaurer hätten Wolfgang auf hinterhältige Weise ermordet. Grund: Der damalige Dritte Kapellmeister des Wiener Hofs habe in seiner 1791 uraufgeführten Oper *Die Zauberflöte* in nur leicht verschlüsselter Form zuviel über die Rituale der Freimaurer ausgeplaudert. Nur: Warum hätten sie sich ausgerechnet Mozart als Opfer ausgesucht

und nicht den Textautoren Schikaneder (der allerdings kein Freimaurer war) oder den Mitautoren (und Freimaurer) Giesecke, die beide eines natürlichen Todes starben?
Für die Anhänger der »Jesuiten-Theorie« steht fest, daß die Jesuiten Mozart quasi aus dem gleichen Grund wie die fanatischen Logisten umbrachten: Er sei ein zu exponierter Propagandist des vom Heiligen Vater mit dem Bannfluch belegten Freimaurertums gewesen. Gewagt, aber den Jesuiten traute man offenbar alles zu: Auch Papst Klemens XIV., der Wolfgang Amadeus Mozart 1770 zum *sperone d'oro,* zum Ritter vom Goldenen Sporn, ernannte, soll von den Jesuiten getötet worden sein. Am 21. Juli 1773 unterzeichnete Klemens das *Breve Dominus ac redemptor noster,* worin er *ex plenitudine potestatis Apostolicae,* kraft seiner Apostelmacht, den Jesuitenorden verbot. Seit diesem Tage kränkelte er; als er bald darauf starb, wohl an der Schwindsucht, schrie man aus, der Heilige Vater sei von den Jesuiten vergiftet worden. Die Leiche sei so schnell verwest, daß man nicht habe wagen können, sie in Prunkgewändern auszustellen. Klemens' Leibarzt Salicetti versuchte, mit einem protokollierten Eid das Gerücht aus der Welt zu schaffen. Ohnehin werden die Jesuiten gern herbeizitiert, wenn es um die große Verschwörung geht – aber warum sie nun ausgerechnet Mozart ermordet haben sollen, erschließt sich keiner ernsthaften Überlegung.

Ebenfalls im Kreis der Mordverdächtigen: Mozarts Untermieter und Kompositionsschüler Franz Xaver Süßmayr. Der Fünfundzwanzigjährige soll ein Verhältnis mit Konstanze gehabt haben. Tatsächlich fuhren Süßmayr und Konstanze in Mozarts letzten drei Lebensjahren jeden Sommer gemeinsam nach Baden. Als im Juli 1791 Mozarts sechstes Kind zur

Welt kam, erhielt es auf Wunsch Konstanzes den Namen Franz Xaver Wolfgang. Verdächtig? Nicht unbedingt: Schließlich war Süßmayr Taufpate. In Briefen Mozarts an seine Frau heißt es: »… [Dein] Hofnarr …«, dem er tausend tüchtige Ohrfeigen übermitteln ließ, »… der ächte Freund Franz Süßmayr Scheisdreck … der mich am Arsch lecken soll …« Eifersucht oder Mozarts typischer Fäkalhumor? In jedem Fall ein gewagtes Unterfangen, daraus eine Mordtheorie zu konstruieren; allerdings verließ Süßmayr die Wohnung am Tag nach Mozarts Tod und sah Konstanze nie wieder. Sie hat sich später bemüht, seinen Namen aus vielen Dokumenten zu tilgen – angeblich aus Rache, weil er die Witwe nicht heiraten wollte.

Hauptverdächtiger der neueren Geschichtsschreibung: der Justizkanzlist Franz Hofdemel, ein Nachbar Mozarts. Hofdemels Frau Magdalena, eine dreiundzwanzigjährige stadtbekannte Schönheit, war Lieblingsschülerin des Komponisten und seit dem Sommer 1791 schwanger. Mozart widmete ihr sein intimstes Klavierkonzert (Köchelverzeichnis 595). Am 6. Dezember 1791 nahm sie im Stephansdom am Trauergottesdienst für den am Tag zuvor verstorbenen Mozart teil; als sie heimkam, attackierte ihr Mann sie mit einem Rasiermesser. Die Todesschreie alarmierten die Nachbarn, die einen Schlosser holten, der die Tür aus den Angeln heben mußte. Den sechsunddreißigjährigen Hofdemel fand man mit durchgeschnittener Kehle auf dem Bett, Magdalena lag bewußtlos in einer Blutlache »mit Schnittwunden im Gesicht, am Hals, an Schultern und Armen«. Sie überlebte knapp, schwer verletzt und für den Rest ihres Lebens entstellt.

In Wien gab es keinen Zweifel, daß dieses Eifersuchtsdrama mit Mozarts Tod zusammenhing. Der englische Autor Fran-

cis Carr vermutet denn auch Franz Hofdemel als Mozarts Mörder, dessen Selbstmord und Mordversuch an seiner Frau »unter dem Eindruck von Schuldgefühlen und der schrecklichen Vorstellung, sein Verbrechen könnte entdeckt werden«, erfolgt sei. Rolf Hochhuth schreibt dazu: »Carr ... unterbaut seinen – sehr überzeugenden – Krimi mit zahllosen Fakten, die nicht als Gerede und Gerüchte abgetan werden können.« Da Hofdemel Mitglied derselben Freimaurerloge wie Mozart war, wäre damit, laut Carr, auch die merkwürdige Zurückhaltung der Bundesbrüder verständlich. »Wenn ein so begnadetes Mitglied der Loge stirbt, darf man normalerweise einen ausführlichen Nekrolog erwarten. Doch im Falle Mozarts veröffentlichte der Theaterdirektor Karl Hensler in den Logenblättern lediglich einen kurzen Lebenslauf. War Mozart vergiftet worden, so konnten die Freimaurer darum gewußt haben, und dies wäre ein gravierender Grund für sie gewesen, kein Wort in dieser grauenhaften Angelegenheit verlauten zu lassen.«
Seit 200 Jahren grübeln auch Ärzte über die genaue Todesursache – möglicherweise aus schlechtem Gewissen: Einiges spricht dafür, daß die Roßkur der damaligen Quacksalber (vier Aderlässe in zwei Tagen sowie salzige Getränke und Brechmittel) Mozarts Ableben beschleunigt hat. Im März 1957 erschien in der *Wiener medizinischen Wochenschrift* ein Aufsatz des Mainzer Arztes Dieter Kerner, der die Todesursache mit »Erethismus mercurialis« – chronische Quecksilbervergiftung – diagnostiziert. »Nach dem Stand der Dinge kann nicht daran gezweifelt werden«, schreibt Kerner, »daß Mozart einer Vergiftung zum Opfer gefallen ist, welche im Sommer 1791 zunächst mit unterschwelligen Dosen systematisch eingeleitet wurde, bevor er schließlich in der zweiten Novemberhälfte die tödliche

Restdosis erhielt, so daß Arme und Beine anzuschwellen begannen.«
Der Arzt und Schriftsteller Dr. Till Bastian glaubt zwar ebenfalls an eine Quecksilbervergiftung, behauptet aber, daß bei Mozarts Tod kein Mörder im Spiel war. Der Komponist habe sich unwissentlich durch das damals populäre Heilmittel Kalomel (Quecksilberchlorid) vergiftet – vielleicht, weil er es täglich gegen Verstopfung nahm. Gerade bei Abführmitteln sei die Gefahr, die Dosis ständig zu steigern, sehr groß; so könne es zu einer schleichenden Selbstvergiftung gekommen sein. Außerdem glaubte das Rokoko, sich mit geringen Quecksilberdosen vor Syphilis und anderen »galanten« Krankheiten schützen zu können.
Dr. Aloys Greither, profilierter Mozart-Biograph, zählt 1981 im *Deutschen Ärzteblatt* akribisch die Krankengeschichte auf: »... Katarrhe, Zahnbeschwerden, Anginen. Sie sind bezeugt für die Jahre 1762, 1763, 1764, 1765, 1774, 1781 (wiederholt), 1783, 1790. Als schwere Krankheiten ragen heraus: ein (wohl nicht rheumatisches) Erythema nodosum 1762, zwei Schübe eines akuten rheumatischen Fiebers 1762 und 1766, ein Abdominaltyphus 1765/66, die echten Pocken 1767/68, eine lange schleichende Krankheit von Ende 1769 bis Frühsommer 1771, eine ›schwere Krankheit‹ mit Koliken 1784. 1787 notierte Mozart, daß sein Freund Dr. med. Barisani, ihm in den Jahren zwischen 1782 und 1787 ›zweimal das Leben gerettet‹ habe. Seit 1782 wurde Mozart dicklich. In den letzten Lebensjahren 1789, 1790 und 1791 war er häufig krank, verstimmt, bettlägerig und zur Arbeit nicht fähig. Ab Sommer 1791 verfiel er sichtlich. Die Resistenz, die Mozart den zum Teil sehr schweren Krankheiten gegenüber bewies, wie auch die lange zuvor sich ankündigende Todeskrankheit machen es recht unwahrscheinlich, daß er, aus

voller Gesundheit heraus, einem epidemischen Fieber erlegen sein soll.« Also doch eine Vergiftung? Nein, Greither kommt zu dem Schluß »finale Urämie«, eine Harnvergiftung durch Nierenversagen – also ein natürlicher Tod. Greither unternimmt sogar den gewagten Versuch, das Nierenleiden anhand von Mozarts Lebensgeschichte als chronisch zu diagnostizieren: Auf seiner ersten Italienreise mit dem Vater, von 1769 bis 1771, schrieb Leopold an Frau und Tochter, er sei froh, sie nicht mitgenommen zu haben: »Ihr würdet die Kälte nicht haben ausstehen können« (26.1.1770). Der Sohn zog sich Erfrierungen des Gesichts und an den Händen zu – der einundfünfzigjährige Vater überstand den Winter unbeschadet. Greither, fachlich trocken: »Da aber beide unter nahezu gleichen Bedingungen lebten, muß ein kritisch analysierender Arzt daraus den Schluß ziehen, daß bei Mozart ein anderer körperlicher Status vorgelegen habe.« Insgesamt verhielt sich der vierzehnjährige Wolfgang auffällig: Er ist müde und enorm schlafbedürftig, die Metropolen Rom und Neapel nennt er »Schlafstädte«; er ist apathisch und für einen Pubertierenden ungewöhnlich zurückhaltend im Essen. Vater Leopold lobt diese Zurückhaltung und berichtet, Wolfgang sei trotzdem »fett, lustig und fröhlich«. Der Verdacht drängt sich auf, daß Mozart nicht eigentlich dick, sondern aufgedunsen war. Diese Leidensgeschichte zieht sich durch Mozarts weiteres Leben, und damals dürfte es unmöglich gewesen sein, aus Korpulenz, gesteigertem Durst und den für Nierenkranke typischen Stimmungsschwankungen deutliche Hinweise auf ein chronisches Leiden zu erkennen.

Anfang der neunziger Jahre tauchte die letzte und reichlich abenteuerliche Theorie auf: Mozart sei an einem Schädelbruch gestorben. Das will der französische Anthropologe

Pierre-François Puech nach Untersuchungen am mutmaßlichen Schädel Mozarts festgestellt haben, der im Salzburger Mozarteum aufbewahrt ist. Auch der amerikanische Neurologe Miles E. Drake von der Ohio State University untersuchte diesen Schädel und veröffentlichte seine Erkenntnisse im Januar 1994 in der renommierten Fachzeitschrift *Neurology*. Drake hatte den Hinweis auf eine Verletzung an der Stirn gefunden. Er schloß daraus, daß diese Verletzung ein Blutgerinnsel hinter dem Schädelknochen gebildet haben könnte, das auf das Gehirn drückte. Belege fand der Neurologe durch eigene Berichte Mozarts, der offenbar im Jahr 1790 oder 1791 gestürzt war. Seitdem beschrieb er seinen Freunden typische Symptome eines Blutergusses: Er reagierte plötzlich empfindlich auf den Gesang seines Kanarienvogels und litt unter schwersten Kopfschmerzen, Schwächeanfällen, Lähmungserscheinungen, Erbrechen, Seh- und Bewußtseinsstörungen. Miles E. Drake entdeckte Risse im linken Schädelknochen. Seine Theorie: Mozart stürzte betrunken zu Boden, schlug dabei mit dem Kopf auf und zog sich einen Bruch in der Schädeldecke zu. Zwischen Gehirn und Schädeldecke bildete sich ein Blutgerinnsel. Dabei sickerte Blut bis unter die harte Hirnhaut. Durch die Gerinnung erhöhte sich der Blutdruck in Mozarts linker Gehirnhälfte – möglicherweise eine Erklärung für die Stimmungsschwankungen, Schwindelanfälle und Depressionen, die ihn immer wieder befielen. Mozart selbst erwähnt 1790 in Briefen an einen Kaufmann »chronische Depression, schwarze Gedanken und Kopfschmerzen«. Seine Ärzte diagnostizierten »Ablagerungen« im Gehirn. »In der Sprache des 18. Jahrhunderts konnte dies ebenso ein Geschwür wie einen Gehirntumor oder ein Blutgerinnsel bezeichnen«, so Drake. Mozart hätte das Blutgerinnsel überleben können.

Nach dem Unfall ließen ihn seine Ärzte jedoch sofort zur Ader. Mit dem Riß in seiner Schädeldecke konnte Mozart keinen starken Blutverlust verkraften. Vermutlich, so Drake, erlitt er durch den rapide sinkenden Blutdruck einen Schlaganfall.
Schwachstelle der Theorie: Mutmaßlich dürfte die Reliquie nicht einmal als authentisch gelten. Angeblich hatte derselbe Totengräber, der Mozart im Massengrab verscharrte, den Schädel nach zehn Jahren wieder ausgegraben. Analysen ergaben, daß es sich um den Schädel eines Mannes handelt, der bei seinem Tod zwischen fünfunfzwanzig bis vierzig Jahre alt war. Die Form, einschließlich der für Mozart typischen hohen Wangenknochen und der ovalen Stirn, ließ sich deckungsgleich auf ein Porträt des Komponisten übertragen – doch vermutlich auch auf Tausende weiterer Porträts aus der damaligen Zeit.
Ob Mord, Selbstmord, Ärztepfusch oder eine Nierenkrankheit: Mozarts Tod hat ein unheimliches Nachspiel. Im Jahr 1825 bittet die »Händel- und Haydn-Gesellschaft« in Boston den Bankangestellten und Musikliebhaber Jason Otis, persönlich bei Ludwig van Beethoven in Wien ein Werk in Auftrag zu geben – offiziell. Inoffiziell möchte die Gesellschaft das Geheimnis von Mozarts Tod ergründen. Beethoven, von Otis eindringlich befragt, will nichts von der angeblichen Schuld seines Lehrers Salieri wissen. Um so mehr sind fast alle anderen einstigen Freunde und Verwandten Mozarts davon überzeugt, daß der Maestro das Opfer eines Mordanschlags geworden war. Als ein Beweis gilt für sie die Art, wie der Komponist in einem nicht näher gekennzeichneten Massengrab verscharrt worden war (Beerdigungskosten: 8 Gulden, 36 Kreuzer). Es hatte keine Obduktion gegeben, eine Exhumierung war nicht mehr möglich. Jason Otis trifft

fast alle bedeutenden Menschen des Wien von 1825, mißachtet alle Warnungen, seine Nachforschungen einzustellen, und wird schließlich mit seiner Ehefrau in die Donau geworfen. Beide ertrinken.

Napoleon Bonaparte

Der Patient seufzte; im Morgengrauen zählte der anwesende Arzt die Zeit bis zum nächsten Seufzer. Fünfzehn Sekunden vergingen, dann dreißig, dann eine Minute. Plötzlich öffneten sich die Augen des Patienten. Ein anderer Arzt schloß sie, der Puls verschwand. Es war der 5. Mai, elf Minuten vor sechs: Napoleon war nicht mehr.

Napoleon war tot, aber wie und warum? Warum starb ein Mann, dessen geistige und körperliche Kraft legendär waren, im frühen Alter von einundfünfzig Jahren? Während seines Exils auf St. Helena hatte sich sein Gesundheitszustand konstant verschlechtert. Andere Exilanten machten das Klima der Insel dafür verantwortlich und beschuldigten die britische Regierung, Napoleon absichtlich in dieses Klima geschickt zu haben.

Um 14 Uhr des nächsten Tages versammelten sich siebzehn Personen im Billardzimmer des Longwood-Hauses, in dem Napoleon seine letzten Jahre verbracht hatte. Das Billardzimmer wurde gewählt, weil es das größte und am besten beleuchtete Zimmer des Longwood-Hauses war. Die Autopsie stand bevor; unter den siebzehn Anwesenden befanden sich der treue Kammerdiener Louis Marchand, zwei französische Offiziere, Montholon und Bertrand, Repräsentanten des britischen Gouverneurs und sieben Ärzte. Sechs der sieben Ärzte waren Engländer; der siebte Arzt hieß Francesco Antommarchi, ein dreißigjähriger Korse, während der letzten achtzehn Monate Napoleons Leibarzt.

Die unappetitlichen Einzelheiten der Autopsie sollen übergangen werden, doch am Ende konnten sich die sieben Doktoren nicht auf einen einheitlichen Autopsiebericht einigen und reichten vier verschiedene ein. Diese vier Berichte stimmten dahingehend überein, daß sich im Magen ein Geschwür befand. Antommarchi klassifizierte es als Krebsgeschwür; die englischen Ärzte glaubten, es sei eine Vorstufe zu Krebs.

Diese Autopsieberichte führten zu der weitverbreiteten Annahme, Napoleon sei an Magenkrebs gestorben. Der britische Gouverneur Sir Hudson Lowe zeigte sich erleichtert, denn so war er von aller möglichen Verantwortung befreit. Einer der englischen Ärzte allerdings, Thomas Shortt, bezeichnete die Leber als »vergrößert«. Das war genau das, was Hudson Lowe nicht hören wollte – eine kranke Leber würde die Theorie stützen, Napoleon sei an den schlechten Lebensbedingungen auf St. Helena gestorben. Der Gouverneur ließ Shortt zu sich rufen und forderte ihn auf, diese Erkenntnis aus seinem Bericht zu streichen. Shortt willigte zunächst ein, doch als er St. Helena verließ, nahm er besagte Erkenntnis wieder in seinen Bericht auf. Auch Antommarchi schrieb, die Leber sei abnorm vergrößert gewesen.

Göteborg, Schweden, Herbst 1955. Sten Forshufvud, ein Zahnarzt und Toxikologe, ist besessen von Geschichte. Genauer: von französischer Geschichte. Noch genauer: von Napoleon selbst. In seinem Wohnzimmer hängen Porträts des französischen Kaisers, in seinem Büro steht jede auf dem Markt erhältliche Biographie.

An diesem Herbsttag las Sten Forshufvud die Erinnerungen von Louis Marchand. Napoleons Kammerdiener hatte diese Erinnerungen zunächst nur für seine Tochter geschrieben; erst 134 Jahre später wurden sie publiziert. Zwar gab es schon einige Theorien über Napoleons Tod, doch stützten sich all diese Theorien auf die vier Autopsieberichte und konnten niemanden so recht überzeugen. Marchand aber hatte die letzten Monate, Wochen und Tage Napoleons präzise beschrieben: wie er sich fühlte, was er aß, wie er auf welche Medizin reagierte, wie er aussah.

Forshufvud erkannte ein bestimmtes Muster in den Details, die Marchand auflistete. Marchand beschrieb Napoleon als schwankend zwischen Schläfrigkeit und Schlaflosigkeit, erwähnte seine geschwollenen Füße und seine Klage darüber, daß »mich meine Beine nicht halten können«; Marchand beobachtete, wie Napoleon sein gesamtes Körperhaar verlor – allerdings nicht sein Kopfhaar.

Der Toxikologe Forshufvud stellte sich die Frage, ob Napoleon vergiftet worden sein könnte. Natürlich nicht mit einer einzigen, starken Dosis, denn die wäre bei einer Autopsie vermutlich erkannt worden. Doch was wäre mit einem langsamen Mord, über Monate oder sogar Jahre mit winzigen Mengen Gift verübt?

Zu Napoleons Zeit wäre es sicher Arsen gewesen – ein Gift, das den Namen »Erbschaftszucker« trug, weil es oft für das effektive Beiseiteschaffen der Elterngeneration benutzt wurde. In der Tat ist Arsen eine nahezu perfekte Mordwaffe: Es ist farb- und geruchlos und läßt sich daher unbemerkt in jedes Getränk und Lebensmittel mischen. 0,2 Gramm reichen, um einen Menschen innerhalb von 24 Stunden umzubringen. Falls gleichzeitig noch bestimmte Brechmittel verabreicht werden, läßt sich Arsen im Magen nicht mehr nachweisen – und weil die Ärzte zu jener Zeit beinahe ständig diese Brechmittel verordneten, brachte der Täter den Arzt dazu, dem Opfer den Rest zu geben und gleichzeitig den Beweis zu vernichten. Fürwahr ein perfektes Verbrechen.

Forshufvud verglich Marchands Augenzeugenbericht mit den bereits bekannten Umständen von Napoleons Tod. Die Ärzte hatten in ihrer Autopsie kein Arsen nachweisen können, weil sie Napoleon in den letzten Tagen hohe Dosen Brechmittel verschrieben hatten – eine klar diagnostizierte Vergiftung hätte im übrigen katastrophale politische Folgen gehabt.
Außerdem erklärte die Arsen-Theorie die rätselhafteste aller Fragen um Napoleons Tod. Das Problem mit der bisher allgemeingültigen Theorie – Magenkrebs – war nämlich, daß Krebspatienten mit fortgeschrittener Krankheit radikal abmagern. Napoleon hingegen wurde dicker und dicker fast bis zum Ende – ein Indiz für eine langsame Arsenvergiftung. Napoleon erlitt in seinen letzten Tagen zweiundzwanzig von dreißig sicheren Symptomen einer Arsenvergiftung; neben den bereits erwähnten unter anderem Phasen großen Hungers, die mit Appetitlosigkeit wechselten. Und: Keines der Symptome sprach gegen eine Arsenvergiftung.
Dennoch: Grau und wenig überzeugend ist alle Theorie. Forshufvud blieb nur eine winzige Chance, seine Theorie eindrucksvoll zu belegen – er brauchte Napoleons Haar. Das nächste Problem: Um Arsen im Haar nachweisen zu können, benötigte man (wir befinden uns schließlich in den fünfziger Jahren!) fünf Gramm – also immerhin rund 5 000 einzelne Haare.
Das Glück war jedoch auf der Seite des tapferen Schweden: Im Wissenschaftsmagazin *Analytical Chemistry* veröffentlichte im Jahr 1959 der Toxikologe Dr. Hamilton Smith, ein Wissenschaftler der Gerichtsmedizinischen Abteilung der Universität von Glasgow, eine Möglichkeit, Arsentests auch mit wenig Haar durchzuführen. Dr. Smith dachte dabei nicht an Napoleon, sondern wollte die schädlichen Einflüs-

se des Giftes im Zusammenhang mit Lungenkrebs nachweisen. Dazu entwickelte er in Zusammenarbeit mit dem Harwell Atomic Research Center bei London eine Methode, die mit Hilfe von nuklearem Beschuß schon in einem einzigen Haar das Arsen meßbar aktiviert.
Nachdem Forshufvud zunächst »Prinz Napoleon«, einen Ahnen von Napoleons jüngerem Bruder Jerôme, vergeblich zu kontaktieren versucht hatte, erhielt er Napoleons Haar vom Kommandanten Henry Lachouque, einem französischen Napoleon-Experten.
Forshufvud war seinem Lebensziel nahe: Er schickte das Haar zu Hamilton Smith nach Glasgow, und im Juli 1960 erhielt er endlich Antwort. Hamilton Smith schrieb: »Die mir von Ihnen geschickte Probe mit der Bezeichnung H. S. zeigte nach meiner Analysemethode einen Wert von 10,38 Mikrogramm Arsenik pro Gramm Haar. Dieser Wert beweist, daß die Person relativ hohen Dosen von Arsen ausgesetzt war.«
Der Wert von 10,38 Mikrogramm ist tatsächlich hoch; normalerweise liegt der Wert im menschlichen Haar bei 0,8 Mikrogramm – in heutiger Zeit. Zu Napoleons Zeiten, mit weniger schädlichen Umwelteinflüssen, lag sie eher niedriger; Napoleons Haar enthielt also mindestens dreizehnmal mehr Arsen als normal.
Forshufvud fragte bei Hamilton Smith nach: Könnte das Arsen von einer anderen Quelle gekommen sein, etwa von einer Haarlotion? Nein. Extern zugeführtes Arsen würde von der Analyse anders erfaßt werden. Das untersuchte Haar hat das Arsen definitiv aus der Wurzel, also aus dem Körper selbst, aufgenommen.
Hamilton Smith präsentierte Forshufvud eine weitere Untersuchungsmöglichkeit: Man könnte das Haar auch Stück für Stück analysieren und würde so aufzeigen können, in

welchen Mengen und in welchen Intervallen das Opfer das Arsen aufgenommen hat. Ein relativ konstanter Graph beispielsweise würde zeigen, daß das Gift regelmäßig, vielleicht täglich, in den Körper gelangte, falls es sich beispielsweise im Trinkwasser befand. Ein nach oben und unten ausschlagender Graph hingegen würde zeigen, daß das Gift in Intervallen in den Körper gelangte.

Im britischen *Nature,* einem der weltweit angesehensten Wissenschaftsmagazine, erschien am 14.10.1961 ein detaillierter Bericht über Hamilton Smith' erste Untersuchungen an Napoleons Haar.

Unterdessen schaffte es Forshufvud, weiteres Haar von Napoleon zu bekommen, und zwar von – neben Lachouque – vier weiteren Sammlern, die über den Globus verstreut lebten (und sich aufgrund der zahlreichen Presseberichte, etwa in der *New York Times,* bei Forshufvud oder Hamilton Smith gemeldet hatten): von Clifford Frey, einem Textilunternehmer, der in der Schweiz lebte; von Dame Mabel Brookes aus Australien, der Urgroßtochter William Balcombes, der auf St. Helena und im Longwood-Haus zur Zeit von Napoleons Exil für die Lebensmittel-Lieferungen zuständig gewesen war; von Colonel Duncan Macauley, einem Nachfahren von Admiral Pulteney Malcolm, der von 1816 bis 1817 Oberbefehlshaber auf St. Helena war und der damals die Locke von Napoleon persönlich erhalten hatte; und von Gregory Troubetzkoy aus New York, dem Ahnen einer großen russischen Familie, die unter anderem in Tolstois *Krieg und Frieden,* dem Werk über den napoleonischen Feldzug aus russischer Sicht, als »Drubetskoys« verewigt ist. All diese Haare stammten definitiv von ein und derselben Person; und in allen Haaren ließ sich eine deckungsgleiche Arsenkonzentration feststellen.

Aus den Untersuchungsergebnissen und aus den Augenzeugenberichten konnte Forshufvud auf sechs Verabreichungen von Gift in Napoleons letzten sieben Monaten schließen: 18.9.–21.9.1820, 10.10.–18.10.1820, 25.10.–1.11.1820, 28.12.–30.12.1820, 26.1.–29.1.1821 und 26.2.–27.2.1821. Im April erholte sich Napoleon kurzzeitig und schrieb seinen Letzten Willen; dann warf ihn die Krankheit endgültig nieder. Hamilton Smith' neue Untersuchungen mit allen vorliegenden Haaren bestätigten diese Intervalle.
Damit war für Forshufvud und Hamilton Smith bewiesen: Napoleon wurde vergiftet. Daraus ergibt sich das zweite große Rätsel: Wer hat den Mord in Auftrag gegeben, und wer hat ihn ausgeführt?
Zunächst jedoch müssen berechtigte Einwände widerlegt werden, denn die Vergiftungstheorie wird trotz der Indizienlage stark angezweifelt. Das Gift sei von einer arsenhaltigen Haarcreme gekommen, von den Gardinen oder Tapeten im Longwood-Haus oder von einem Tonikum, das Napoleon zu sich nahm.
Forshufvud und andere Verfechter der Vergiftungstheorie entgegnen darauf folgendes: Das Haarmittel hätte einen konstanten Level von Arsen bewirkt und nicht einen so stark schwankenden. Das gleiche gilt für die Gardinen oder Tapeten – außerdem hätten sie auch alle anderen Personen, die im Longwood-Haus lebten, erkranken lassen. Und das auf Arsen basierende Tonikum verbreitete sich erst um das Jahr 1860 in Frankreich.
Ben Weider und David Hapgood, Autoren des Buches *The Murder of Napoleon*, glauben, Auftraggeber und Mörder entlarvt zu haben, auch wenn hier nicht mit wissenschaftlichen Beweisen gearbeitet werden kann. Der Auftraggeber des Mordes heißt Graf d'Artois, der jüngere Bruder sowohl von

Ludwig XVI., der während der Französischen Revolution geköpft wurde, als auch von Louis XVIII., dem ersten König der Restauration. Während seines fünfundzwanzigjährigen Exils machte d'Artois keinen Hehl aus seinem fanatischen Haß gegen Napoleon – schon deshalb, weil nur eine Verhinderung von Bonapartes erneuter Rückkehr garantieren würde, daß er selbst König werden könnte. So geschah es: Nach dem Tod seines Bruders wurde d'Artois 1824 als Charles X. König. Die Julirevolution 1830 stieß ihn vom Thron; er starb im Exil.

Warum aber haben d'Artois oder andere Aristokraten (jeder Monarch hatte Angst vor Napoleons erneuter Rückkehr, und möglicherweise gab es nicht nur einen, sondern mehrere Auftraggeber aus dem Kreis des europäischen Hochadels) dem Opfer nicht eine einzige starke Dosis verabreicht? Weil die Bourbonen zuviel Angst vor einer Revolte von Napoleons Anhänger hatten; auch hatte eine allmähliche Vergiftung den Vorteil, Napoleon auf der Insel festzuhalten – ein körperlich und geistig frischer Napoleon hätte womöglich eine Flucht versucht.

Forshufvud, Weider und Hapgood wußten, daß der Mörder selbst ein enger Vertrauter gewesen sein mußte, der Napoleon nahe genug stand, um ihm regelmäßig Gift verabreichen zu können. Am Ende blieb ein Hauptverdächtiger: der französische Offizier Charles-Tristan de Montholon. Viele Gründe sprachen für seine Täterschaft: Er stammte aus der alten Aristokratie. Napoleon verweigerte ihm die Beförderung und verbat ihm, seine Albine zu heiraten. Montholon tat es trotzdem und wurde von Napoleon entlassen. Als Napoleon nach Elba verbannt wurde, verkehrte Montholon wieder in bourbonischen Zirkeln. Sein Stiefvater, Graf de Semonville, war ein guter Bekannter von d'Artois. Interes-

sant: Einmal wurde Montholon beschuldigt, der Armee 6000 Francs gestohlen zu haben: Ein ernstes Vergehen, doch Montholon wird nie vor Gericht gestellt. Nach Waterloo – welch bizarrer Lebenslauf! – gesellte er sich wieder zum bourbonischen Erzfeind Napoleon. Nach Waterloo – als Napoleon endgültig ausgespielt hatte! Warum, so Forshufvud, Weider und Hapgood, wollte dieser junge hedonistische Aristokrat auf die Verliererseite wechseln?
Seine Frau Albine begleitete ihn nach St. Helena. Albine, so alle Augenzeugen, flirtete mit Napoleon; möglicherweise hatten die beiden ein Verhältnis. Schließlich verließ Albine St. Helena. Napoleon erteilte Montholon die Erlaubnis, mit ihr zu gehen, doch Montholon lehnte ab und blieb im trostlosen Exil. Warum? Forshufvud: »Er wurde nach St. Helena beordert, um Napoleon zu vergiften. Montholon tötete Napoleon!« Ein Gegengeschäft mit d'Artois, um nicht wegen der 6000 Francs ins Gefängnis geworfen zu werden?
Montholon wäre der perfekte Täter: Er war verantwortlich für die Weine, und während Napoleon das Essen der anderen aß (ein möglicher Täter konnte also nicht voraussehen, welche der Portionen für den ehemaligen Kaiser der Franzosen bestimmt war), trank er doch ausschließlich seinen eigenen Wein, den Vin de Constance; den Vorrat an Flaschen verwaltete Montholon. Ein weiteres Indiz für die Weine: Wann immer er einen seiner Weine verschenkte, durchlitt die beschenkte Person die gleichen Symptome wie Napoleon. So geschah es mit Mrs. Balcombe und Offizier Gourgaud, der Napoleon daraufhin vor dem Wein warnte.
Ein letztes, unheimlich anmutendes Indiz für eine arsenhaltige Verschwörung hochadeliger Kreise: Im Jahr 1840 entschloß man sich zur Überführung der sterblichen Überreste Napoleons nach Frankreich.

Napoleons Körper war nicht einbalsamiert; und als man die vier Särge öffnete, erwartete man, nur mehr ein Skelett vorzufinden – der Tod war immerhin 19 Jahre zuvor eingetreten. Doch Napoleons Körper war in einem nahezu perfekten Zustand. Er sah aus, als würde er schlafen. Seine Uniform war verrottet, er selbst kaum. Die Erklärung: Arsen. Ein langsamerer Verfall ist typisch für Opfer einer chronischen Arsenvergiftung.
Mord an Napoleon – die Indizien zeigen, daß diese Theorie mehr ist als bloße Spekulation. In den weiteren Jahren wurde Forshufvuds Theorie immer wieder aufs neue verifiziert:

> Agence France-Presse, *Washington, 20. Juni 1994: »Die US-Bundespolizei (FBI) will nach 173 Jahren das Geheimnis um den Tod des französischen Kaisers Napoleon lüften. Die Bundespolizisten wollen gemeinsam mit dem amerikanischen Napoleonverband (NSA) die Frage klären, ob Napoleon an den Folgen einer Krankheit oder an einer Arsenvergiftung starb. Am Montag wurden zwei NSA-Vertreter in der FBI-Zentrale erwartet, um neun Haare zu übergeben, die vom Haupt des Kaisers stammen sollen. Napoleon starb 1821 als Verbannter auf der britischen Insel St. Helena. Die neun Haare sollen genetischen Tests unterzogen werden, sagte der NSA-Vorsitzende Bob Snibbe. Damit könnten mögliche Arsenspuren nachgewiesen werden.«*

> Associated Press, *Grenoble, 21. März 1995: »Wissenschaftler haben am Montag in Grenoble mitgeteilt, daß sie bei der Untersuchung einer Haarlocke Kaiser Napoleons starke Arsenspuren festgestellt haben.*

Nach Überzeugung der meisten Historiker starb der französische Kaiser an seinem Verbannungsort St. Helena im Jahre 1821 an Magenkrebs; immer wieder tauchte jedoch auch die Vermutung auf, er sei vergiftet worden. Der schwedische Wissenschaftler Per Engström berichtete, bei einer Röntgenanalyse des Haares im Europäischen Synchrotron-Strahlen-Institut in Grenoble sei Arsen – zum Teil das Zehnfache des Normalwerts – festgestellt worden. Der Befund lasse jedoch keine Schlüsse auf die Herkunft des Arsens und damit auf eine mögliche Vergiftung zu.«

International Herald Tribune, *9. September 1995 (im Original englisch): »Ein französischer Wissenschaftler erklärte nach Untersuchungen am Haar Napoleons, der Kaiser sei während seines Exils auf St. Helena mit Arsen vergiftet worden. René Maury von der Universität Montpellier sagte, daß französische Analysen eine Arsenkonzentration von 6,6 Mikrogramm und in den Haarspitzen sogar 39,56 Mikrogramm ergeben hätten; normal sind 0,8. Untersuchungen des FBI hätten sogar einen noch höheren Wert ergeben, so Maury. Maury verärgerte im letzten Jahr die Historiker mit einem Buch, in dem er schrieb, daß Napoleon von 1817 an vom Ehemann seiner Geliebten allmählich mit Arsen vergiftet wurde. Die herrschende Auffassung ist, daß Napoleon 1821 an Magenkrebs starb.«*

Edgar Allan Poe

Auf einmal war der Dichter verschwunden. Erst Tage später tauchte er wieder auf, delirierend, und verschied. Keiner wußte, wie. Keiner wußte, an was. Starb Edgar Allan Poe, gerade vierzig Jahre jung, einen ähnlich seltsamen, mysteriösen Tod wie so viele seiner Romanfiguren?

Poes Leben stand von Beginn an unter dunklen Vorzeichen. 1809 wurde er in Boston geboren. Der Vater, ein Schauspieler wie die Mutter, verschwand im Jahr nach Edgars Geburt, man hörte nie wieder etwas von ihm. Die Mutter starb 1811 an Tuberkulose. Einige Wochen später brannte das morsche Holztheater nieder, an dem die Eltern engagiert gewesen waren; 72 Menschen kamen dabei ums Leben. Der kleine Edgar, mit zwei Jahren bereits Vollwaise, wurde in Richmond, Virginia, von dem wohlhabenden Kaufmann John Allan und dessen Frau Frances aufgezogen. Frances liebte ihren Stiefsohn, doch mit dem geizigen Kaufmann überwarf sich Edgar während seines Studiums heftig – er konnte nicht mit Geld umgehen und war regelmäßig pleite; zusätzlich drückten ihn ständig Spielschulden. Der Name des Stiefvaters tauchte später oft in Poes Geschichten auf, verklausuliert, als Bote kommenden Unheils.

Als Jugendlicher war Edgar keineswegs so schwach und kränkelnd, wie man aufgrund seiner späteren gesundheitlichen Probleme annehmen könnte; einmal schwamm er im James-Fluß, angefeuert von seinen Kameraden, sechs Mei-

len gegen die Strömung, und in ruhigem Wasser schaffte er schon einmal zwanzig Meilen.
Er versuchte auf der Militärakademie West Point sein Glück, doch dort wurde er mit Schimpf und Schande entlassen – wegen »Dienstvernachlässigung und Ungehorsam«. Er landete buchstäblich in der Gosse, obwohl er seine Erstlingswerke in angesehenen Zeitschriften unterbringen konnte. Danach fand er einen gewissen Halt bei seiner Tante Maria Clemm und heiratete 1836 deren dreizehnjährige Tochter Virginia. Eine Hochzeit zwischen Cousin und Cousine war damals keineswegs ungewöhnlich, allenfalls das Alter stellte ein Problem dar – deswegen schrieb man galant in die Heiratsurkunde, sie sei bereits 21.
Stets am Rande des Existenzminimums, schrieb Poe über alle Themen, die Geld einbrachten; einmal sogar einen Muschelführer. Die Tante, von Poe zärtlich Muddy genannt, sorgte fürs Haus und ging, wenn das Geld nicht reichte, betteln. Poes Kurzgeschichten wurden keineswegs von allen Zeitgenossen als so bahnbrechend empfunden wie von der Nachwelt – er gilt als Erfinder dieses literarischen Genres, wie er auch mit seiner Story »Der Doppelmord in der Rue Morgue« als Erfinder der Detektivgeschichte gilt. Berühmt und berüchtigt wurde Poe zu Lebzeiten vor allem aufgrund seiner ätzenden Kritiken an der zeitgenössischen Literatur. Die Ausgaben des *Southern Literary Messenger* waren ausverkauft, wenn Poe den populären Henry Longfellow angriff oder die Äußerung fallenließ, die meisten amerikanischen Autoren, »die heute hoch im Kurs stehen, sind durch die Bank Trottel«. Heute ist klar, daß Poe durchaus opportunistisch handelte: Er schonte diejenigen, die ihm nutzen konnten, und er vernichtete diejenigen, die er für sein persönliches Vorankommen als ungeeignet einstufte.

Nicht ganz klar ist jedoch, warum Poe zeit seines Lebens so arm blieb; sein Gedicht »Der Rabe« wurde unzählige Male nachgedruckt und parodiert; sogar eine Seifenreklame wurde daraus gemacht. Seine Novellen »Der Fall des Hauses Usher« und »Die Wassergrube und das Pendel« wurden noch zu Poes Lebzeiten ins Russische und Französische übersetzt; als Journalist war er gefragt wie kaum ein anderer. Es muß wohl eine üble Melange aus Spielsucht und katastrophaler Verwaltung der durchaus vorhandenen Einnahmen gewesen sein, die die Geldnöte so verschlimmerten, daß er sich wegen seiner abgerissenen Kleidung zeitweise nicht einmal mehr in die Häuser seiner Freunde traute und Einladungen ablehnen mußte.

Eine weitere Legende muß ausgeräumt werden: Poe war keineswegs Alkoholiker, jedenfalls nicht die meiste Zeit seines Lebens. Im Gegenteil zu diesem sich hartnäckig haltenden Gerücht hatte er, wie Zeitzeugen übereinstimmend bestätigten, sogar eine extrem niedrige Alkoholtoleranz und soll bereits nach zwei Gläsern Cidre im Vollrausch gewesen sein. Ein Studienkamerad berichtete von einem Gelage mit Poe: »Er ergriff das Glas, gewöhnlich ohne Zucker oder Wasser hinzuzufügen, und schüttete es in einem Zug hinunter, ohne daß es ihm Vergnügen zu bereiten schien und ohne innezuhalten, bevor der letzte Tropfen über seine Lippen gekommen war. Er konnte nie mehr als ein Glas zu sich nehmen, aber dieses eine Glas genügte, um seine ganze nervöse Natur in stärkste Erregung zu versetzen, in eine Erregung, die aus begeisternden und faszinierenden Worten hervorbrach, welche alle Zuhörer wie Sirenenklänge verzauberten.« Vertrug er also wirklich nur wenig? Heutige Mediziner mutmaßen, Poe könnte an einer seltenen Mangelerscheinung gelitten haben, dem *Alcohol Dehydrogenase Deficien-*

cy Syndrome: Bei dieser Krankheit fehlt dem Körper ein Enzym, das wichtig für den Alkoholabbau ist.
Die Liebe zu seiner Frau Virginia war groß und kurz; bereits 1847, nach elf Jahren Ehe, starb sie auf einem Strohlager, eingehüllt in Poes alten Mantel. Sie starb an Tuberkulose, wie Poes Stiefvater, wie Poes Stiefmutter, wie Poes Bruder. In Erinnerung an Virginia schrieb Poe »Annabel Lee«, Amerikas populärstes Liebesgedicht.
Poe glitt ab, und nun begann er zu trinken, obwohl es ihn offensichtlich vor Alkohol ekelte. Diverse Medikamente – vor allem ein quecksilberhaltiges Präparat gegen die Cholera – verstärkten seine Leiden. Hinzu kamen Wahnvorstellungen: Immer wieder glaubte er sich von schwarzgekleideten Männern verfolgt, die ihm seine Manuskripte rauben wollten.
Anfang Juli 1849 schrieb Poe einen Brief nach Hause: »Liebe, liebe Mutter. Ich war sehr krank. Ich habe Cholera gehabt oder Krämpfe, und ich kann jetzt kaum die Feder halten.« John Sartain, ein guter Freund des Schriftstellers und Herausgeber des *Union Magazine* in Philadelphia, erschrak heftig, als ein offenbar völlig verwirrter Poe in sein Büro stürzte und um Hilfe bat. Zwei Männer, so Poe, verfolgten ihn und wollten ihn umbringen. Er überlegte, sich den Schnurrbart abzuschneiden, um unerkannt zu bleiben. In fieberhafter Aufregung rannte er wieder auf die Straße, Sartain folgte ihm stundenlang durch die Vorstädte. Schließlich legte Poe sich in Sartains Wohnung schlafen, und am nächsten Morgen – leidlich gefaßter – entschuldigte er sich bei seinem Gastgeber. Es stellte sich heraus, daß Poe im Gefängnis eingesessen hatte, allerdings nur wenige Stunden; der Gefängnisdirektor hatte ihn erkannt und seine Freilassung veranlaßt.
Immer wirrer, immer schlimmer wurde sein Geisteszustand.

Sein letzter öffentlicher Vortrag am 24. September 1849 verlief jedoch erfolgreich und ohne Zwischenfälle. Poe rezitierte *Der Rabe*, und nur langjährige Freunde bemerkten seine Unruhe, seine Nervosität. Sie hatten den Eindruck, Poe müsse um seine Haltung kämpfen.
Was in den zwei Wochen darauf passierte, wird wohl für immer unklar bleiben. Poe wollte mit der Bahn nach Philadelphia und von dort nach New York zu seiner Tante reisen. Am 3. Oktober erhielt Poes Freund Dr. Snodgrass von einem Fremden einen Brief aus Baltimore, damals Amerikas drittgrößter Stadt: »Sehr geehrter Herr! In Ryans 4th Ward polls ist ein Herr in einem fürchterlichen Zustand. Er heißt Edgar A. Poe, scheint sich in großer Not zu befinden und behauptet, er kenne Sie. Ich betone: Er braucht Ihre unverzügliche Hilfe. In höchster Eile, Ihr sehr ergebener Jos. W. Walker.«
Snodgrass machte sich mit Poes Onkel Henry Herring sofort auf den Weg zu dem angegebenen Ort, bei dem es sich um ein berüchtigtes Sammellager handelte, wie sie damals bei amerikanischen Wahlen üblich waren. Betrunkene, Geisteskranke und Gescheiterte wurden dort von söldnerähnlichen Truppen, sogenannten *coopers,* aufgefangen und zur Stimmabgabe für den Kandidaten genötigt, von dem sie den Sold kassierten; nicht selten floß dabei der Alkohol in Strömen. Mittendrin in dem irren Treiben lag Poe. Was Snodgrass sah, entsetzte ihn: »Das Gesicht war verstört, aufgedunsen und ungewaschen, die Haare ungekämmt, das ganze Aussehen abstoßend. Die hohe Stirn, die weiten und beseelten Augen, die für ihn so charakteristisch waren, als er noch er selbst war – jetzt waren sie ohne Glanz, überschattet von einem zerfetzten Hut, der fast keine Krempe mehr hatte. Er trug einen Rock aus dünnem, glänzendem Stoff, an mehreren Stellen aufgerissen und schmutzig, und eine völlig abge-

wetzte und übel zugerichtete Hose. Er hatte weder eine Weste noch ein Halstuch, das Hemd war zerknittert und schmutzig.« Augenscheinlich hatte er kein Geld dabei, obwohl er vorher, wie sich später herausstellte, eine beträchtliche Summe bei sich gehabt haben mußte – beinahe 1 500 Dollar, in der damaligen Zeit ein Vermögen.

Poe wurde ins Washington-Hospital gebracht. Der betreuende Arzt berichtete am 15. Oktober der Tante: »Als er ins Spital gebracht wurde, war er bewußtlos. Er wußte weder, wer ihn hierhergebracht hatte, noch, mit wem er vorher beisammen gewesen war. Dann folgten ein Zittern in den Gliedern und ein unaufhörliches Delirieren, bei dem er sich an phantastische und eingebildete Wesen wandte, die er an den Wänden sah. Das Gesicht war bleich und der ganze Körper mit Schweiß bedeckt. ... ich sagte ... ihm, ich hoffe, er werde in wenigen Tagen wieder in der Gesellschaft seiner Freunde sein, und daß ich sehr glücklich wäre, wenn ich in irgendeiner Weise zu seinem Wohlbefinden und seiner Bequemlichkeit beitragen könnte. Bei diesen Worten schrie er laut auf und sagte mit Heftigkeit: das Beste, was sein bester Freund für ihn tun könnte, wäre, ihm eine Kugel durch den Kopf zu jagen.« Immer wieder rief Poe nach einem Mann namens »Reynolds«, der bis heute nicht identifiziert werden konnte. Ein Biograph vertritt die etwas vage These, er habe in Wirklichkeit nach seinem Onkel Herring gerufen.

Vier Tage nach seiner Einlieferung verschied Poe mit den Worten: »Lord, help my poor soul!« Die offizielle Todesursache: »Hirnfieber«.

Über zwanzig Theorien zirkulieren um Poes Tod. So glauben Ärzte des Maryland Medical Center, daß der Dichter nicht an den Folgen des Alkoholmißbrauchs starb, sondern an der Tollwut – alle Symptome, insbesondere die Schwan-

kungen zwischen völliger Ruhe und schlimmstem Delirium (Poe mußte zeitweise ans Bett gefesselt werden), deuteten darauf hin. Weitere mögliche Todesursachen: Tuberkulose, Epilepsie oder Diabetes.
Auch könnte es sein, daß er, als er auf den Zug wartete, alte Kameraden aus West Point traf, die ihn zu einem Glas Champagner nötigten. Daraufhin hat er möglicherweise mehr und mehr getrunken und schließlich den falschen Zug genommen; ein Schaffner könnte ihn in Baltimore abgeladen haben.
Die Edgar Allan Poe Society of Baltimore favorisiert die Cooper-Theorie. Die Wahl-Fänger waren zur damaligen Zeit nicht zimperlich: Urnen wurden gestohlen, Richter bestochen, Oppositionelle bedroht. Zufällig Anwesende wurden mitunter gekidnappt und in einen Raum eingesperrt, den »Coop«. Die Entführten mußten wieder und wieder ins Wahllokal gehen und ihre Stimme abgeben, bis die Wahl zu Ende war. Mit Alkohol und Schlägen wurden die Unwilligen zum Mitmachen gezwungen. Ein anonymer Briefeschreiber will denn auch Poe in einem der Coops gesehen haben. Ausgeraubt wurde er auf jeden Fall, von wem auch immer, denn das Geld, das er bei sich trug, war unauffindbar, und die Kleidung, die er bei der Einlieferung ins Hospital trug, war auch nicht die seine.
»Ein rätselhafter Kriminalfall, der den Stoff einer seiner Erzählungen abgeben könnte«, so der Poe-Biograph Frank T. Zumbach, »doch ihn zu lösen müßte einer schon den Scharfsinn von Poes Meisterdetektiv Dupin besitzen.«

Abraham Lincoln

Eine traurige Berühmtheit: Abraham Lincoln wurde der erste US-Präsident, der einen Mordanschlag nicht überlebte – vor James A. Garfield, William McKinley und John F. Kennedy. Abraham Lincoln wird regelmäßig von Historikern zu einem der bedeutendsten Präsidenten ernannt, die je im Weißen Haus residiert haben, gilt doch sein Eintreten gegen die Sklaverei der Südstaaten als Initialzündung auf dem Weg in das moderne Amerika.
Die vorzeitige Amtsenthebung durch Gewalteinwirkung hat in Amerika eine traurige Tradition: Der erste Präsident, auf den ein Mordanschlag verübt wurde, hieß Andrew Jackson. Im Januar 1835 gab ein geisteskranker Anstreicher namens Richard Lawrence zwei Schüsse auf ihn ab. Lawrence hielt sich ganz unbescheiden – wohl wegen des gleichen Vornamens – für den britischen König Richard III. und war erzürnt über den Umstand, daß die Regierung der untreuen Kolonien auf seine Schadensersatzforderungen einfach nicht reagieren wollte. Weitere neun US-Präsidenten überlebten Mordanschläge; zuletzt hatte Ronald Reagan Glück, der am 30. März 1981 von einem Geistesgestörten angeschossen wurde.
1861 begann Abraham Lincoln den Krieg gegen die Südstaaten, die aus der Union austraten. Damit war er für das halbe Land nichts weniger als ein Todfeind. Dennoch sagte Außenminister Seward im Juli 1864 dem amerikanischen Gesandten in Paris, der vor Mordanschlägen warnte: »Attenta-

te gehören nicht zur amerikanischen Tradition; ein so abscheulicher Verzweiflungsakt ist unserem politischen System fremd.«

Auch im Norden hatte Lincoln wenige Freunde; mit weniger als 40 Prozent der Stimmen zog er ins Weiße Haus ein, und nur die heillose Zerstrittenheit der politischen Opposition, die sich auf keinen gemeinsamen Kandidaten einigen konnten, ermöglichte dem Republikaner den Wahlsieg. Sein beinahe eigenmächtig begonnener Krieg gegen den Süden – ohne Zustimmung des Kongresses – brachte viele Wähler gegen in auf. Als er dann noch im März 1863, wiederum ohne Zustimmung der Legislative, die allgemeine Wehrpflicht einführte, um ausreichend Truppen zur Verfügung zu haben, erlebte New York die schlimmsten Ausschreitungen seiner Geschichte. Erst nach vier Tagen konnten eiligst abkommandierte Frontregimenter den plündernden Mob bremsen; in den brennenden Straßen blieben annähernd 1 000 Tote liegen.

Die Südstaaten waren dem Norden in allen Belangen unterlegen: 9 Millionen Einwohner standen gegen 22 Millionen; auch war im Norden fast die gesamte Schwerindustrie angesiedelt, während der Süden von der Landwirtschaft geprägt wurde. Dennoch konnten die Truppen der Südstaaten (South Carolina, North Carolina, Mississippi, Florida, Alabama, Georgia, Louisiana, Texas, Virginia, Arkansas und Tennessee) in den ersten Jahren des Krieges mehrere wichtige Schlachten gewinnen – vor allem dank des genialen Generals Robert E. Lee. Ihn umgab fortan der Nimbus der Unbesiegbarkeit, der erst mit der Schlacht bei Gettysburg schwand. Dort erlitten die konföderierten Truppen im Juli 1863 die wohl vorentscheidende Niederlage.

Im Frühjahr 1864 brach General Ulysses Grant zum entscheidenden Feldzug in Richtung Süden auf. Obwohl er 60 000 Mann verlor, erreichte er Richmond, die Hauptstadt des rebellischen Südens. Am 2. April 1865 mußte General Lee Richmond aufgeben. Eine Woche später erklärte er seine Kapitulation im Gerichtsgebäude von Appomattox.
Der Bürgerkrieg hatte 500 000 Menschen das Leben gekostet – Abraham Lincoln hatte für die Einheit der Vereinigten Staaten einen hohen Preis zahlen müssen.
Auch seine engsten Freunde und Berater stieß Lincoln mit seinem autoritären Führungsstil immer wieder vor den Kopf; sie machten sich über ihn lustig und beschimpften ihn hinter vorgehaltener Hand als grobschlächtigen Hinterwäldler – selbst zu damaligen Zeiten sah der dürre, hochgewachsene Mann mit dem eigenwilligen Bart wie die Karikatur seiner selbst aus. 1864, als die Wiederwahl anstand, war es erneut die Dauerfehde seiner Gegner untereinander, die ihm eine weitere Amtszeit sicherte.
Feinde hatte Lincoln von Anfang an, auch Todfeinde waren darunter. Nach seiner siegreichen ersten Wahl wollte Lincoln eine Versöhnungsreise in die Südstaaten unternehmen; diese gefährliche Idee redete man ihm schnell aus. Doch auch im Norden lauerten Gefahren: In Indiana wurde eine defekte Schiene entdeckt, die den Zug des Präsidenten um ein Haar hätte entgleisen lassen, und in Ohio befand sich in einem Koffer eine Bombe, die von einem Gepäckmeister gerade noch rechtzeitig entdeckt wurde.
Lincoln hatte die Hauptstadt immer noch nicht erreicht, da meldeten Detektive der Agentur Pinkerton, daß eine Verschwörung im Gange sei, die ihr Zentrum in der notorisch rebellischen Stadt Baltimore habe. Widerwillig verzichtete Lincoln auf den triumphalen Einzug ins Weiße Haus und

ließ sich statt dessen bei Nacht und Nebel von einer Kutsche vom Bahnhof ins Weiße Haus bringen. Der Spott war ihm sicher; sogar als Feigheit wurde ihm die Aktion ausgelegt – das hat Lincoln nie verwunden. Er beschloß, von nun an auf die Ratschläge seiner Sicherheitsberater zu verzichten.
Kurz nach der Inauguration plante ein texanischer Gendarm namens Ben McCulloch in beeindruckender Wildwestmanier, mit einer Truppe von 500 Mann die damals nur kleine und schwach gesicherte Hauptstadt zu überfallen und den Präsidenten zu entführen.
Ein anderer Plan schien da erfolgversprechender: Walker Taylor war ein Neffe des Nordstaaten-Generals Joseph Taylor und zugleich mit der Frau des Südstaaten-Präsidenten Jefferson Davis verwandt. Sein Herz schlug für den Süden, und als der Krieg begann, meldete er sich freiwillig bei der Konföderiertenarmee. Er wurde verwundet und brütete im Lazarett darüber nach, wie man den Krieg gewinnen könnte. Dabei schmiedete er den diabolischen Plan, seine gesellschaftlichen Kontakte zu nutzen, um Lincoln nahe zu kommen und ihn zu entführen. Wieder genesen, durchquerte er in Zivilkleidung die Frontlinien, kam unbeschadet in Washington an und begleitete tatsächlich seinen Onkel zu einem Empfang ins Weiße Haus.
Zurück in Richmond, der Hauptstadt der Südstaaten, bot Walker Taylor dem Südstaaten-Präsidenten an, den Widersacher aus dem Norden zu kidnappen. »Es ist so einfach, wie über deine Schwelle zu treten«, behauptete er. Davis lehnte ab; er hatte Angst, Lincoln würde sich wehren und Taylor ihn ermorden. »Den Verdacht, der Ermordung von Mister Lincoln zugestimmt zu haben, könnte ich nicht ertragen. Unsere Sache könnte ihn nicht ertragen.«
Dennoch befand sich Lincoln in permanenter Lebensgefahr.

In einem Lokalblatt in Alabama bot sich per Annonce ein Auftragskiller an, Präsident Lincoln, Vizepräsident Johnson und Außenminister Seward zu ermorden. Das Kopfgeld: eine Million Dollar.
Schließlich war es ein Schauspieler namens John Wilkes Booth, der Lincoln tötete – keineswegs, wie gern kolportiert wird, ein gescheiterter Künstler, sondern ein durchaus prominenter Mime, der zu einer der führenden Künstlerfamilien Amerikas gehörte. Der Vater Junius Brutus Booth, 1821 wegen Problemen mit seiner Ehefrau aus England geflüchtet und in Amerika eingewandert, war ein bekannter Schauspieler; sein Sohn Edward galt sogar als der beste Hamlet-Darsteller des 19. Jahrhunderts.
In Amerika hat man bekanntlich eine Schwäche für die Freudsche Psychoanalyse; Populärhistoriker behaupten gerne, eine Art Vater- und Bruderkomplex habe John Wilkes Booth zu der Bluttat getrieben, gar als Ersatzhandlung für die Ermordung des übermächtigen Vaters sei das Attentat auf Lincoln zu verstehen. Diese Theorie hat den gewichtigen Nachteil, daß auch John ein erfolgreicher Schauspieler war. Außerdem verstand er sich mit seinem Vater und mit seinem Bruder ausgezeichnet.
Die Motive für Booth' Tat sind dennoch nicht ganz schlüssig. Zwar haßte er den Lebensstil des Nordens und den »Holzfäller« Lincoln und pries die Sklaverei als »eine der größten Wohltaten, die Gott diesem gesegneten Land zuteil werden ließ«. Ob das aber für einen Mord reichen sollte? Vielleicht war es doch das Streben nach Berühmtheit, was offenbar viele Attentäter antreibt. Kurz nach der Tat schrieb er in sein Tagebuch: »Ich bin verzweifelt. Und warum? Weil ich getan habe, wofür man Brutus ehrte, wofür man Tell zum Helden erkor. Aber auf mich, der ich einen größeren

Tyrannen erschlug als alle bisher bekannten, sieht man herab wie auf einen gemeinen Meuchelmörder.« Wieder melden sich die Freudianer: Nicht nur sein Vater, sondern auch sein Bruder hieß schließlich mit Zweitnamen Brutus. Ist das nicht ein Hinweis auf eine Ersatzhandlung?
Auch John Wilkes Booth plante zunächst, den Präsidenten zu entführen, doch dann war alles zu spät: Am 9. April 1865 kapitulierte General Lee, die Südstaaten hatten den Krieg verloren. Nun wollte Booth aufs Ganze gehen und die komplette politische und militärische Führung des Nordens eliminieren: Lincoln, Johnson, Seward und General Ulysses S. Grant. Sechs Komplizen scharte er um sich, darunter zwei Schulfreunde, die aber schnell wieder aus dem Komplott ausscherten, als sie sahen, daß Booth es ernst meinte. Drei Kriegsveteranen blieben übrig: George Atzerodt, Lewis Paine und John Surratt, und ein geistig minderbemittelter Lehrling namens David Herold.
Zunächst ging einiges schief. Atzerodt hatte zum Glück doch nicht den Mut, den Vizepräsidenten zu töten. Paine brachte dem Außenminister drei Stichwunden bei, als dieser sich im Bett von einem Verkehrsunfall erholte. Grant verzichtete auf den gemeinsamen Besuch des Ford's Theatre mit Lincoln, da sich seine Frau nicht mit der First Lady vertrug. Lincoln aber tauchte am 14. April 1865 in der Präsidentenloge des Theaters auf, um sich die Komödie »Our American Cousin« anzusehen.
Booth, als landesweit bekannter Schauspieler, konnte sich im Theater frei bewegen. Ohne Probleme drang er in die unbewachte Loge ein und schoß Lincoln aus nächster Nähe in den Kopf. Das Publikum glaubte an einen Bühneneffekt; erst als Booth »Sic semper tyrannis!« oder, nach anderen Zeugenaussagen, »The South is avenged!« rief, wurde den Besu-

chern bewußt, daß etwas Schreckliches vorgefallen sein mußte. In dem Chaos, das daraufhin ausbrach, gelang Booth die Flucht, obwohl er sich dabei den Fuß brach.
Abraham Lincoln wurde in das Haus des Schneiders William Petersen gebracht, wo er am nächsten Morgen um kurz vor halb acht starb – zufälligerweise in dem gleichen Bett, in dem auch sein Mörder genächtigt hatte, denn Petersen vermietete seine Zimmer oft an Schauspieler, die am Ford's Theatre Gastrollen übernahmen.
Booth wäre wohl entkommen, hätte er sich nicht den Fuß gebrochen. So versteckte er sich mit Herold in einer Scheune bei Port Royal in Virginia. Soldaten umstellten am 26. April die Scheune, Herold gab auf, doch Booth weigerte sich herauszukommen. Die Soldaten steckten kurzerhand die Scheune in Brand, Booth taumelte hustend heraus, ein Schuß fiel. Bis heute ist unklar, wer den Schuß abgegeben und ob Booth sich möglicherweise selbst erschossen hat. Wahrscheinlich aber war ein nervöser Sergeant namens Corbett schuld. Booth starb wenige Minuten später.
Die übrigen Verschwörer waren mittlerweile längst verhaftet worden, nur Surratt war die Flucht über Kanada nach Europa gelungen. Die beiden Schulfreunde Booth' erhielten lebenslange Haftstrafen, ebenso der Arzt Dr. Samuel Mudd, der den gebrochenen Fuß des flüchtigen Attentäters behandelt hatte. Paine, Herold, Atzerodt und Surratts Mutter wurden am 7. Juli 1865 gehenkt – letztere, weil sich die Verschwörer in ihrem Haus getroffen hatten. Es war ein ungewöhnlich heißer Tag, und während den Verurteilten der Strick um den Hals gelegt wurde, schützten Gerichtsbedienstete die Todgeweihten mit einem Schirm vor der Sonne.
Surratt wurde in Rom aufgespürt, wo er bei der Schweizergarde des Vatikanstaates diente. Man lieferte ihn nach Ame-

rika aus, doch die Geschworenen konnten sich nicht auf einen Schuldspruch einigen. Surratt, ein echter Überlebenskünstler, zog wortwörtlich den Kopf aus der Schlinge; man ließ ihn frei.
So weit, so klar. Wo ist das Mysterium dieses Todesfalles? Zum einen lieferte Surratts Unterschlupf im Vatikan Stoff für hollywoodreife Spekulationen. Die katholische Kirche, die den Amerikanern nie geheuer war (John F. Kennedy war der erste und letzte Katholik, der US-Präsident wurde), wurde verdächtigt, die Finger im Spiel gehabt zu haben.
Auch John Parker, der diensthabende Polizist, der Lincoln an jenem fatalen Abend beschützen sollte, war mehrfach wegen seiner laxen Arbeitsauffassung und Unzuverlässigkeit aktenkundig geworden. War es nur Leichtsinn, daß ausgerechnet er zum Schutz des Präsidenten abgestellt war? Tatsächlich war Parker nicht auf seinem Posten, als Booth zur Tat schritt; die Unterlagen über das gegen ihn eingeleitete Disziplinarverfahren sind verschollen. Erst vier Jahre später wurde Parker unehrenhaft aus dem Polizeidienst entlassen.
Ist Booth an jenem 26. April 1865 erschossen worden, damit er die Hintermänner seiner Tat nicht preisgibt? Ein nach Amerika ausgewanderter österreichischer Chemiker und Hobby-Historiker namens Otto Eisenschiml publizierte 1939 den Bestseller *Why Was Lincoln Murdered?* Die Fragen, die er darin aufwarf, sind zu schwach für eine Verschwörungstheorie, aber zu stark, um ignoriert zu werden: Warum fiel das Telegraphennetz für zwei Stunden aus? Warum wurden sämtliche Ausfallstraßen gesperrt, außer denen, die Booth für seine Flucht nutzte? Auch einen Verschwörer machte Eisenschiml aus: Kriegsminister Edwin Stanton habe, obgleich vom Komplott rechtzeitig unterrich-

tet, Lincoln nicht gewarnt. Das Motiv des Kriegsministers: Stanton wollte gegen den Süden hart durchgreifen, Lincoln dagegen strebte die Versöhnung an.
Tatsächlich wurde die Zeit nach dem Bürgerkrieg hart für die Südstaaten: Das Regierungsprogramm nannte man euphemistisch »Reconstruction«; in vielen Punkten war es die pure Rache. Insbesondere der radikale Flügel der Republikanischen Partei versuchte, den Sieg gegen die Nordstaaten rücksichtslos auszunutzen – was zu einer tiefen Abneigung des Südens gegen die Republikaner führte und die paradoxe Situation begünstigte, daß der konservative Süden oft mehrheitlich für die liberalen Demokraten stimmte – bis in die heutige Zeit hinein.
Der Autor Jörg von Uthmann dagegen entkräftet in seinem Buch *Attentat* einige der offenen Fragen Eisenschimls. Es sei keineswegs erwiesen, daß Stanton von der Verschwörung gewußt habe, wohl dagegen, daß er Lincoln ausdrücklich vor dem Theaterbesuch warnte. Nur das kommerzielle Telegraphennetz war gestört, nicht das militärische. Und der Fluchtweg von Booth war nur deswegen nicht abgeriegelt, weil es zu der betreffenden Ausfallstraße keine telegraphische Verbindung gegeben hatte.
Die Internet-Verschwörungstheoretiker geben sich mit solchen Erklärungen allerdings nicht zufrieden und vermuten nach wie vor dunkle Mächte. Für ihre Beweisführung reichen die Vergleiche, die sie zwischen Abraham Lincoln und John F. Kennedy ziehen und die – nach der Meinung waschechter Paranoiker – kein Zufall sein können. Lincoln wurde 1846 in den US-Kongreß gewählt, Kennedy 1946. Lincoln wurde am 6.11.1860 zum Präsidenten gewählt, Kennedy am 8.11.1960. Die Nachfolger hießen beide Johnson. Andrew Johnson wurde 1808 geboren, Lyndon B. Johnson 1908. John

Wilkes Booth und Lee Harvey Oswald – beide Namen haben jeweils 15 Buchstaben. Beide kamen aus den Südstaaten und wurden erschossen, bevor sie vor Gericht gestellt werden konnten. Lincoln und Kennedy waren beide Bürgerrechtspräsidenten; beiden wurde von hinten in den Kopf geschossen; an einem Freitag; im Beisein ihrer Frauen. Lincoln wurde in Ford's Theatre erschossen; Kennedy wurde in einem Ford der Firma Lincoln erschossen. Kennedy hatte einen Sekretär namens Lincoln, und Lincoln hatte einen Sekretär namens Kennedy. Beide hatten dunkelhaarige Frauen, die bei der Hochzeit 24 Jahre alt waren.
Überzeugt?

König Ludwig II.

Man kann sich schnell unbeliebt machen in Bayern, denn Ludwig II. ist für die Freistaatler das, was für die Engländer Diana und für die Amerikaner Kennedy war: der bei weitem prominenteste Tote, längst in den Heiligenstand gerufen, obwohl zu Lebzeiten alles viel profaner war. Traut man sich, von Diana als magersüchtige, ehebrecherische Zicke zu sprechen? Traut man sich, JFK als Kriegstreiber zu outen, der der Nation Vietnam eingebrockt hatte? Kaum, denn von den Toten soll man, wie schon erwähnt, nur Gutes reden. Da fällt es erst recht schwer, Ludwig II. nicht nur für verrückt, sondern schlichtweg zu einem mutmaßlichen Mörder zu erklären – denn nach dem Stand der Stand riß er seinen Leibarzt im Starnberger See per Würgegriff mit in den Tod.

Der Reihe nach. »Mordfall Ludwig II.: Grabt ihn aus – damit a Ruah is!« forderte die Münchner *Abendzeitung* im Februar 1997 auf ihrer ersten Seite. Ludwig II., in Bayern nur »Kini«, in Restdeutschland meist »Märchenkönig« genannt, dürfte wegen seiner phänomenalen Bauten wie Neuschwanstein und seines bizarren Lebenswandels weltweit als wohl eines der populärsten Mitglieder des Hochadels gelten. Der *Spiegel* bringt es auf den Punkt: »Ewige Lust an Ludwig – Ein Ober-Bayer ist nicht totzukriegen«.

Nicht totzukriegen? Die herkömmliche Geschichtsschreibung hakt Ludwigs Tod schnöde mit »Ertrinken« ab, doch von einem Märchenkönig erwarten die Menschen offensichtlich, daß er zumindest schwimmen kann. Den Ruf des Märchenkönigs hat sich Ludwig II. redlich verdient – von allen spleenigen Königen war er der mit Abstand spleenigste. Viele Gruppen vereinnahmen ihn im nachhinein für sich: Hippies sehen in ihm einen Rebellen, Schwule einen Oberschwulen, Wagner-Anhänger einen Patron comme il faut, Amerikaner schließlich einen Dream King aus Disneyland. Schon um die wahren Eltern Ludwigs rangeln die Forscher: Hartnäckig halten sich Gerüchte, Ludwig II. sei seinem liederlichen Großvater Ludwig I. entsprossen, dessen Liebe zur irischen Tänzerin Lola Montez in Bayern schon mal eine Staatskrise ausgelöst hatte. Die Regentschaft Ludwigs, der als Achtzehnjähriger zur Bürde gekommen war, stand unter keinem guten Stern. 1866 wurde er gegen seinen Willen in den Krieg zwischen Preußen und Österreich hineingezogen, und nach dem Sieg Preußens mußte auch Ludwig dessen Vormachtstellung vertraglich anerkennen. Widerstrebend stimmte Ludwig schließlich auch der Proklamation Wilhelms I. zum Deutschen Kaiser und der Gründung des Deutschen Reiches von 1871 zu.

Der Verlust der vollen Souveränität Bayerns zugunsten einer deutschen Nation unter Preußens Ägide führte dazu, daß sich Ludwig nach 1871 zunehmend aus dem politischen Alltag zurückzog und sich andere Beschäftigungen suchte. Zum Wahnsinn war es dann nicht mehr weit: Er spielte nächtens im Wald mit seinen Bediensteten »Ring-Verstecken« oder »Schneider, leih mir deine Schere«. Fanatisch unterstützte und protegierte er Richard Wagner. Seinen uneinsichtigen Dienern ließ er Siegellack auf die Stirn kleben, als Zeichen, daß ihre Gehirne versiegelt seien. Die königliche Bauwut brachte Bayern an den Rand eines Staatsbankrotts; Ludwig dachte ernsthaft über einen Einbruch in der Frankfurter Rothschild-Zentrale nach, um den Bau weiterer Schlösser zu finanzieren. Auch Selbstmordgedanken haben den Monarchen beschäftigt: »Sage Hoppe, wenn er morgen kommt, um mich zu frisieren, er möge meinen Kopf in der Pöllat suchen.«

Was zuviel war, war selbst im gegen Obrigkeiten stets außergewöhnlich toleranten Bayern zuviel: Eine Kommission unter Leitung des Obermedizinalrates Bernhard von Gudden untersuchte Ludwig II. quasi per Ferndiagnose, denn sie hielt es für »unthunlich und nicht notwendig«, den König von Angesicht zu Angesicht zu untersuchen.

Den Doktoren kam entgegen, daß es in Ludwigs Familie – wie in jeder anständigen Adelsdynastie – von merkwürdigen Gestalten nur so wimmelte: Prinzessin Alexandra, des Königs Tante, war mitunter vom Gefühl befallen, ein gläsernes Klavier verschluckt zu haben. Und Prinz Otto zu Bayern war ein echter Prügel-Prinz, der die Faust selten in der Tasche trug – Ernst August von Hannover läßt grüßen.

Am 8. Juni 1886 beendete die Kommission ihre Untersuchungen mit der Feststellung, Ludwig sei geisteskrank: »Seine Majestät sind in sehr weit vorgeschrittenem Stadium seelengestört.« Drei Tage später nahmen Gudden und drei Irrenwärter als sogenannte Fangkommission den König in Neuschwanstein fest. Der reagierte, weil angesäuselt, einigermaßen gelassen und »stieß nur ein schmerzlich-überraschtes ›Ach‹ aus«. Man verfrachtete ihn nach Schloß Berg am Starnberger See. Dort war alles für den Abgesetzten vorbereitet: Die Fenster waren vergittert, die Türklinken entfernt und Gucklöcher installiert.

Am 13. Juni 1886, dem Pfingstsonntag, regnete es. Gegen 18.45 Uhr brachen Ludwig und Gudden zu einem gemeinsamen Spaziergang auf. Als beide um 20 Uhr noch nicht

zurückgekehrt waren, veranlaßte man eine Durchsuchung des Schloßparks. Zwei Bedienstete entdeckten gegen 23 Uhr die Leichen des Königs und des Arztes im Starnberger See.
Ertrunken also. Nein, sagen Ludwig-Traditionalisten: Preußische oder vielleicht sogar bayerische Kugeln hätten den Kini durchsiebt – er sei einem Komplott zum Opfer gefallen. Für die Erschießungstheorie sprechen drei durchaus bedeutende Indizien, die nur einen Nachteil haben: Sie sind allesamt unauffindbar. Da wäre zunächst das »Lidl-Dokument«. Der Leibfischer Jakob Lidl, der mit seinem Boot auf den fluchtwilligen Ludwig wartete, verfaßte einen Bericht über die angebliche Mordnacht. Dieser Bericht ging nach seinem Tod an die Witwe beziehungsweise deren zweiten Ehemann Martin Martl. Dieser Bericht ist verschwunden, weil sofort nach Martls Tod Unbekannte sein Haus gestürmt und das Heft entwendet haben sollen. Immerhin existiert ein anderes, nach Expertenmeinung echtes Blatt aus Lidls Hand, eine Art Kurzprotokoll. In diesem werden allerdings keine Schüsse erwähnt; Lidl vermutet lediglich, der König sei mit »Klorivorm o. anders betäubt« worden.
Zweitens gab es (?) den Mantel mit den Einschußlöchern. Dieser Mantel soll sich lange Zeit im Besitz der Reichsgräfin Josephine von Wrbna-Kaunitz befunden haben, die ihn ihren Gästen gerne vorführte. Auch dieser Mantel ist weg. Die Weste, die Ludwig unter dem Mantel trug, soll ähnliche Löcher aufgewiesen haben; die fraglichen Stellen aber waren leider mit einer Schere herausgeschnitten.
Drittens argumentieren Traditionalisten mit dem Maggschen Erinnerungsprotokoll. Der Arzt und Hofrat Dr. Rudolf Magg verfaßte kurz vor seinem Tod ein Protokoll, in dem er gestand, den Bericht über die Leichenschau »auf Befehl des

Ministeriums« verfälscht zu haben. Seinen letzten Schnaufer auf dem Sterbebett schrieb dessen Tochter wie folgt auf: »Im Leichenschauprotokoll vom 14. Juni 1886 hat gestanden, daß ich an der Leiche des Königs nur kleine Schürfungen unterhalb der Knie festgestellt habe. Auf Befehl des Ministeriums mußte ich den Bericht so abfassen. Dies war vollkommen falsch, denn am Leichnam entdeckte ich sehr wohl furchtbare Schußverletzungen am Rücken.« Blöderweise ist auch dieser Beleg verschwunden. Die *Süddeutsche Zeitung* faßt zusammen: »Der Dunst über dem See bleibt undurchdringlich.«

Täter hätten die Königstreuen einige zu bieten. Da wäre zunächst der preußische Staat. Bismarck, vor der Entmündigung Ludwigs II. heimlich konsultiert, sah Ärger und Unruhe in Bayern voraus; es sei besser, riet er, den Anstoß aus der bayerischen Volksvertretung kommen zu lassen statt »von oben« und so dem Nachfolger, dem Prinzregenten Luitpold, »ein gewisses Odium« zu ersparen. Ein noch zwanzig Jahre lebender entmündigter König: ein untragbares Sicherheitsrisiko für den berechnenden Bismarck? Oder gar ein Sicherheitsrisiko für alle europäischen Mächte und das von ihnen sorgsam austarierte Kräftegleichgewicht?

Auch Prinzregent Luitpold, Kini-Onkel und Nachfolger, muß sich, obwohl echter Bayer, den Vorwurf des Neffenmordes gefallen lassen, profitierte er doch als neuer König am unmittelbarsten von der Absetzung seines Vorgängers. Ließ er den Kini ermorden? Und das, obwohl um die Ecke schon Sissi wartete, die Kaiserin von Österreich und des Kinis Kusine, um den Vetter mit einer Kutsche ins schützende Tirol zu entführen?

Als einigermaßen seriöse Mordtheorie gilt die folgende: Ludwigs Kabinettschef Johann Freiherr von Lutz hatte ein

Interesse daran, seinen Vorgesetzten rasch auszuschalten, weil der König noch Chancen hatte, seine Entmündigung anzufechten, denn jene war »gesetzeswidrig und irrelevant«. Dies meint unter anderem auch der Münchner CSU-Politiker und Jurist Peter Gauweiler, der nach gründlichem Studium der damaligen Rechtslage zum Schluß kam, daß der Kini nur durch einen Beschluß eines Amtsgerichtes für wahnsinnig hätte erklärt werden können. Auch Gauweiler hält übrigens Kabinettschef Lutz für den Drahtzieher eines Mordkomplotts.

Und den Kini-Freunden bleibt nichts erspart. War Ludwig II. nicht nur irre, sondern sogar ein Mörder? Das Haus Wittelsbach hatte genug vom Rumoren der Gerüchte und entschloß sich, zum 100. Todestag Ludwigs seine geheimen Archive zu öffnen, um alle Spekulationen ein für allemal zu klären. Der auserwählte Spicker hieß Wilhelm Wöbking, damals Kriminaldirektor und Staatsschutzleiter des Bayerischen Landeskriminalamtes. Für den Kriminologen gab es anhand der vorliegenden Akten keinen Zweifel, daß der Bayernkönig kränkelte, und zwar »im Sinne einer Psychose aus dem schizophrenen Formenkreis«. Mit an Sicherheit grenzender Wahrscheinlichkeit habe der Monarch Selbstmord verübt und zuvor »einen Menschen getötet, ohne Mörder zu sein«.

Und so soll sich das Drama nach Wöbking abgespielt haben: Vom Wunsch beseelt, seinem Leben ein Ende zu bereiten, begibt sich der König ans Ufer des Starnberger Sees, entledigt sich seines Schirms und seines Überrocks und tritt ins Wasser. Dr. Gudden, der auf ihn aufpassen soll und alles zulassen darf, nur nicht Flucht oder Selbstmord, holt ihn ein und versucht ihn aufzuhalten. Ludwig, der Bärenkräfte hatte und 1,91 Meter maß (vor über 100 Jahren fürwahr eine phänomenale Größe), versetzt seinem Widersacher einen Faustschlag an die Stirn und würgt ihn (tatsächlich fanden sich an der Leiche Guddens Würgespuren). Gudden erstickt, sei es durch diese Gewaltanwendung oder durch Ertrinken. Ludwig setzt sodann seinen Todesgang fort.

Doch so leicht läßt man sich seine Mythen nicht zerstören. Wöbking, ein zugereister Westfale, der für die Suizidabsicht seines Helden die Worte fand, dieser habe, halb gefangen, halb entmündigt, »dem Verfall seiner Königs- und Menschenwürde entrinnen wollen«, mußte sich von bodenständigeren Autodidakten der Kini-Forschung als »Saupreiß« beschimpfen lassen.

Die schnödeste aller Erklärungen lautet: Herzinfarkt. Kurz vor dem letalen Spaziergang soll der König, wie es seine Art war, reichlich Alkohol zu sich genommen haben. Nach dem (wie auch immer juristisch zu nennenden) Mord an Gudden watete der benebelte Ludwig zu seinem Boot durch das damals 12 Grad kalte Wasser – das machte der Körper nicht mehr mit. Diese mit Abstand wahrscheinlichste Erklärung hat den Nachteil, viel zu wenig glamourös zu sein.

»Grabt ihn aus, damit a Ruah is«: Echte Ludwig-Ayatollahs sind ohnehin der Meinung, der Sarkophag in der Fürstengruft der Münchner St.-Michaels-Kirche sei leer. Trauergäste, die am 19. Juni 1886 am offenen Sarg ihres toten Kini standen, schworen hinterher, ihnen sei eine Wachsfigur vorgelegt worden. Andere Gerüchte besagen, der Zinksarg sei während der Bombenangriffe im Zweiten Weltkrieg vorsorglich evakuiert und die Leiche nach dem Krieg heimlich auf dem Andechser Klosterfriedhof verscharrt worden. Doch selbst wenn der Kini noch im Sarg der Michaelskirche läge: Da die Weichteile mit Sicherheit verschwunden sind, würde auch eine Schußwunde kaum nachprüfbar sein. Die

Abendzeitung immerhin zitiert den Rechtsmediziner Randolph Penning von der Münchner Uni-Klinik: »Wenn die Hautdecke noch da ist, könnte man nachprüfen, ob Verletzungen da sind. Mit Hilfe einer chemischen Analyse kann man eventuell noch Schmauchspuren entdecken.« Falls die Schüsse aus nächster Nähe abgegeben wurden, würde man mit der Analyse auf Haut und Kleidung entweder Reste von Treibgas oder chemische Partikel der Kugel (etwa Ölreste) entdecken.

Im Dezember 1995 tauchten beim Wiener Auktionshaus Dorotheum Briefe auf, die einen vertraulichen Hinweis auf die Todesumstände König Ludwigs II. bargen. In einem Brief, den die Erzherzogin Maria Theresia von Bayern ihrem Vater schrieb, berichtete sie, die Mutter Ludwigs, Marie von Preußen, habe ihr erzählt, »daß der König erstickt sei, da er sich so in die Zunge verbissen habe«. Der Leibarzt Bernhard von Gudden aber sei »von ihm erdrosselt« worden. »Keiner sei ertrunken«, habe Marie von Preußen der Briefeschreiberin anvertraut.

Eine weitere These erblickte 1995 das Licht der Welt: Der Münchner Journalist Martin Kohlweiß beendete seine historischen Studien mit dem Fazit: »Ludwig II. wurde für verrückt erklärt, um seine Homosexualität vor der Öffentlichkeit zu verschleiern.« Indizien dafür fand Kohlweiß beispielsweise in den Aufzeichnungen der Irrenärzte, die dem König »jene Form von Geisteskrankheit, die … mit dem Namen Paranoia bezeichnet wird«, attestierten. Es sind, so der Psychiater Franz Carl Müller, »weniger die mühsam aus allen Ecken und Enden hervorgesuchten Halluzinationen«, sondern: »Der König litt an *folie morale, moral insanity,* moralischem Irresein.« Noch deutlicher wurde Gudden selbst, der zum Geisteszustand Seiner Majestät folgendes anzumerken hatte: »Es ist besser für den König, für geisteskrank erklärt zu werden, da man ihn außerdem für einen der perversesten Menschen halten« müsse.

Der Kini hat wenigstens das erreicht, was er einmal so formulierte: »Ein ewiges Rätsel bleiben will ich mir und anderen.« Das ist ihm gelungen, und die Bayern aller Couleur lieben ihn so sehr wie allenfalls noch ihren späteren Landesvater Franz Josef Strauß.

Annie Chapman, Polly Nichols, Elizabeth Stride, Catherine Eddowes, Mary Jane Kelly

Diese fünf Frauen waren keine Berühmtheiten, im Gegenteil: Sie entstammten ärmlichsten Verhältnissen, lebten in den übelsten Slums Londons und verkauften sich für ein paar Pennys oder für ein überdachtes Nachtlager als Prostituierte. Dennoch kennt fast jedes Schulkind in England ihre Namen – sie erlitten das traurige Schicksal, Opfer des unheimlichsten Serienmörders der Moderne zu werden.

Jack the Ripper tötete die fünf auf bestialische Weise. Selbst heute, in dieser durch allerlei Brutalität in den Medien abgeklärten Zeit, kann es noch immer keine Publikumszeitschrift wagen, die Polizeifotos abzudrucken, die zeigen, was der Ripper von Mary Jane Kelly, seinem letzten Opfer, übrigließ.

Doch warum genießt Jack the Ripper eine so schaurige Popularität? War es doch eine verhältnismäßig kurze Zeit, in der er Angst und Schrecken verbreitete, nämlich vom 31. August bis zum 9. November 1888, dem »Autumn of Terror«. Andere Psychopathen trieben viel länger ihr Unwesen, mordeten mehr Menschen: Fritz Haarmann, der »Werwolf von Hannover«, tötete mindestens 27mal. Peter Kürten, der Lustmörder von Düsseldorf, hatte sieben Frauen auf dem Gewissen, Amerikas »Würger von Boston« kam auf 13 Opfer, Ted Bundy auf über 30. Und auch Englands eigener Nachfahre von Jack the Ripper, der »Yorkshire-Ripper« Peter Sutcliffe, erschlug von 1975 bis 1980 zwölf Frauen. Trotzdem ist der Schlitzer von Whitechapel der Bekannteste von allen.

Die wesentliche Faszination von Jack the Ripper liegt zum einen in der einfachen Tatsache begründet, daß bis heute keiner weiß, wer dieser Mensch war. Zum anderen ist die »metzelnde Besessenheit« *(Der Spiegel),* mit der der Ripper von Tat zu Tat voranschritt, so unfaßbar wie entsetzlich und auch bei den kränksten Mördern nicht zu finden. Im Polizeibericht stand über eines der Opfer: »Beide Brüste waren abgeschnitten, der linke Arm, wie der Kopf, hingen nur durch die Haut am Körper. Nase und Ohren waren abgeschnitten, die Stirnhaut abgezogen, das Gesicht bis zur Unkenntlichkeit zerstochen. Von den Schenkeln war das Fleisch bis auf die Knochen und bis zu den Füßen hinunter abgeschält ... Einige Eingeweide fehlten, aber die Leber und einiges mehr wurde zwischen den Füßen des armen Opfers gefunden. Das Fleisch von den Schenkeln und Beinen hatte der Mörder zusammen mit den Brüsten und der Nase auf den Tisch gepackt.«

Der Ripper verschwand so plötzlich, wie er aufgetaucht war. Nach dem fünften und monströsesten Mord von allen verschwand er Ende 1888. Anfang 1889, also verblüffend schnell, reduzierte die Londoner Polizei die verstärkten Streifen im Elendsviertel Whitechapel wieder auf das normale Maß. Ein Mitglied des Bürgerschutz-Komitees protestierte dagegen, doch die Polizei teilte ihm mit, daß der Ripper »ganz sicher« tot sei; er sei »aus der Themse gefischt worden«.

Die »Ripperologie« spekuliert bis heute, wer der Täter gewesen sein könnte, und der Kreis der Verdächtigen beinhaltet auch Mitglieder der höchsten Londoner Gesellschaft – so hoch, daß es höher kaum noch geht: Prinz Albert Victor – der älteste Sohn des künftigen Königs Edward VI., der von 1901 bis 1910 regierte – gilt als spektakulärster Mordverdächtiger. Albert wäre König geworden, hätte ihn nicht 1892 im Alter von achtundzwanzig Jahren eine Lungenentzündung dahingerafft. 1970 behauptete der fünfundachtzigjährige Arzt Dr. Thomas Stowell, der mutmaßlich homosexuelle Thronfolger habe die Ripper-Morde begangen, denn der Prinz habe an »Gehirnerweichung« durch die Syphilis gelitten und sei daher unzurechnungsfähig gewesen. Als Kronzeuge muß Queen Victorias Leibarzt herhalten, Sir William Gull.

Auch wenn die Enthüllungen sensationell waren (und ein ungeheuerliches Medienecho entfachten), übersah Stowell, daß Prinz Albert für mindestens zwei Morde ein absolut wasserdichtes Alibi besaß – er war zur Wilschweinjagd in Schottland. Dennoch klang die Geschichte gut, und vom Image des »Schlitzers« kam der unglückliche Prinz seitdem nicht mehr los.

Noch wüstere Verdächtigungen trafen u. a. Karl Marx, der schließlich auch mal in London gelebt hatte (allerdings zum Zeitpunkt der Morde schon fünf Jahre lang tot war) und George Bernard Shaw (der in seinen Werken den Ripper verschlüsselt als Genie pries und mit den Morden den Blick der feinen Gesellschaft auf die schlimmen Zustände in Whitechapel lenken wollte).

Wer nun aber der wahre Jack the Ripper war, ist nach wie vor unklar; alle Autoren stützen ihre Thesen auf recht wacklige Indizien, obwohl sogar schriftliche Dokumente vorliegen. Jack the Ripper hatte den Namen nämlich nicht aus der

Boulevardpresse, sondern ihn sich selbst verliehen – so unterschrieb er seine Bekennerbriefe.
Die Spekulation um die Identität des Mörders trieb immer buntere Blüten. Dr. Vassily Konovalov alias Dr. Alexander Pedachenko alias Michail Ostrog, ein professioneller Killer, soll im Auftrag des russischen Geheimdienstes die Morde begangen haben, um den Verdacht auf die in London lebende Gruppe russischer Anarchisten zu lenken. Roslyn D'Onston, ein alkohol- und drogenabhängiger Journalist, könnte sich seine Storys durch die Morde quasi selbst erfunden haben. Thomas Neill Cream, ein überführter Frauenmörder, soll bei seiner Hinrichtung gerufen haben: »I am Jack the ...«, bevor ihm der Strang das Genick brach.
Die Liste der weiteren Verdächtigen: der schwule Freund von Oscar Wilde; der Sekretär von General William Booth, dem Gründer der Heilsarmee; ein Verwandter des Philosophen Bertrand Russell; der Impressionist Walter Sickert; der Tutor von Prinz Albert Victor; ein Polizist; ein Geistlicher; die Freimaurer, natürlich; vielleicht eine Frau (die somit durch alle polizeilichen Raster schlüpfen konnte); ein Schlafwandler; ein Kannibale. Und jeder Frauenmörder der damaligen Zeit.
Auch der amerikanische Chirurg Francis Tumblety könnte die Morde verübt haben; in vier der fünf Mordfälle stand er auf der (allerdings langen) Liste der Verdächtigten. Kaum gegen Kaution auf freien Fuß gesetzt, floh er nach Amerika. Die Mordserie in Whitechapel hörte auf, aber kurze Zeit später ereigneten sich ähnliche Bluttaten in Nicaragua und Jamaika. Tumbletys Motiv: Er haßte Frauen, seit er herausgefunden hatte, daß seine eigene Frau in einem Bordell arbeitete. Außerdem würde die Tumblety-These zu dem Mysterium passen, daß der Ripper seine Opfer fachmän-

nisch ausweidete. Aussagekräftigere Indizien gegen den Arzt aus Übersee gibt es jedoch nicht.
Die Londoner Polizei stellte sich ausreichend dämlich an, um auch die wildesten Mutmaßungen wuchern zu lassen. So ließ der Polizeichef Sir Charles Warren, der seine kriminalistischen Erfahrungen in den britischen Kolonien gesammelt hatte, Bluthunde für die Ripper-Jagd einsetzen. Die Tiere verirrten sich und mußten von Scotland Yard gesucht werden. Zu einem bizarren Schauspiel artete die Jagd auf den Serienmörder aus, als Zivilbeamte der Sondereinheiten von regulären Polizeistreifen für Killer gehalten und durch die nächtlichen Straßen der Londoner Elendsviertel verfolgt wurden. Jeder verdächtig aussehende Mann wurde umgehend verhaftet und umgehend freigelassen. Jack the Ripper schrieb unterdessen Briefe an die Polizei, die als authentisch gelten, weil sie Einzelheiten der Morde verraten, die nur der Mörder selbst wissen konnte:
»Beim letzten Job habe ich großartige Arbeit geleistet. Ich habe der Dame keine Zeit gelassen zu quieken. Wie kann mich die Polizei schnappen? ... Bei meinem nächsten Job werde ich der Dame die Ohren abschneiden und sie an die Polizei schicken, bloß zum Spaß. Halten Sie diesen Brief zurück, bis ich wieder gearbeitet habe ... Viel Glück. Ihr ergebener Jack the Ripper.«
Die Polizei hielt den Brief tatsächlich zurück und erhielt, als es Elizabeth Stride und Catherine Eddowes erwischte, eine Postkarte: »Diesmal ein Doppelereignis. Nummer eins quiekte ein wenig. Konnte sie nicht sofort fertigmachen. Hatte keine Zeit, die Ohren für die Polizei abzuschneiden.«
Über seine Motive sagte er nichts, lediglich über seine Opfer: »Ich suche mir nur Huren und werde sie aufschlitzen, bis ich eingelocht werde.«

Am schlüssigsten – besser gesagt: am wenigsten vage – klingt die These, ein Herr aus besseren Kreisen sei Jack the Ripper gewesen. Im Jahr 1959 rückte die bereits greise Tochter eines ehemaligen Scotland-Yard-Oberen eine Aktennotiz ihres Vaters heraus, eine Art letztwillige Zusammenfassung des Ermittlungsstandes. Demnach hatte die Londoner Metropolitan Police gegen drei Männer »vernünftige Verdachtsgründe« gehabt: gegen einen polnischen Juden namens Kosminski, der im März 1889 ins Irrenhaus eingeliefert wurde; gegen den bereits erwähnten Michail Ostrog, der als gewalttätig bekannt war und für keinen der Ripper-Morde ein Alibi vorweisen konnte; und gegen Montague John Druitt. Die vermachte Notiz besagt: »Er war sexuell gestört, und aufgrund privater Informationen habe ich wenig Zweifel, daß seine eigene Familie ihn für den Mörder hielt.« Und weiter: »Je mehr ich die Sache bedenke, desto entschiedener werden diese Ansichten.« Druitt wurde am 31. Dezember 1888, sieben Wochen nach dem letzten Mord, tot aus der Themse gefischt.

Montague Druitt, geboren 1857 in der Nähe des südenglischen Bournemouth, war zweites von sieben Kindern einer wohlhabenden Arztfamilie. Mit 13 Jahren gewann er ein Stipendium für eine Eliteschule, spielte ausgezeichnet Kricket und war ein reges Mitglied in Debattierclubs. Er studierte Jura in Oxford, wurde zum Studentensprecher gewählt und schließlich, mit achtundzwanzig, zum Anwalt in London zugelassen. Durch seine Uni-Kontakte wurde er im exklusiven Club »Die Apostel« zugelassen, einem offenbar homophilen Kreis junger Herren und ältlicher Gönner mit besten Kontakten auch zu Prinz Albert Victor (dem Druitt übrigens verblüffend ähnlich sah).

Doch trotz aller Verbindungen kamen keine Aufträge, und

die Erbschaft vom Vater war schnell aufgebraucht. Druitt ging zurück zur Schule: Er übernahm eine Stelle als Sportlehrer und Repetitor in einem kleinen Internat. Und er fiel weich: Wiederum durch seine Kricket-Fähigkeiten fand er Anschluß an edlere Kreise und feine Clubs. Anfang Juli 1888 dann die Katastrophe: Seine geliebte Mutter wurde in ein Heim für Geisteskranke eingewiesen. Die Ripperologen sagen nun, Druitt mochte keine Frauen, bis auf seine Mutter, was schwer nach Küchenpsychologie klingt. Jedenfalls lag das »Brooke Asylum« nur drei Kilometer nordöstlich von Whitechapel. Um dorthin zu kommen, mußte Druitt das Huren- und Elendsviertel durchqueren. Der entsetzliche Anblick seiner wirren Mutter und der schlimme Slum, den er beinahe täglich durchquerte – diese Flut von Eindrücken soll die in Druitt angelegte Psychose »gezündet« haben.
Am 31. August um 4 Uhr früh tötete Jack the Ripper zum erstenmal. Am Nachmittag desselben Tages stand Druitt in weißer Hose und weißem Pullover beim Kricket – das belegen die erhalten gebliebenen Spielerlisten seines Clubs.
Ende Oktober, nach vier von fünf Morden, besucht Druitt seinen Bruder William, der in seiner Heimatstadt Rechtsanwalt ist. Ripperologen glauben, daß seinem Bruder der Verdacht gekommen ist, Montague sei, wie die Mutter, nicht mehr richtig im Kopf. Am 30. November, nach dem fünften Mord, wird Montague Druitt, inzwischen zum Headmaster aufgestiegen, vom Internat gefeuert. Das kann nur heißen, daß es zu homosexuellen Handlungen mit einem Schüler gekommen ist. Druitt verschwindet. Die »Apostel« werden unruhig und alarmieren seinen Bruder. Der trifft am 11. Dezember in Montagues Wohnung ein und findet einen undatierten Zettel, der auf Selbstmord hindeutet.
Ist das alles der Grund, warum Montague verdächtigt wird?

Manche Autoren glauben nun, William habe in der Wohnung eindeutige Beweise gefunden, daß sein Bruder der Schlitzer war. Er zog die »Apostel« ins Vertrauen, die wiederum über das Innenministerium, in dem gute Freunde saßen, Scotland Yard anwiesen, Schimpf und Schande von den »besseren« Kreisen fernzuhalten – eine Schande, die wegen Prinz Albert Victor bis ins Königshaus gereicht hätte. Scotland Yard wußte also, daß Montague Druitt der Mörder war; deswegen wurden die Ermittlungen auch prompt eingestellt, als Druitt, mit Steinen in den Jackentaschen, am Silvesterabend aus der Themse gefischt wurde.
Noch mutigere Autoren behaupten: Druitt wurde von den »Aposteln« umgebracht – eine Lynchjustiz und ein Fememord auf höchstem Niveau also, um die eigenen Karrieren zu retten. Zum einen war Druitt ein guter Schwimmer und hätte nicht den Freitod im Wasser gewählt. Zum anderen aber, und dieses Indiz ist noch viel erstaunlicher, wurde Druitts steinbeschwerte Leiche in der Höhe eines Uferstükkes gefunden, auf dem eine Villa namens »The Osiers« stand, die von den »Aposteln« für ihre Feiern benutzt wurde. Ist das schon ein Beweis für die Druitt-Theorie, wie ihn viele Ripperologen feiern? Oder wäre es nicht vielmehr so, daß die Apostel die Leiche niemals quasi vor ihrer Haustür entsorgt hätten?
Seriöse Ripperologen haben längst resigniert und glauben: »Es war einer, der bisher noch nie verdächtigt wurde.« Wahrheit und Fiktion haben sich zu einem Nebel vermischt, den nichts und niemand mehr aufklären kann. Jack the Ripper ist ein Mythos geworden, so wie Robin Hood, der Weihnachtsmann oder Dracula.

Ambrose Bierce

Ambrose Bierce war ohne Zweifel eine der schillerndsten Gestalten der amerikanischen Literatur. Sein Biograph Roy Morris schreibt über ihn: »Als der einundsiebzigjährige Ambrose Bierce 1913 spurlos im Rauch und Staub der mexikanischen Revolutionswirren verschwand, hatte er vermutlich mehr Feinde als jeder andere Zeitgenosse. Nicht zu Unrecht, wie er selbst bereitwillig zugegeben hätte: Mit zäher Ausdauer hatte er daran gearbeitet, sich verhaßt zu machen, was ihm zuletzt mehr als gelungen war.« Die Zielscheiben seines Spottes reichten vom mächtigsten Räuberbaron bis zur sanftmütigsten Dichterin, und auch vor großen Namen machte seine bissige Ironie nicht halt. Als Oscar Wilde, zu jener Zeit Londons berühmtester Literat, im Frühjahr 1882 San Francisco besuchte, schrieb Ambrose Bierce in seiner Zeitschrift *Wasp* (die Wespe): »Der König der Langweiler, Oscar Wilde, ist mit seinem opulenten Geschwätz und seiner Geistesarmut bei uns eingefallen. Er hat sich auf seine Hinterläufe gestellt und zur tiefen Belehrung von Eseln und Eselinnen durch seinen Darmausgang am Hals erbärmlichste Geistlosigkeiten unters Volk geblasen. Dieser unverbesserliche Stümper hat nichts zu sagen, und er tut dies mit großzügigen Kostproben schlechter Vortragskunst, garniert mit vulgären Geschmacklosigkeiten in Auftreten, Gestik und Kleidung. Nie hat es einen abscheulicheren Aufschneider, einen größeren Holzkopf und einen platteren Phrasendrescher gegeben. Mehr vermag ich nicht dazu zu sagen.« Wer solches schreibt, braucht sich über Feinde nicht zu wundern. Provokation war das Metier von Ambrose Bierce, das Schlachten heiliger Kühe sein Anliegen. Sein tödlicher Witz wurde von einem Land geprägt, in dem die moralische Praxis mit der praktischen Moral in oft krassem Widerspruch lag. Doch er wollte nicht das Gewissen Amerikas spielen, es genügte Bierce, Illusionen über Ehe und Freundschaft, über Religion, Gott und die Welt zu zerstören. Wer war dieser unverbesserliche Zyniker, dieser »lachende Teufel«, wie ein Pastor aus San Francisco ihn einmal nannte?

Ambrose Gwinett Bierce, das zehnte von insgesamt dreizehn Kindern, wurde 1842 in einem kleinen Ort in Meigs County, Ohio, als Sohn aus Neuengland zugewanderter, streng religiöser Farmer geboren. Mit fünfzehn Jahren verließ er die Armut und Enge seines Elternhauses und begann eine Druckerlehre. 1861, bei Ausbruch des amerikanischen Bürgerkriegs, schloß er sich den Truppen der Nordstaaten an, zeichnete sich in einigen großen Schlachten aus und beendete 1865 enttäuscht seine Militärkarriere: Die große Beförderung war ausgeblieben. 1866 trat Bierce noch einmal in die Armee ein, um an einer kartographischen Expedition in den Westen teilzunehmen, in deren Verlauf er viele Bergwerks- und infolge des Goldrausches verlassene Geisterstädte kennenlernte – und dabei Anregungen für spätere Kurzgeschichten erhielt. 1867 verließ er die Armee wieder, zog nach San Francisco und begann eine Laufbahn als Journalist. 1868 fand er eine feste Anstellung beim *News Letter and Commercial Advertiser,* wo er als Leitartikler glänzte. Von 1872 bis 1875 hielt er sich in England auf, dort verfaßte er bissige Epigramme und Skizzen, die er unter Pseudonym veröffentlichte. Wieder nach San Francisco zurückgekehrt, war er zunächst Mitherausgeber der Zeitschrift *The Argonaut,* wenig später verdingte er sich als Manager einer Goldmine, bis ihm schließlich 1881 die Chefredaktion der Zeitschrift *Wasp* angeboten wurde. Dort veröffentliche er bis 1886 sein berühmt gewordenes *Aus dem Wörterbuch des Teufels (Devil's Dictionary),* dessen Definitionen längst zum nationalen Erbe der USA gehören. Zum Beispiel: »FRIEDE, der – in der Weltpolitik eine Periode des Betrugs zwischen zwei Perioden des Kampfes« oder »EHE, die – Zustand oder Befindlichkeit einer Gemeinschaft, die aus einem Herrn, einer Herrin und zwei Sklaven besteht, insgesamt also aus zwei Personen«. 1887 holte ihn dann William Randolph Hearst, der Begründer der Boulevardpresse, zu seiner Tageszeitung *The Examiner.* Hearst suchte einen Mann, der wild nach allen Seiten schlug, weder die Kirche noch die Bourgeoisie fürchtete; Bierce war dafür genau der Richtige. 1909 zog sich Bierce vom Journalismus zurück und widmete sich bis 1913 der Herausgabe seiner Gesammelten Werke.

Die zwölf Bände der Collected Works haben ihm einen hohen Rang in der amerikanischen Literatur gesichert. Bierce gilt als bedeutender Nachfolger Edgar Allan Poes, als Vollender der Short Story. Seine Bücher enthalten viele meisterhafte Texte: Schreckens- und Gruselgeschichten aus dem bürgerlichen Alltag, Kriegsgeschichten, die sich durch makabre Phantasie, technische Brillanz und stilistische Größe auszeichnen. Gerade die Erzählungen aus dem Bürgerkrieg verdienen es, noch heute gelesen zu werden, denn kaum einer hatte diesen Krieg so kritisch beschrieben, die Taten von Soldaten und Offizieren so gründlich ihres Heiligenscheins beraubt.

Mit seinen Geschichten entsprach er seinem am Anfang seiner Karriere formulierten Lebensentwurf: »Mein Programm besteht in der ausgewogenen Kritik sämtlicher gesellschaftlicher Einrichtungen, darunter alle Herrschaftsformen, ein Großteil der Gesetze und Gebräuche und die gesamte Gegenwartsliteratur. Es folgt dem unbedingten Glauben an die Darwinsche Lehre, wird Intoleranz mit Intoleranz begegnen und jedem Menschen mit einer Mission den Kampf ansagen.« Am Ende dieses Programms standen Einsamkeit, Verbitterung und Isolation.

Im Frühjahr 1913 ist die Edition seiner Bücher beendet. In einem Brief schrieb er: »Mein Werk ist fertig, und ich bin es auch.« Roy Morris schreibt dazu: »Andere Briefe klangen nicht ganz so verzweifelt, versetzten aber ihre Empfänger nicht weniger in Unruhe, denn Bierce redete jetzt immer häufiger davon, nach Mexiko oder Südamerika zu gehen, und dies in einem unverkennbar fatalistischen Ton. Seine Briefe waren in der Tat so düster und unheilvoll, daß sich der Verdacht aufdrängt, ihr Autor streue hier gezielt die Saat eines großen Mysteriums ...«

Bald stand für ihn das Ziel seiner Reise fest. In weiteren Briefen an Freunde und Verwandte teilte er mit, daß er im Begriff sei, nach Mexiko zu reisen, und daß nicht mit seiner Rückkehr zu rechnen sei. In der Tat war es Ende 1913 ein gefährliches Unterfangen, in das mittelamerikanische Land zu reisen, schließlich tobte dort seit sieben Jahren ein blutiger Bürgerkrieg.

Für die meisten seiner Biographen sind seine Briefe bereits die offizielle Ankündigung seines Selbstmords: Ambrose Bierce, der alternde Don Quichotte, der sich Hals über Kopf in die mexikanischen Revolutionswirren aufmacht, um dort im Dunkel der Geschichte zu verschwinden. »Meine Gebeine wird nie jemand finden«, versprach er und sollte mit sei-

ner Prophezeiung letztendlich recht behalten. Obwohl in den vergangenen achtzig Jahren unzählige Forscher versucht haben, seine Spur zu finden, ist Bierce verschollen geblieben.
Über viele Stationen seines Weges besteht Klarheit: Am 2. Oktober um 22.10 Uhr brach Bierce in Washington auf. Sein Weg führte über die Schlachtfelder des amerikanischen Bürgerkriegs, die er in seinen Büchern verewigt hatte. Am 23. Oktober setzte er nachweislich nach New Orleans über, am 5. November erhielt seine Nichte einen letzten Brief aus San Antonio. Nach dem 13. November aber verlor sich die Spur des Schriftstellers. Was nach diesem Zeitpunkt passierte, ist Gegenstand von zum Teil ausgesprochen abenteuerlichen Theorien.
So behauptete 1972 Sibley Morrill in einem Buch, Bierce sei als Geheimagent der amerikanischen Regierung nach Mexiko gegangen, um dort etwas über die Machenschaften der Deutschen und Japaner in Erfahrung zu bringen, da von einem mexikanisch-japanischen Angriff auf die USA ausgegangen wurde. Doch das ist längst nicht alles: Nach Morrill erwarb oder stahl Bierce auf seiner Reise durch Mexiko den sogenannten Schädel des Verderbens der Maya. Später soll Bierce dann von Maya-Zauberern in eine Höhle verschleppt worden sein, wo er sich zumindest 1972 noch bester Gesundheit erfreut haben soll.
Realistischer klingt die Theorie, daß sich Bierce der Revolutionsarmee Pancho Villas angeschlossen hatte und bei der Schlacht von Ojinga am 11. Januar 1914 im Kampf getötet wurde. Doch es gibt keinen Beweis dafür, daß Bierce überhaupt in Mexiko angekommen ist, geschweige denn Pancho Villa getroffen und sich dessen Armee angeschlossen hat. Dagegen spricht auch, daß Bierce Pancho Villa während

dessen steiler Banditenkarriere oft genug in Bausch und Bogen verurteilt hat.
Andere Autoren vermuten, daß sich Bierce im Grand Canyon erschossen oder sich nach England abgesetzt oder sich zum Sterben in eine Höhle in Mexikos Bergen verkrochen hat. Daß er von einem Gefolgsmann Panco Villas gefangengenommen und erschossen, daß Bierce in seinem Garten vergiftet wurde. Ein Forscher vermutete ihn gar als Häuptling eines Indianerstammes im brasilianischen Mato Grosso.
Vieles spricht in der Tat für einen Selbstmord, wie Roy Morris schreibt: »Anzeichen dafür, daß Bierce ernsthaft mit dem Gedanken spielte, gab es genug: die mit entsprechenden Andeutungen gespickten Briefe an seine Freunde, sein nostalgischer Besuch der Schlachtfelder des Bürgerkriegs und auch das Versprechen gegenüber seiner Tochter, sie brauche sich um sein Begräbnis nicht zu sorgen... Angesichts der Tatsache, daß Bierce sich in seinem einundsiebzigsten Lebensjahr befand und sich sein Gesundheitszustand laufend verschlechtert hatte, daß er seine beiden Söhne wie auch seine Frau verloren hatte, die meisten seiner alten Freunde entweder gestorben waren oder sich mit ihm überworfen hatten, er das Schreiben aufgegeben hatte, seine Collected Works kaum beachtet wurden ... – nach seinen eigenen Kriterien hätte Bierce Grund genug für einen Selbstmord gehabt.«
Und es hätte auch gut zu ihm gepaßt, schließlich trug er immer einen geladenen 45er Revolver unter seinem Mantel und hatte einen blankpolierten Totenschädel auf dem Schreibtisch, der ihm als Talisman vor bösen Geistern diente. Und er hatte schon in einem Essay sechs Rechtfertigungsgründe für den Freitod angeführt: »eine schmerzhafte und

unheilbare Krankheit; den Freunden zur Last zu fallen; die Gefahr dauerhafter geistiger Umnachtung; Trunksucht oder eine andere selbstzerstörerische Sucht; den Verlust von Freunden, Besitz, Arbeitsplatz oder Lebensmut; persönliche Schande.«

Das Lindbergh-Baby

Charles August Lindbergh kam aus bester Familie: Er wurde 1902 in Detroit als Sohn eines Anwaltes geboren, der aus Schweden eingewandert war. Sein Großvater war Mitglied des Schwedischen Parlaments und Sekretär des schwedischen Königs gewesen; sein Vater setzte die politische Karriere fort und saß von 1907 bis 1917 im amerikanischen Kongreß. Von der Universität von Wisconsin ging der junge Charles ab, um an der Fliegerschule von Lincoln, Nebraska, an einem Pilotenkurs teilzunehmen. 1923 kaufte er sein erstes altes Flugzeug gebraucht für 500 Dollar, 1926 heuerte er als Postflieger auf der Route zwischen Chicago und St. Louis an. Seinen Auftraggebern gefiel der stets pünktliche Lindbergh, also stellten sie ihm Geldmittel für den Flug zur Verfügung, der ihn unsterblich machen sollte: Am Freitag, den 20. Mai 1927 hob er mit dem Ryan-Eindecker »Spirit of St. Louis« in New York ab und landete am Samstag abend nach 33 Stunden und 6 000 Kilometern auf dem Flugplatz von Le Bourget bei Paris. Charles Lindbergh hatte als erster Flieger den Atlantischen Ozean nonstop überquert. Bei seiner Rückkehr nach Amerika feierte man ihn in New York mit 1 800 Tonnen Konfetti.

Bruno Richard Hauptmann wurde 1899 in Kamenz, Sachsen, geboren. Im Ersten Weltkrieg bediente er als Gefreiter im Schützengraben das Maschinengewehr; nach dem Krieg arbeitete er als Zimmermann, wurde in Deutschland wegen schweren Raubes verurteilt, flüchtete vor der Haft und wanderte illegal in Amerika ein. Dort arbeitete er als Bauschreiner – die neue Existenz funktionierte recht gut, Hauptmann konnte sich sogar ein wenig Börsenspekulation leisten. 1925 heiratete er Anna, ebenfalls eine Deutsche, die als Stubenmädchen arbeitete. Sie lebten bescheiden und unauffällig in der New Yorker Bronx, in der 1279 East 22nd Street, und bekamen einen Sohn. Bruno Hauptmann blieb deutscher Staatsbürger – er hatte sich nicht um einen amerikanischen Paß bemüht, eine, wie wir noch sehen werden, verhängnisvolle Nachlässigkeit.

Am 1. März 1932 kreuzten sich auf tragische Weise die Wege der beiden Männer – glaubte jedenfalls die Justiz: Das 20 Monate alte Baby Lindberghs wurde entführt. Die Tat empörte Amerika; noch heute gilt sie als »Crime of the Century«, als Verbrechen des Jahrhunderts. Der amerikanische Volksheld Charles Lindbergh und seine Frau, die Millionärstochter Anne Spencer Morrow, waren das Traumpaar schlechthin und somit Mittelpunkt der Klatschpresse, deren Leser in der Weltwirtschaftskrise nach glitzernden Geschichten aus der High-Society dürsteten – als Charles Lindbergh junior das Licht der Welt erblickte, hatten die Radiostationen ihre laufenden Sendungen unterbrochen.

Der Tathergang der Entführung: Ein Unbekannter lehnt am stürmischen Abend des 1. März eine hölzerne Leiter an die südwestliche Wand des Lindberghschen Hauses im abgeschiedenen Hopewell in New Jersey; er steigt durch das Fenster ins Kinderzimmer und nimmt Charles junior aus dem Gitterbett. Charles Lindbergh sitzt zu dieser Zeit am Schreibtisch und arbeitet. Um 22 Uhr betritt das Kindermädchen Betty Gow das Zimmer des Jungen und entdeckt das leere Bett. Die Familie sucht das Haus ab, bis es Gewißheit wird: Das Baby ist entführt. Charles Lindbergh nimmt

seine Winchester und rennt hinaus in den Orkan, der mit 120 Stundenkilometern von Norden her durch die Nacht fegt, und sucht verzweifelt die Umgebung ab. Vergeblich.
Zurück bleiben die Leiter und der Brief, in dem der Entführer mit flüchtiger Schrift 50 000 Dollar Lösegeld fordert. Er markiert das Schreiben mit zwei ineinandergreifenden Kreisen, einem rot ausgemalten Zentrum und drei kleinen Löchern. Orthographische Fehler in dem Brief weisen darauf hin, daß es sich um einen Skandinavier oder Deutschen handeln dürfte. Ein zweiundsiebzigjähriger ehemaliger Lehrer namens John Francis Condon fungiert als Unterhändler und übergibt am 2. April 1932 auf dem St.- Raymond-Friedhof in der Bronx das geforderte Lösegeld an einen Mann, der sich »John« nennt. Dafür bekommt Condon einen Zettel, auf dem das angebliche Versteck des Kindes steht: ein Schiff namens »Nelly« vor Long Island. Lindbergh selbst sucht mit seinem Flugzeug tagelang die Küste ab, doch es gibt kein Schiff namens »Nelly«. Am 12. Mai 1932 findet der Lastwagenfahrer William Allen die Leiche des Kindes unter einem Laubhaufen – nur acht Kilometer vom Elternhaus entfernt. Die Schlagzeile der Zeitungen, die jeder sofort versteht: »BABY DEAD!«
Noch in der Nacht wurde die Entführung zum Medienereignis, vielleicht sogar zum ersten Medienereignis, das diesen Namen verdiente. Bereits um fünf Uhr morgens – acht Stunden nach dem Kindesraub – hatte sich eine Menschenmenge vor dem Lindbergh-Haus eingefunden; die Presseorgane des Medienzaren Randolph Hearst heizten die Suche nach dem Kind an und spekulierten eifrig mit.
In New York zirkulierten bald Scheine aus dem Lösegeld – alle Banken hatten Listen mit den Seriennummern. Trotzdem gelang es nicht, den Täter dingfest zu machen, doch im

September 1934 schrieb ein Tankwart in Manhattan die Autonummer eines dunkelblauen Dodge auf den Rand des Zehndollarscheins, den der Fahrer ihm gegeben hatte. Die Autonummer führte direkt zu Bruno Richard Hauptmann.

Am 19. September 1934, zweieinhalb Jahre nach der Entführung, stoppte ein Überfallkommando den Dodge mitten in den Straßen von New York. Die Polizisten verhörten Hauptmann 24 Stunden lang und durchsuchten seine Wohnung; in der Garage fanden sie 14 600 Dollar aus dem Lösegeld. Hauptmann war schon so gut wie auf dem elektrischen Stuhl, obwohl er die Tat hartnäckig leugnete.

Am 2. Januar 1935 begann vor dem Bezirksgericht in Flemington der Prozeß. Bis zu 100 000 Sensationsgierige strömten in die Stadt; man konnte als Souvenir für zehn Cent kleine Entführungsleitern kaufen. Im überfüllten Gerichtssaal versammelten sich 150 Journalisten samt ihrer hin- und herflitzenden Boten. »Tötet den Deutschen!« riefen die Schaulustigen, »auf den Stuhl mit ihm!« Sie nannten Hauptmann »Bruno, the machine gunner«, nachdem die Hearst-Presse herausgefunden hatte, daß Hauptmann im Ersten Weltkrieg Maschinengewehrschütze gewesen war. Die *New York Times* fand kritische Worte: »Die überfüllten Gänge, der Lärm, die Geschäftigkeit, das idiotische Gelächter und die abstoßenden Gesichter der Menschen, die dort zuschauen, sind eine Verhöhnung der Zivilisation.«

Hauptmann hatte immer noch nicht gestanden, dafür aber eine eigenartige Geschichte aufgetischt: Ein Freund namens Isidor Fisch habe ihm eines Tages ein paar Seehundfelle und einen Karton zur Aufbewahrung gegeben; der Pelzhändler sei dann nach Deutschland zurückgekehrt und kurze Zeit später in Leipzig gestorben. Danach habe Haupt-

mann dann das Geld in dem Schuhkarton entdeckt und ohne darüber nachzudenken behalten, weil Fisch ihm ohnehin noch viel Geld schuldig gewesen sei.
Gegen Hauptmann sprach, daß Graphologen die Erpresserbriefe analysiert und die Schrift Hauptmann zugeordnet hatten. Ein Holzsachverständiger meinte, das Holz der Leiter stamme aus dem Dielenboden von Hauptmanns Wohnung. Dr. Condon, der Überbringer des Lösegeldes, glaubte trotz anfänglicher Zweifel, daß der Angeklagte der Geldempfänger war. Es sah wahrlich nicht gut aus für den gebürtigen Sachsen.
Heute ist trotzdem so gut wie sicher: Hauptmann war nicht der Entführer und nicht der Mörder des Lindbergh-Babys. Die Schlampigkeit der Prozeßführung war kaum zu überbieten und stellt sich heute so offensichtlich dar, daß manche Autoren von einem abgekarteten Spiel gegen Hauptmann sprechen. Hauptmann empörte sich beispielsweise, daß diese hingepfuschte Leiter ausgerechnet ihm, dem gelernten Zimmermann, untergeschoben wurde (eine der Leitersprossen war in der Entführungsnacht gebrochen). Außerdem hatten fast vierzig Polizisten die Wohnung Hauptmanns neunmal durchsucht und keine schlüssige Spur gefunden, die auf die Herkunft der Leiter schließen ließ.
Die Graphologen, so Hauptmann, hatten ihn gezwungen, bei den Schriftproben die gleichen Fehler wie bei den Erpresserbriefen zu machen.
Der gefundene leblose Kinderkörper war sieben Zentimeter kürzer als das Lindbergh-Baby und so stark verwest, daß sich nicht einmal mehr das Geschlecht feststellen lassen konnte. Die exakte Größe hatte Dr. Van Ingen, der Hausarzt der Familie, erst elf Tage vor der Entführung, am 18. Februar 1932, festgestellt.

Außerdem hielt er fest, daß die kleinen Zehen des Kindes nach innen gedreht waren und von den Zehen daneben überdeckt wurden. Bei der Leichenbeschau hatte der Gerichtsarzt Dr. Charles H. Mitchell jedoch festgestellt, daß zwei andere Zehen des Torsos nach innen gedreht waren – die großen.

Ein Zeuge, der Hauptmann in der Nähe des Lindbergh-Hauses gesehen haben will, war als notorischer Lügner bekannt und erst gegen eine Bezahlung von 1 000 Dollar zu einer Aussage zu bewegen; ein zweiter, der Hauptmann identifizierte, war von der New Yorker Wohlfahrt unter der Nummer 14106 als »halbblind« registriert.

Besonders deutlich zeigte sich die Manipulation der Beweismittel bei den Lohnbüchern Hauptmanns: Darin wurde täglich festgehalten, daß er auf einer Baustelle in Manhattan erschienen war. Mit diesen Eintragungen hätte er sein Alibi für den Tag der Entführung (1. März) und den Tag der Lösegeldübergabe (2. April) beweisen können, doch die Blätter des 1. März waren verschwunden – obwohl sich bei den Unterlagen der Polizei die entsprechenden Quittungen befanden. Auf den Blättern des 2. April befand sich auf der entscheidenden Stelle ein Tintenfleck.

Hans Kloppenburg, ein deutscher Freund der Hauptmanns, berichtete über den Prozeß: »Wenige Tage, bevor ich als Zeuge vor Gericht auftreten sollte, wurde ich zu Wilentz bestellt. Der erklärte mir, falls ich etwas vom Schuhkarton erwähnen sollte, würde ich sofort verhaftet. Ich erwiderte, daß ich es aber gesehen hätte, weil ich an dem Abend, an dem Isidor Fisch erschien, bei den Hauptmanns zu Besuch war. Einen Tag später stand im *New York Evening Journal,* daß die Polizei einen zweiten Mann in dem Lindbergh-Fall verhaften würde, und das sollte ich sein! Als ich dann im Zeu-

genstand saß, hatte ich solche Angst, daß ich die Schachtel nie ›Schuhkarton‹ nannte.«
Zu allem Übel war der Verteidiger Hauptmanns, ein Anwalt namens Reilly, ein selbstgefälliger Stümper und Schwerstalkoholiker, der nur ein paar Sätze mit Hauptmann gewechselt hatte und mit äußerst zwielichtigen, vermutlich bestochenen Zeugen operierte – und Hauptmann nur noch tiefer reinritt. Besonders skandalös: Reilly war von Hearst angeheuert worden, damit dessen Blätter exklusiven Zugang zu allen Einzelheiten des Falles hatten.
Chefankläger Wilentz hingegen, Generalstaatsanwalt von New Jersey, war ein eloquenter, charismatischer und fanatischer Mensch. »Der Staat New Jersey, die Stadt New York und die Bundesbehörden haben ein Tier gestellt, das auf einer niedrigeren Stufe steht als die niedrigste Art im Tierreich, den Volksfeind Nummer eins – Bruno Richard Hauptmann.« Sprichwörtlich die ganze Welt schien sich gegen ihn verschworen zu haben.
Am Abend des 13. Februar 1935 verkündeten die Geschworenen nach elf Stunden Beratung ihr Urteil. Jemand riß das Fenster des Gerichtssaales auf und rief »Schuldig! Todesstrafe!« Auf der Straße brach Jubel aus, Anna Hauptmann brach zusammen; sie stritt ihr Leben lang, bis zu ihrem Tod mit 95 Jahren im Herbst 1994, für die Rehabilitierung ihres Mannes. Hauptmann kam als Häftling Nummer 17 400 in die Zelle 9 des Todestraktes in Trenton, der Hauptstadt von New Jersey.
Besonnene Menschen versuchten zu helfen. Der junge Gouverneur von New Jersey, Harold Hoffman, ruinierte seine politische Karriere, weil er sich für Hauptmann eingesetzt hatte. Präsidentengattin Eleonore Roosevelt sagte: »Ich habe keine Sympathien für Hauptmann, aber man muß sich fra-

gen, was wäre, wenn hier ein Unschuldiger vor Gericht gestanden hätte.« Die Hinrichtung wurde einige Male aufgeschoben; schließlich bestätigte der Oberste Gerichtshof das Todesurteil. Am 3. April 1936 um 20.43 Uhr schaltete der Henker den Strom ein und beendete das Leben des unglücklichen deutschen Auswanderers.

War es eine Verschwörung gegen Hauptmann? Steuerte der Medienzar William Randolph Hearst, dem der Prozeß und auch die deutschfeindlichen Strömungen in den USA in den dreißiger Jahren enorme Auflagenzuwächse brachten, die Verurteilung Hauptmanns? Verschwörungstheoretiker halten dies für möglich – sie zeichnen sich ja ohnehin dadurch aus, prinzipiell alles für möglich zu halten. Vor Beginn des Prozesses schrieb Hearsts *New York American:* »Zwar bringt die teutonische Rasse bei weitem die gesetzestreuesten Bürger hervor, wenn sie jedoch ein Verbrechen begehen, dann sind sie grausam, rücksichtslos und empfindungslos in einem abnormen Ausmaß.«

Wenn Hauptmann also einer Verschwörung aus Geldgier, Macht und Erfolgsdruck zum Opfer fiel – wer war dann der Mörder? Eine der Theorien besagt: Elisabeth Morrow, Schwester von Anne Morrow Lindbergh und Schwägerin von Charles, habe ihren Neffen getötet, weil sie krankhaft eifersüchtig war. Lindbergh habe dann die Entführung inszeniert, um die Tat zu vertuschen. In Annes Tagebüchern ist zu lesen, daß Elisabeth glaubte, ihre Schwester habe ihr Charles ausgespannt. Bei der Hochzeit des Paares soll sie einen Nervenzusammenbruch erlitten haben, bei der Geburt von Charles junior gar einen leichten Herzanfall. Hausangestellte der Lindberghs sollen der Polizei berichtet haben, daß sie nach mehreren Zwischenfällen die strikte Anweisung erhielten, auf keinen Fall das Baby mit seiner Tante allein zu lassen. Der Chauffeur hat angeblich sogar ausgesagt, daß er die beiden Babysitter einige Tage vor der angeblichen Entführung zum Einkaufen gefahren habe, und als sie zurückgekommen seien, hätten sie das tote Baby und eine völlig hysterische Elisabeth vorgefunden.

Im September 1996, 60 Jahre nach der Exekution, berichteten verschiedene Zeitungen in der ganzen Welt (z. B. *New York Post* und die *Bild*-Zeitung), eine »alte Dame« habe sich zu Wort gemeldet und folgendes gesagt: Ihr Onkel sei ein einflußreicher Mafioso gewesen, der das Lösegeld für den kleinen Lindbergh aufbringen wollte, um sich mit der Polizei gutzustellen; gleichzeitig suchte er in der Unterwelt nach den Tätern. Dort erfuhr er, daß der Sohn von Charles Lindbergh mongoloid gewesen sei und der Vater kein behindertes Kind hätte haben wollen. Auch die Theorie, daß das Kind bei einem Unfall ums Leben gekommen sei und der Vater das Kidnapping nur vorgetäuscht habe, wurde immer wieder aufgestellt.

Eine besonders bizarre Theorie besagt, Hauptmann sei das einzige Opfer des Lindbergh-Mordes gewesen: Charles Lindbergh junior würde noch leben. Gleich zwei alte Männer streiten sich um die Ehre, das Lindbergh-Baby gewesen zu sein. Harold R. Olson aus Connecticut und Kenneth A. Kerwin aus Sandford, Maine. Da ist es praktisch, daß alle Fingerabdrücke des Babys verschwunden sind.

Erst im Jahr 1977 wurde ein Brief gefunden, den Hauptmann an seine in Deutschland lebende Mutter Pauline geschrieben hatte; er war nie abgeschickt worden. Die Verwaltung des Staatsgefängnisses von Trenton hatte das Schreiben rechtswidrig abgefangen, weil sie befürchtete, eine Veröffentlichung im Ausland könnte »peinlich« werden. In dem Brief schrieb er: »Mein Gott, mein Gott, wo gibt es Gerechtigkeit in der Welt? Wenn ich schuldig wäre, würde ich mein Urteil annehmen ... Ich kann nicht schweigen und muß mich verteidigen ... Weil ich ein Ausländer und illegaler Einwanderer bin, können sie alles auf mich abladen. Der Ankläger nannte mich vor Gericht nur wildes Tier. Du kannst Dir kaum vorstellen, wie es war, mir das von dem Mann sagen zu lassen, von dem ich wußte, daß er für das Verschwinden von Beweismaterial verantwortlich ist.«

Charles Lindbergh, der Vater, der sein Baby verloren hatte, war nur mehr ein seelisches Wrack (im Alter polemisierte er sogar gegen den Fortschritt in der Luftfahrt). Er gab der freien amerikanischen Presse die Schuld am Tod seines Sohnes – mit ihrer Berichterstattung hätte sie die Aufmerksamkeit des Entführers erst auf sein Kind gelenkt. Also war er offenbar empfänglich für totalitäre Strömungen: Er reiste am 22. Juli 1936 in das Heimatland des mutmaßlichen Mörders seines Kindes, der nur ein paar Wochen vorher hingerichtet worden war. Auf Einladung des »Reichsmarschalls« Hermann Göring kam Lindbergh mit Frau Anne nach Berlin. Göring, selbst bekannter Flieger des Ersten Weltkrieges, schenkte dem Ehrengast ein Schwert aus seiner Sammlung, organisierte für ihn ein Staatsdinner und führte ihm die Stärke der Luftwaffe vor. Sogar eine der neuen Messerschmidt Me 109 durfte der Flugpionier steuern, auch der Eröffnung der Olympischen Spiele 1936 in Berlin wohnte Lindbergh mit seiner Frau bei – in der Ehrenloge Görings.

Antoine de Saint-Exupéry

Am 6. Juni 1944 sind die westlichen Alliierten in Nordfrankreich gelandet und kämpfen sich langsam nach Paris vor; ein anderer Teil der Invasionsstreitkräfte operiert von Italien und Korsika aus, das Unternehmen »Dragoon«, die Landung in Südfrankreich, wird vorbereitet. Aufklärer der französischen und amerikanischen Luftwaffe sondieren die Lage.

Unter den Aufklärungsfliegern ist auch ein berühmter Mann: Antoine de Saint-Exupéry. Am Morgen des 31. Juli klettert er auf dem Feldflughafen Borggo (Korsika) in die Kanzel eines hochgezüchteten Aufklärers vom Typ P-38 Lightning. Saint-Ex, wie ihn seine Freunde nennen, ist eine beeindruckende Erscheinung, ein 1,84 Meter großer, übergewichtiger Mann, der unter den Folgen von fünf Schädelbrüchen leidet und den linken Arm nicht mehr voll gebrauchen kann. Mit 44 Jahren überschreitet er das Alterslimit für P-38-Piloten erheblich, denn die einsitzige Maschine dürfen eigentlich nur Piloten fliegen, die unter dreißig sind. Saint-Ex wollte diese Maschine jedoch unbedingt fliegen. Er hatte seine ganze Erfahrung – 6500 Flugstunden – ins Rennen geworfen, und er hatte Glück: Das persönliche Eingreifen des alliierten Luftwaffenchefs im Mittelmeerraum, General Eaker, verschaffte ihm eine Ausnahmegenehmigung für fünf Aufklärungsflüge über das von den Deutschen besetzte Südfrankreich. Saint-Ex weiß, daß dieser Flug – der fünfte auf General Eakers Sonderlizenz – sein letzter sein

könnte, denn es ist durchaus möglich, daß ihm die Flugärzte keine weiteren Einsätze mehr genehmigen werden.
Antoine de Saint-Exupéry wird am 29. Juni 1900 in Lyon geboren; nach Ende der Schulzeit will er zuerst zur Marine, schafft aber wegen schlechter Französischnoten die Aufnahmeprüfung nicht. Daraufhin studiert er einige Monate Architektur und absolviert seinen Militärdienst in Straßburg, wo er mit der Fliegerei in Kontakt kommt. Er hat seine Berufung gefunden: Saint-Ex wird ein leidenschaftlicher Pilot. Bis zum Februar 1922 ist er Fliegeroffizier in Casablanca, nach dem Ausscheiden aus dem Militärdienst arbeitet er für die zivile Luftfahrt. Er übernimmt Postflüge auf der Strecke Toulouse–Casablanca–Dakar, wird Chef des Flugplatzes Juby im Gebiet der marokkanischen Aufständischen. Doch Fliegen ist nicht seine einzige Passion, das Schreiben wird seine andere große Leidenschaft. In seinem ersten Buch, *Südkurier*, erzählt er die Geschichte eines Fliegers, der nach einem Absturz in die Hände marokkanischer Stämme fällt. Fliegen und Schreiben – das wird das ganze Leben Saint-Exupérys bestimmen. Die wechselnden Stationen seines Lebens werden in seinen Romanen sichtbar. 1931 erscheint *Nachtflug*, das Buch, mit dem er seinen Ruhm begründet – die Geschichte seiner Zeit in Patagonien und Argentinien, wo er unter anderem als Direktor der Luftpost von Buenos Aires tätig ist. Wieder zurück in Europa, nimmt Saint-Exupéry am Spanischen Bürgerkrieg teil – in einer fünffachen Rolle, als Pilot, Dichter, Journalist, Kameramann und Verbindungsmann zwischen Moskau und Barcelona. Immer wieder hat er bei seinen Flügen schwere Unfälle: 1935 stürzt er auf dem Weg von Paris nach Saigon ab, 1937 hat er einen schweren Startunfall in Guatemala, als er von New York kommend nach Feuerland weiterfliegen will.

Während der Genesung schreibt er sein drittes Buch, *Wind, Sand und Sterne,* das im Februar 1939 erscheint.

Dann beginnt der Zweite Weltkrieg. Saint-Exupéry, Antifaschist und Patriot, meldet sich beim deutschen Angriff im Mai 1940 als einer der ersten freiwillig. Er lehnt es ab, Bomben abzuwerfen, und tritt seinen Dienst als Aufklärer in Nordfrankreich an. Seine Staffel ist in Orly stationiert, von dort aus überfliegt er das brennende Arras, ein Erlebnis, das sich in seinem Buch *Flug nach Arras* niederschlagen wird. Dieses Buch schreibt er nach der Niederlage Frankreichs und seiner Emigration in die USA; sechs Monate sollte *Flug nach Arras* die amerikanischen Bestsellerlisten anführen. Und in Amerika schreibt er auch sein schönstes Werk: 1943 erscheint *Der kleine Prinz,* das Buch, das ihn endgültig berühmt macht. Doch als die Alliierten in Afrika landen, kehrt Saint-Ex auf den Kriegsschauplatz zurück, muß dabei aber alle Beziehungen nutzen, um überhaupt wieder an die Front zurückkehren zu dürfen. Mit General de Gaulle versteht er sich nicht, die Amerikaner hätten ihn lieber für diplomatische oder propagandistische Missionen. Oberst Roosevelt, der Sohn des Präsidenten Franklin Delano, erlaubt ihm, wieder die Fliegermontur zu tragen. Kurz bevor er zur Rückeroberung Frankreichs aufbricht, schreibt er seiner Frau Consuelo: »Ich ziehe in den Krieg. Ich kann es nicht ertragen, fern von denen zu sein, die Hunger leiden. Ich kenne nur ein Mittel, um mit meinem Gewissen Frieden zu machen, und das heißt Leiden, soviel es geht. Nicht, daß ich mir wünschte, dabei umzukommen, doch bin ich sehr gerne bereit, auf diese Weise in den Schlaf zu sinken.« Sein erstes Einsatzgebiet ist Algerien, dann geht es nach Korsika. Saint-Ex ist inzwischen zum Major avanciert.

Saint-Exupéry ist bester Laune, das Wetter herrlich; er hat

die Maschine fest in der Hand. Unzählige Male ist er so losgezogen, dem Unbekannten und Gefährlichen entgegenfiebernd. »Nur im Kampf findet der Mensch zu sich selbst«, hat er einmal gesagt. Um 8.45 Uhr hebt die zweimotorige Maschine mit der französischen Kokarde von der Piste ab und steigt schnell auf. Die P-38 ist ein moderner Aufklärer, der in einer Höhe von 10 000 Metern operiert, fast unangreifbar für die deutschen Jäger. Das unbewaffnete Doppelrumpfflugzeug nimmt über dem Mittelmeer Kurs nach Norden, Ziel ist die Alpenregion Grenoble-Annecy-Chambéry. Saint-Exupéry soll Informationen über die Stärke der deutschen Truppen in diesem Raum beschaffen, die Vorbereitungen für die Alliierten-Invasion in Südfrankreich laufen auf Hochtouren.

Saint-Exupéry kehrt von seinem Flug nicht zurück. Am Abend des gleichen Tages schreibt der Tagebuchführer der französischen Aufklärungsstaffel: »Die Funkgespräche blieben ohne Antwort ... Um 14.30 Uhr war keine Hoffnung mehr, daß er noch in der Luft sei.« Sein Treibstoff reichte für genau sechs Stunden. Saint-Ex ist spurlos verschwunden. Die Rätsel seines letzten Flugs sollten noch Jahrzehnte die Menschen beschäftigen, Mutmaßungen über die Umstände seines Todes haben den Mythos Saint-Exupéry wachsen lassen. Was war passiert?

Hatten ihn die Deutschen abgeschossen?

Hatte er mit seiner Maschine Selbstmord begangen? Hatte er wegen Sauerstoffmangel in großer Höhe das Bewußtsein verloren?

War die Maschine ins Meer gestürzt oder in den Alpen zerschellt?

Im Mai 1981 – 37 Jahre nach dem Verschwinden Saint-Exupérys – präsentiert die Zeitschrift des französischen Pilotenverbandes, *Icare,* dann eine aufsehenerregende Theorie: Ein deutscher Jagdbomber soll den Autor von »Der kleine Prinz« abgeschossen haben. Langwierigen Nachforschungen in Frankreich und Deutschland zufolge könne der Verlauf seines letzten Flugs rekonstruiert werden: Nach Absolvieren seiner Mission nimmt Saint-Exupéry wieder Kurs auf seine Basis. Als er sich um 12.05 Uhr der Mittelmeerküste nähert, wird er von zwei deutschen Jagdflugzeugen des Typs Focke-Wulf 190 gesichtet, die von der Basis Orange zu einem Überwachungsflug gestartet sind. Die beiden Maschinen werden von Unteroffizier Högel und Offiziersanwärter Robert Heichele gesteuert. Was danach passiert ist, hat Heichele in einem Brief festgehalten. In dem Dokument – erst 1981 entdeckt – schildert Heichele, daß die Maschine des Schriftstellers zunächst 1000 Meter über ihm geflogen sei, somit für die deutschen Jäger außer Reichweite. Doch dann geschieht etwas Überraschendes: Die unbewaffnete P-38 greift im Sturzflug die beiden deutschen Jäger an. Im Laufe des Luftkampfs gelingt es dann Heichele, in etwa 300 Meter Entfernung hinter der Maschine Saint-Exupérys in Schußposition zu kommen. Er schießt und trifft mehrmals. Heichele beobachtet, wie die getroffene P-38 Lightning an Höhe verliert und die Küste überfliegt. Als die Maschine über dem Meer ist, schlagen Flammen aus dem rechten Flügel. Die Maschine berührt die Meeresoberfläche, überschlägt sich mehrmals und versinkt etwa 10 Kilometer südlich von Saint Raphaël im Wasser.

Alle diese Angaben entstammen einem Brief, den der einundzwanzigjährige Heichele an einen Jagdflieger-Kameraden geschickt hat. Und dieser Brief ist das einzige Dokument, in dem der Tod Saint-Exupérys erhellt wird. Doch Oberfähnrich Heichele kann dazu später nichts mehr sagen:

Am 16. August stürzt er nach einem Luftkampf in Avignon ab. Mit schweren Brandverletzungen im Gesicht und am Oberkörper wird er vom Roten Kreuz geborgen. Sechs Tage später, als Heichele verlegt werden soll, wird der Konvoi der Rotkreuz-Fahrzeuge von amerikanischen Bombern angegriffen, Heichele kommt dabei ums Leben.
Ist mit dem Brief von Heichele alles geklärt? Wohl kaum, denn der Abschußbericht von Heichele kann nicht mehr überprüft werden. Möglicherweise hat Heichele eine P-38 abgeschossen, aber wer kann wissen, ob der Schriftsteller auch an Bord war? Denn es gibt Fakten, die den Brief von Heichele zumindest in Frage stellen: Am 1. August 1944, also einen Tag nach dem letzten Flug von Saint-Ex, wird von deutscher Seite auf der offenen Seenotfrequenz eine Suchmeldung der gaullistischen Fliegerverbände auf Korsika aufgefangen: »Saint-Exupéry sei von einem Feindflug nicht zurückgekehrt. Falls ein deutscher Jäger die Maschine abgeschossen habe, solle dieser Abschuß mit genauen Angaben über Ort und Uhrzeit bestätigt werden.«
Auch die deutschen Flieger sind vom Tod des Schriftstellers betroffen, Saint-Ex genießt in der Luftwaffe hohes Ansehen. Sein Wüstenbuch *Wind, Sand und Sterne,* das erst 1939 in Deutschland erschien, hatte bis 1944 eine deutsche Auflage von 120 000 Exemplaren erreicht. Und so suchen Offiziere der deutschen Luftwaffe nach genaueren Informationen über das Verschwinden des Franzosen. Flugbücher werden geprüft, Piloten und Flakeinheiten befragt, Aufzeichnungen von Funkhorch- und Radarstellungen ausgewertet. Doch ohne Erfolg: An dem fraglichen Tag hatte keine deutsche Maschine Feindberührung mit einer P-38. Weder die Staffel der Nahaufklärer in Cuers bei Toulon noch die Jagdstaffel in Orange meldet für diesen Tag den Abschuß einer P-38. Auch

Heichele nicht. Hat der Oberfähnrich vielleicht das Datum verwechselt? Für diese Theorie spricht, daß er in seinem Brief erwähnt, am 31. Juli sei es seine Aufgabe gewesen, die Bewegung feindlicher Formationen zwischen Marseille und Menton und im Hinterland zu beobachten. Doch zu diesem Zeitpunkt gibt es noch keine feindlichen Verbände in diesem Gebiet, die Landung erfolgt vielmehr am 15. August. Hat Heichele vielleicht erst an diesem Tag eine P-38 abgeschossen?
Doch auch wenn die Darstellung des deutschen Piloten richtig ist, bleibt noch eine Frage offen. Warum hat Saint-Exupéry die sichere Flughöhe verlassen? Saint-Exupéry gilt als schusselig und gedankenverloren, ein Flieger, der immer mal wieder vergißt, das Fahrwerk oder die Landeklappen ein- oder auszufahren und in seinem Leben schon mehrere Male notlanden mußte. Doch auf der anderen Seite ist er ein erfahrener Flieger, gehört er zu den Pionieren der Luftfahrt. Die Zeitschrift *Icare* glaubt den Grund zu kennen. Saint-Exupéry machte einen tödlichen Fehler: Als er die beiden Focke-Wulf-Maschinen bemerkt, glaubt er, daß er die deutschen Jäger problemlos abhängen kann. Die P-38 gilt als das schnellste Flugzeug der Welt, den Focke Wulfs weit überlegen. Die beiden deutschen Piloten haben allerdings Versuchsmaschinen einer neuen Serie, deren Leistungen erheblich verbessert worden sind. Diesen neuen Typ kennt Saint-Exupéry nicht.
Doch ist damit wirklich alles gesagt? Die Gerüchte, daß der Absturz Selbstmord war, wollen nicht verstummen. »Ich möchte sterben«, soll Saint-Ex am Tag vor seinem Tod gesagt haben.
1992 unternimmt der Franzose Jean-Claude Rouzaud, Chef des renommierten Champagnerhauses Louis Roederer in

Reims – ebenso begeisterter Hobbypilot wie passionierter Sporttaucher –, den bislang letzten Versuch, Klarheit in die Umstände von Saint-Exupérys Tod zu bringen. Die Vereinigung »Louis Roederer – auf den Spuren von Saint-Exupéry« und das französische Forschungsinstitut für Meeresnutzung (IFREMER) starten im Oktober eine großangelegte Suchaktion im Mittelmeer: Mit Flugzeugen, Hubschraubern, Tiefseetauchbooten und Echoloten ausgestattet, wollen sie die P-38 aufspüren. IFREMER gilt als führend in allen Fragen der Unterwassertechnik, Jahre zuvor hatte das Institut bereits entscheidend dazu beigetragen, die genaue Lage des Wracks der Titanic im Nordatlantik zu bestimmen. Einstige Gefährten Saint-Exupérys, Historiker, Tiefseeforscher und Luftfahrtexperten aus Frankreich, den USA und Deutschland haben schon im Vorfeld alle Hinweise ausgewertet und mehrere Stellen im Mittelmeer bestimmt, die als möglicher Absturzort in Frage kommen. Mit einem Sonargerät, das Gegenstände unter Wasser mit Hilfe von Schallwellen ortet, wird der Meeresboden abgesucht. Bis zum November werden 100 Quadratkilometer analysiert – doch ohne Erfolg. Von der P-38 Lightning fehlt jede Spur. Drei Wochen später wird »die Suche nach dem Helden« abgebrochen. Das Rätsel um den Tod Saint-Exupérys kann nicht gelüftet werden, es wird auch aller Wahrscheinlichkeit nach in Zukunft nicht gelöst werden. Der genaue Hergang kann nicht mehr rekonstruiert werden – Absturz oder Selbstmord, Unfall oder Abschuß?

Hat Saint-Ex sein Schicksal geahnt? Auch das kann nicht beantwortet werden. Sicher ist nur, daß er sich mit der Frage eines vorzeitigen Todes auseinandergesetzt hat. Auf seinem Schreibtisch in der Flugbasis auf Korsika findet man am Tag nach seinem Verschwinden einen nicht abgesandten Brief, der mit den Worten endet: »Sollte ich abgeschossen werden, werde ich nicht das geringste Bedauern empfinden. Mir graut vor dem Termitenhaufen der Zukunft. Ich war zum Gärtner geschaffen.« Die letzten Worte eines großen Fliegers – und eines großen Dichters.

Glenn Miller

Moonlight Serenade heißt der Hit des Jahres 1939. Sanft säuselnde Saxophone, schmeichelnde Posaunen und gedämpfte Trompeten bringen die Tänzer auf die Beine, die Radiostationen auf Trab und die Jugend zwischen New York und Los Angeles außer Rand und Band. Der Mann hinter dem neuen Sound wird zum Star: Glenn Miller, 1904 in Clarinda in Iowa geboren, steigt innerhalb kürzester Zeit zum erfolgreichsten Bandleader der Swingzeit auf.

Musikalisches Talent ist dem Amerikaner in die Wiege gelegt, schon als Junge zupfte er zum Vergnügen der Eltern die Mandoline. Mit dreizehn Jahren fand er seine Berufung: Eine Posaune geriet ihm in die Finger. Wie, darüber streiten noch heute die Experten. Meinung 1: Miller, der damals für zwei Dollar pro Stunde Kühe molk, hatte das Instrument einem Schneider abgehandelt und mit seinen Ersparnissen bezahlt. Meinung 2: Miller arbeitete für einen Metzger und entdeckte auf dessen Dachboden das verbeulte Blasinstrument. Meinung 3: Miller bekam die Posaune als Anerkennung für seine schulischen Leistungen.

Wie auch immer – geübt haben muß er eine ganze Menge, denn schon während seines Studiums an der University of Colorado besserte er sein Budget mit Tanzmusik auf. Ende der zwanziger Jahre stieg er dann ganz in die Musikszene ein und wurde schnell ein gefragter Studiomusiker und Arrangeur; vor allem in der letztgenannten Funktion machte er Furore. Erfolgreiche Bandleader wie Red Nichols oder die

Dorsey Brothers wurden seine Kunden, doch das war dem ehrgeizigen Posaunisten nicht genug. Anfang 1936 begann er Musiker zu engagieren, gründete ein Orchester und nahm die ersten Schallplatten auf. Der eher jazzige und manchmal durch Geigen unterstützte Swing Millerscher Prägung hatte am Anfang nur mäßigen Erfolg, was allerdings auch nicht besonders verwunderlich war, denn bei seinen ersten Einspielungen hatte er dieselben Titel im Repertoire wie Swing-König Benny Goodman. Doch Glenn Miller arbeitete beharrlich an seinem Stil weiter; als Glücksgriff erwies sich die Idee, die in der Regel von einem Altsaxophon gespielte erste Stimme einer Klarinette zu übertragen. Der Miller-Sound war geboren: Der neue, brillantere und zugleich sanftere Klang des Orchesters schlug auf Anhieb ein.

Nach *Moonlight Serenade* produziert das Glenn Miller Orchestra Hits wie am Fließband: *In the Mood, Tuxedo Junction, Pennsylvania 6-5000, String of Pearls, American Patrol, Juke Box Saturday Night* und viele mehr heizen das Swing-Fieber in den USA an. (Übrigens hat Glenn Miller bis auf *Moonlight Serenade* keinen dieser Hits komponiert oder arrangiert, das überließ er seinen Arrangeuren Bill Finegan und Jerry Gray.) Doch der größte Erfolg kommt im Jahr 1941: Für *Chattanooga Choo Choo* wird die »Goldene Schallplatte« erfunden – als Dank der Plattenfirma RCA für eine Million verkaufte Aufnahmen. Seine Plattenerfolge bescheren dem Künstler ein für damalige Verhältnisse sagenhaftes Einkommen: 150 000 Dollar verdient er im Jahr. Bis zu 54 Konzerte gibt das Orchester in der Woche. Und wahrscheinlich wären Live-Auftritte des ersten Superstars der Popmusik auch in unserer Zeit noch genauso angesagt: Die Umsätze mit seinen Aufnahmen sprechen für sich – noch heute werden jedes Jahr rund 20 Millionen Schallplatten von Glenn

Miller verkauft. Seine Stücke gehören zum Standardrepertoire jedes Tanzorchesters.
Glenn Miller ist aber nicht nur talentierter Musiker und cleverer Geschäftsmann, er ist auch überzeugter Patriot, zu dessen Repertoire Hymnen auf den Präsidenten gehören. Im Oktober 1942 meldet er sich freiwillig zum Dienst in der amerikanischen Luftwaffe. Was das Engagement Glenn Millers für die Armee bedeutet, wird klar, wenn man die Worte des Kommandierenden Generals James Doolittle liest: »Gleich nach der Post von zu Hause hat Ihre Organisation, Hauptmann Miller, den größten moralischen Aufrüstungseffekt.« Die Organisation, die Major Miller leitet, ist das Luftwaffenorchester, das zunächst zwei Jahre in Amerika stationiert ist und über den Rundfunk zur Hebung der Kampfmoral amerikanischer Soldaten beitragen (und vielleicht auch bei den deutschen Landsern Gedanken an eine bessere, krieglose Zeit wecken) soll. Später wird die musikmachende Einheit nach England verlegt. Unter dem Namen »The American Band of the Allied Expeditionary Forces«, kurz AEF Band genannt, hat sich ein All Star Team des Jazz versammelt: Musiker aus den Orchestern von Tommy Dorsey, Artie Shaw und Benny Goodman. Sie erobern die Herzen der Musikliebhaber im Sturm. Auch in Deutschland: *Chattanooga Choo Choo* ist die alliierte Antwort auf *Lili Marleen.*

Am 15. Dezember 1944 startet Major Miller nach einem rauschenden Konzert in London von der Flugbasis Abbots Ripton aus mit einem einmotorigen Flugzeug des Typs Norseman D-64 nach Paris zu einem Weihnachtskonzert. An Bord befinden sich nur der Bandleader, ein Mitpassagier und der Pilot Norton. Glenn Miller will seiner 24köpfigen Band vorausfliegen, um in Paris alle Vorbereitungen für ein mehrwöchiges Engagement zu treffen. Gleich nach dem Start verschwindet die Maschine spurlos; drei Tage später wird Glenn Miller von der Luftwaffe für tot erklärt, offiziell wird sein Tod erst am 24. Dezember bekanntgegeben.

Die ungeheure Popularität Glenn Millers und sein spurloses Verschwinden hätten allein schon ausgereicht, Legenden um seinen Tod zu bilden, doch die mysteriösen Umstände des Unglücks heizen die Phantasie seiner riesigen Fangemeinde erst richtig an. Zum Tode Glenn Millers gibt es diverse Theorien, darunter reichlich skurrile, zum Beispiel, daß das Flugzeug Millers von einem Meteor getroffen wurde, daß es im Tiefflug den Turm eines deutschen U-Bootes gestreift habe oder daß eine Möwe die Maschine beschädigt haben könnte. Aber es gibt auch ernsthaftere Verdachtsmomente. Eine stammt aus dem Jahre 1983, von Herb Miller, dem jüngeren Bruders des legendären Bandleaders. Er behauptete: »Glenn Miller ist nicht bei einem Flugzeugabsturz im Ärmelkanal ums Leben gekommen.« Das mysteriöse Verschwinden seines Bruders ließ Herb Miller nicht ruhen. 18 Monate lang hat Herb Miller recherchiert, die Akten der US-Militärs studiert, Freunde und Bekannte seines Bruders interviewt. Als Herb Miller dann noch einmal die alte Korrespondenz mit Glenn liest, glaubt er, die entscheidende Spur gefunden zu haben. Im Sommer 1944 hatte Glenn Miller an seinen Bruder geschrieben: »Bin völlig abgemagert, obwohl ich genug esse. Ich habe Atemnot. Ich glaube, ich bin sehr krank.« Die Theorie des Bruders: Glenn Miller ist am 16. Dezember 1944 im Militärhospital Milton Ernest an Lungenkrebs gestorben. Plötzlich und unerwartet – genauso wie sein älterer Bruder vier Jahre vor ihm.

Der Flugzeugabsturz wurde von Glenn Miller und dem

US-Militär erfunden, weil der Bandleader als Held sterben wollte und das der Propaganda der damaligen Zeit besser entsprach als ein Tod im Krankenbett. Laut Herb Millers Nachforschungen könnte sich die ganze Geschichte so zugetragen haben: Die Maschine startet planmäßig um 13.25 Uhr vom Flughafen Abbots Ripton. Doch schon nach 30 Minuten macht der Pilot eine Zwischenlandung auf dem englischen Feldflughafen Twinwood Field. Glenn Miller steigt aus der Maschine aus, das Flugzeug startet ohne ihn nach Frankreich. Beim Feldflughafen Twinwood Fields liegt das Militärkrankenhaus Milton Ernest. Herb Miller ist sich sicher, daß es sich so zugetragen hat, schließlich hätten die US-Luftstreitkräfte keine Suchaktion nach der vermißten Maschine gestartet.
Und tatsächlich hat er bei seiner Theorie eine Trumpfkarte. Der offizielle Abschlußbericht der US-Luftwaffe gibt vereiste Tragflügel als wahrscheinlichen Grund für den Absturz des kleinen Militärflugzeugs an. Doch der Herb Miller vorliegende Wetterbericht für jenen Tag spricht eine andere Sprache: klare Sicht, zwei Meilen Windstärke, fünf Grad über Null.
Die Fachleute, die die Theorie vom Absturz über dem Ärmelkanal vertreten, interpretieren diesen Wetterbericht anders. Am Abend des 15. Dezember herrschten in der Gegend von Abbots Ripton extrem schlechte Wetterbedingungen – Nebel, Sturm, tiefhängende Wolken. Es wäre also durchaus denkbar, daß die Maschine beim Tiefflug die Wasseroberfläche berührt habe, daß später die Tragflächen vereisten und dies zum Absturz der Maschine geführt habe.
Es könnte allerdings auch ganz anders gewesen sein: Am gleichen Tag, an dem sich Glenn Millers Flugzeug in die Lüfte erhob, startete ein britisches Geschwader mit etwa

150 viermotorigen »Lancaster«-Bombern zu einem Angriff auf die Eisenbahnanlagen in der Nähe von Siegen. Unmittelbar nach dem Start der Bomber wurde der Angriff abgeblasen, die Maschinen zu ihrem Heimatflughafen zurückbeordert. Beim Abbruch eines Angriffs wurde die Bombenlast in der Regel über dem Kanal abgeworfen. Hat vielleicht eine britische Bombe die Norseman mit Glenn Miller an Bord getroffen? Victor Gregory und Fred Shaw, Pilot und Navigator einer »Lancaster«, äußerten später, sie hätten beobachtet, daß unter ihnen eine kleine Maschine weggekippt und ins Meer gestürzt sei.
Aus der Familie des Bandleaders kommt noch eine zweite abenteuerliche Theorie: Seine Frau hielt es bis zu ihrem Tod 1996 für möglich, daß Glenn Miller ein Spion war, dem mit dem Flugzeugabsturz eine neue Identität verschafft werden sollte. Beweise: Fehlanzeige.
1985 macht dann der britische Taucher und Bergungsunternehmer Clive Ward mit einer neuen Erklärung des Todes von Glenn Miller von sich reden. Er will sechseinhalb Seemeilen vor Le Touquet an der französischen Kanalküste in 24 Meter Wassertiefe das Wrack einer Norseman D-64 gefunden haben, seiner Meinung nach die Maschine Glenn Millers. Und eine sensationelle These entwirft er gleich dazu: Der Musiker habe in einem Pariser Bordell das Zeitliche gesegnet; mit Rücksicht auf die Popularität Glenn Millers und die Moral von Soldaten und Heimatfront hätten oberste Stellen eine aufwendige Vertuschungsaktion in die Wege geleitet. Miller sei nie an Bord der Maschine gewesen, die »Norseman« sei vielmehr von der zum Schweigen verpflichteten Besatzung im Kanal gewassert und versenkt worden. Belege für diese These glaubt Clive Ward durch die Untersuchung des Wracks gefunden zu haben. Dieses sei fast intakt und

weise keine Spuren eines Absturzes auf. Außerdem sei die Kabine leer – nichts deute auf sterbliche Überreste der Besatzung oder des Passagiers hin.
Clive Wards Theorie bekommt 1997 noch weitere Unterstützung: Der Journalist Udo Ulfkotte, Redaktionsmitglied der *Frankfurter Allgemeinen Zeitung* mit Spezialgebiet Geheimdienste, glaubt ebenfalls, daß Miller in den Armen einer Pariser Prostituierten einen Herzinfarkt erlitten hat. Entdeckt hat Ulfkotte diese Zusammenhänge bei den Recherchen zu seinem Buch *Verschlußsache BND;* Mitarbeiter des Geheimdienstes hätten ihn darauf hingewiesen. Der Tod von Glenn Miller war für Geheimdienstler ein Musterbeispiel für gezielte Desinformation. CIA-Mitarbeiter hätten ihren deutschen Kollegen vom BND-Vorläufer, der »Organisation Gehlen«, gleich nach dem Krieg von diesem Fall berichtet. (Nicht verschwiegen werden darf aber in diesem Zusammenhang, daß der BND von dem Buch nicht übermäßig begeistert war und heftig gegen dessen Veröffentlichung protestierte.)
Der Bandleader im Bordell, die CIA als Hüter der Moral? Spätestens zu diesem Zeitpunkt hat der Tod von Glenn Miller schon mythische Dimensionen erreicht. Die Wahrheit bleibt im dunkeln, und das gilt auch für die Widerlegungen einzelner Spekulationen. Denn natürlich blieb Udo Ulfkotte nicht unwidersprochen: So sagt kurz nach der Veröffentlichung der Bordell-Theorie der in Texas lebende Robert Baker in einem Zeitungsinterview, daß der Orchesterchef sich am 15. Dezember unter keinen Umständen in Paris aufgehalten haben kann. Baker, ein pensionierter Luftwaffenoberst, gehörte 1944 zum 310th Ferrying Squadron, einer speziellen Transportstaffel der US-Luftwaffe in England. Er hatte am 15. Dezember den Auftrag, Miller von England nach Paris zu

fliegen, doch der Musiker sei nicht rechtzeitig zum Abflug erschienen. Also seien die beiden Maschinen mit der Band und den Instrumenten ohne Miller abgeflogen. Und noch etwas fiel Baker fünfzig Jahre nach dem Verschwinden Millers ein: Miller sei mit ihm noch am 14. Dezember in einer englischen Kneipe gewesen. Der Bandleader, als starker Trinker bekannt, habe nach Aussagen von Zeugen am nächsten Morgen verschlafen. Daraufhin sei er einen Tag später von einem Verbindungsflugzeug vom Typ Norseman mitgenommen worden. Nach Baker war dies auch die einzige Chance, nach Frankreich zu kommen, sonst wäre an diesem Tag kein weiteres Flugzeug Richtung Paris gestartet.
Vom Heldentod beim Flugzeugabsturz bis zum Herzinfarkt im Bordell, der vom Geheimdienst vertuscht wird – das Leben und die diversen Erklärungsansätze für seinen Tod reichen für mehr als einen Film. Tatsächlich wurde auch einer gedreht: 1954 dreht Hollywood-Altmeister Anthony Mann *Die Glenn Miller Story* mit James Stewart in der Hauptrolle. Gedreht an Originalschauplätzen, sollte der Film, das hatte der Regisseur Millers Witwe versprochen, vollkommen der Wahrheit entsprechen. Ob er das wirklich tut, darf weiter diskutiert werden – beim Finale hält sich der Film eisern an die offizielle Version vom Absturz.

James Dean

Mit vierundzwanzig schon unsterblich – der amerikanische Schauspieler James Dean ist ein Paradebeispiel dafür, auf welche Höhe ein früher Tod einen Menschen heben kann. Wie nur wenige andere vereinigte der Schauspieler in sich die Hoffnungen einer ganzen Generation – zumindest glaubte man das im nachhinein. Ein wirklich großer Star wurde er erst nach seinem Tod, denn nur *Jenseits von Eden* lief zu Deans Lebzeiten in den Kinos; die Filme *Giganten* und *Denn sie wissen nicht, was sie tun* wurden erst nach dem Tod des Hauptdarstellers veröffentlicht. Am 30. September 1955 verunglückte Dean auf einer kalifornischen Landstraße.

Die Firma Porsche hatte fünf Spyder an Privatfahrer in den USA geliefert. Einer davon wurde James Dean angeboten, der begeistert zugriff. Kosten des neuen Superautos: 6900 Dollar. »Jimmy«, der zuvor schon mit seiner Zwei-Zylinder-Harley-Davidson an Sportwettbewerben teilgenommen hatte, fuhr bereits den Porsche 356 und gewann damit sogar zwei Rennen bei den Bakersfield National Sports Car Races am 1. Mai 1955. Den neuen Porsche will er bereits am 2. Oktober in Salinas, 560 Kilometer nördlich von Los Angeles, bei einem Rennen einsetzen. Der 1953 erstmals vorgestellte Spyder mit seinem Flachrohrrahmen und dem Vierzylinder-Boxer mit vier Nockenwellen gilt als erster reinrassiger Rennsportwagen; mit 1500 Kubikzentimetern im Heck entwickelt der Boxer 110 PS und treibt den Wagen auf bis zu

220 km/h. Der deutsche Porsche-Techniker Rolf Wütherich begleitet Dean von Hollywood, wo er gerade den Film *Giganten* abgedreht hat, um nach Salinas zu fahren und sich mit dem Auto vertraut zu machen – vorher hat er noch keine Gelegenheit gehabt, den Speedster zu fahren. Das letzte Foto von James Dean zeigt ihn beim Start, mit Wütherich auf dem Beifahrersitz.
Die Fahrt, meist durch öde Wüstenstrecken, verläuft einigermaßen problemlos. Nur einmal bekommt Dean einen Strafzettel, weil er im Städtchen Bakersfield die vorgeschriebenen 45 Meilen um 5 Meilen überschritten hat. Um 17.45 Uhr nähert sich der Spyder einer Einmündung, an der ihm ein wartepflichtiger Ford V8 entgegenkommt. Dessen Fahrer, ein ebenfalls vierundzwanzigjähriger Student, sieht den Porsche viel zu spät, es kommt zum Frontalzusammenstoß. Dean bricht sich das Genick und ist auf der Stelle tot, Wütherich wird aus dem Wagen geschleudert und überlebt schwerverletzt; auch die Kamera, mit der das Foto vom Start aufgenommen worden war, überstand den Unfall.
Sieben Selbstmorde junger Frauen sind verbürgt, weil ihr Idol gestorben war, und noch heute gehen an Spitzenmonaten – insbesondere nach Wiederholungen der alten Filme – 8000 Liebesbriefe an James Dean bei der Filmgesellschaft Warner Brothers ein.
Geboren wurde James Byron Dean am 8. Februar 1931 in Marion/Indiana. Als seine Mutter Mildred mit nur neunundzwanzig Jahren an Brustkrebs starb, schickte Vater Winton, ein Zahntechniker, den neunjährigen Sohn zu einer Tante in die ländliche Quäkergemeinde Fairmount. Dort half er auf der Farm mit und lernte Traktorfahren – Biographen glauben, daher rühre seine PS-Sucht. In der High-School wurde Jimmy – von vielen Autoren als »aufsäs-

sig« und als »einsamer Wolf«, doch von ehemaligen Klassenkameraden als »ganz normaler Junge« beschrieben – Champion im Stabhochsprung und Vorsitzender des Theaterclubs. Ab 1949 studierte er an der Universität von Kalifornien in Los Angeles Jura und Theaterwissenschaften, aber schon 1951, mit zwanzig Jahren, gab er sein Studium auf. Ein Werbespot für Pepsi Cola war der erste berufliche Erfolg, in einer weiteren Kleinrolle ist er in dem Film *Seemann, paß auf* zu sehen, ohne Sprechtext. Für *Jenseits von Eden,* seinen Durchbruch, erhielt er 20 000 Dollar. Warner Brothers bot ihm für die nächsten sechs Filme herausragende 900 000 Dollar, und Dean konnte sogar, für die Zeit nach *Giganten,* eine einjährige Drehpause heraushandeln. Der »Bad Boy« verkaufte sich glänzend.

Einmal im Jahr gibt es ein Festival in Fairmount: Am 30. September, Deans Todestag, treffen sich bis zu 30 000 Leute in dem 3000-Seelen-Ort, in dem Dean auch begraben liegt. (Im übrigen scheint der Ort ein guter Nährboden für Karrieren aller Art zu sein: *Garfield*-Zeichner Jim Davis stammt von hier, ebenso CBS-Nachrichtenmann Phil Jones und Robert Sheets, Direktor des Nationalen Hurrikan-Zentrums.) Beim Festival besuchen die »Deaners« das »Historical Museum« und die »James Dean Gallery«, veranstalten Ähnlichkeitswettbewerbe und einen Lasso-Wettkampf im Gedenken an den Seiltrick, den James Dean in *Giganten* vollführte. Auf dem örtlichen Friedhof liegt das Idol begraben, der Grabstein ist übersät mit Lippenstift-Abdrücken. Um das Grab herum liegen Chesterfield-Zigarettenkippen – Deans bevorzugte Marke. Einmal wurde ein Pärchen beim Sex auf dem Grab erwischt, berichtet das *Wall Street Journal* pikiert.

Dieses Festival ist naturgemäß Anziehungspunkt seltsamster Menschen. Eine dreißigjährige Dame aus Chicago brüstete sich vor der Presse, mit James Dean während einer Séance gesprochen zu haben. Sie sagte, Dean habe sie auf einen Weg nahe der Farm geführt, auf der er als Junge gelebt hatte. »Und dann sah ich ihn plötzlich in der Aufmachung von *Jenseits von Eden*«, so die Frau, »er kniete sich auf dem Weg nieder, und dann war er verschwunden.« Eine fünfundzwanzigjährige Frau erzählte, sie habe sich nachts neben dem Grab auf die Lauer gelegt und auf einmal Schritte gehört, gesehen habe sie aber niemanden. »Es war Jimmy in seinen Stiefeln«, schloß sie, »der zurück in sein Grab gegangen ist.« Und ein paar Jahre zuvor wurden sieben Dozenten der nahe gelegenen Universität suspendiert, weil sie an einer Séance an Deans Grabstein teilgenommen hatten.

Doch damit nicht genug, denn auch der deutlichste Tod hindert kein Gerücht am Keimen. Im Jahr 1989 erschien in der britischen Sonntagszeitschrift *People* (nicht zu verwechseln mit dem gleichnamigen amerikanischen Magazin) und bald darauf auch in deutschen Boulevardblättern das Geständnis eines Hollywood-Regisseurs namens Robert Slatzer, der behauptete, daß der Autounfall ein »kaltblütiger Mord« war. Und weiter: »Dahinter steckte Rock Hudson.« Nach dem Ende der Dreharbeiten zu *Giganten,* bei dem Dean und Hudson Partner waren, saßen die beiden einmal zusammen in der Ecke, berichtet Slatzer. Hudson sprang plötzlich auf und schrie: »Ich wollte, du wärst tot!« Die beiden Männer hätten angeblich ein intimes Verhältnis gehabt, und Hudson soll auf Dean eifersüchtig gewesen sein, weil ein gemeinsamer Sexpartner, der Schauspieler Sal Mineo, gestanden hatte, seine wahre Liebe sei Dean. Mineo war Deans Partner in *Denn sie wissen nicht, was sie tun* und wurde 1976 ermordet. Außerdem fürchtete Hudson die Bloßstellung als Ho-

mosexueller, Jimmy machte nämlich aus seiner bisexuellen Veranlagung nie einen Hehl.
Einer der schwulen Automechaniker, mit denen sich Dean oft herumtrieb, hatte angeblich dafür gesorgt, daß die Bremsen versagen würden. »Meine Freunde sagen, es war kaltblütiger Mord, als hätte Rock Hudson ihn eigenhändig umgelegt.« Soweit Slatzer in *People*. Nun ist zum einen nicht zu belegen, daß Dean bi- oder homosexuell war, und zum anderen ist die Manipulation an Bremsen, wenn auch in unzähligen Fernsehkrimis gezeigt, ein denkbar ungeeignetes Mittel für einen Anschlag. Wer kann Bremsen schon so manipulieren, daß sie genau im richtigen Moment, nämlich bei höchstem Tempo, versagen und nicht bereits beim Ausparken? Dean und Wütherich waren mit dem Porsche Hunderte von Meilen unterwegs gewesen und hatten die Bremse, obwohl sie in einem Porsche saßen, dessen Fahrer selten für den Gebrauch derselben bekannt sind, sicher einige Male betätigt.
Trotz alledem finden sich Zeugen, die Slatzers Theorie bekräftigen. Phyllis Gates, eine Sekretärin bei Warner Brothers, die gedrängt wurde, Rock Hudson zu heiraten, um die Homosexualität des Stars zu kaschieren, berichtet in ihren Memoiren über Deans Tod: »Rock wurde von Schuld und Scham zermartert – fast, als hätte er selbst Dean getötet.« Und Warren Beath, der eine Biographie über Dean verfaßte, schrieb: »Alles an dem Unfall stimmt nicht. Wie es zu dem Unfall kam, ist nie restlos aufgeklärt worden. Bei den Ermittlungen wurden Tatsachen verdreht. Damals bestachen die großen Studios jeden, um ihre Stars zu schützen.«
Eine weitere Person, die sich schwere Vorwürfe macht, ist Ursula Andress. Sie erzählte 1997, James Dean könnte noch leben, wenn sie ihn nicht wegen eines anderen vor die Tür

gesetzt hätte. Jimmy, so Frau Andress, lächelte schüchtern und fuhr weg. »Wenige Stunden später hörte ich von seinem tödlichen Unfall. Wäre ich mitgefahren, hätten sich die Dinge vielleicht anders entwickelt.«
Auch die Suizid-Theorie mußte unweigerlich aufkommen. Eine von Deans Ex-Geliebten, die Schauspielerin »Vampira« Maila Nurmi, gestand 1975 in der US-Zeitschrift *Interview:* »Es war kein Unfall, es war Selbstmord! Kurz bevor er ins Auto stieg, um zu sterben, hatte er sich in einen Sarg gelegt. Er steckte eine Kerze an, und dann sagte er: ›Ich finde nur Frieden im Tod ...‹« Und weiter: »Jimmy wollte unsterblich werden. Er hat Glück gehabt, daß er rechtzeitig starb, sonst wäre er ein ganz normaler Schauspieler geworden. Der Frieden, von dem er damals sprach, als er in den Sarg kletterte, diesen Frieden hat er leider nicht gefunden. Man läßt seine Seele nicht zur Ruhe kommen.«
Abstrus. Um einiges abstruser aber dürfte die Theorie sein, der Star sei noch am Leben. Manche Briefe sind an eine kalifornische Privatklinik adressiert, weil seit Jahrzehnten das Gerücht kursiert, dort habe sich James Dean ein neues Gesicht verpassen lassen, um ungestört zu leben. Auch in Rußland wird er vermutet – in einem orthodoxen Kloster soll er ein Einsiedlerdasein fristen.
In einiger Hinsicht ähnelt der Tod des James Dean demjenigen von Lady Diana, denn hier wie dort war es ein Autounfall, der in seiner tödlichen Klarheit kaum Zweifel offenlassen konnte, aber dennoch wilde Spekulationen wuchern ließ, und es ist nicht auszudenken, welch absurde Gerüchte noch entstanden wären, wäre Jimmy in der heutigen Medienzeit verunglückt. Immerhin: Der Tod schreibt gelegentlich tragikomische Pointen. Nur ein paar Wochen vor seinem Tod hatte Dean, der notorische Raser, noch einen Wer-

befilm über Straßensicherheit gedreht, in dem er Autofahrer zur Umsicht mahnte. Er sagte: »Denken Sie daran, fahren Sie vorsichtig. Das Leben, das Sie schützen, könnte meines sein …«

Zwei Nachträge: Der Porsche-Techniker, der den Unfall überlebt hatte, starb 1981 – bei einem Autounfall. Mit einem kleinen roten Honda Civic. Die Koinzidenz kam der Klatschpresse sehr gelegen, wie beispielsweise der *Bildwoche,* die sofort mutmaßte: »Als Deans deutscher Mechaniker Rolf Wütherich doch noch auspacken wollte, kam er bei einem Unfall ums Leben …«

Und James Deans Unfallauto von 1955, ein komplett zertrümmertes Wrack, hat ebenfalls niemandem Glück gebracht. George Barris kaufte den Schrotthaufen für 7000 Mark. Als der Wagen in einer Werkstatt vom Transporter gehievt werden sollte, stürzten Teile auf einen Mechaniker, der sich beide Beine brach. Den Motor des Unglückswagens erstand der Arzt T. McHenry aus Los Angeles. Teile des Triebwerks setzte er in seinen eigenen Porsche ein und fuhr prompt gegen einen Baum. Die kalifornische Verkehrswacht wollte dann anhand des Objektes vor den Folgen der Raserei auf den Straßen warnen und zeigte den Porsche auf einer Ausstellung. Das Auto rutschte von der Plattform, ein Mädchen erlitt einen Hüftbruch. Beim Weitertransport der zerbeulten Reliquie zum nächsten Ausstellungsort geriet der LKW ins Schleudern. Der Fahrer kam ums Leben …

Rosemarie Nitribitt

Der Fall der Rosemarie Nitribitt warf einen gruseligen Glanz auf das Schweinebraten-Deutschland der fünfziger Jahre. Vermutlich am 29. Oktober 1957 wurde die vierundzwanzigjährige Hure in ihrer Frankfurter Wohnung ermordet – weil sie erst am 1. November gefunden wurde, ließ sich die exakte Tatzeit nicht mehr feststellen. Die Tote lag in ihrem Wohnzimmer auf dem Fußboden, am Hinterkopf klaffte eine mehrere Zentimeter lange Platzwunde. Unter dem Kopf der Leiche lag ein Frottierhandtuch, das die Verschmutzung des wertvollen Teppichs durch das aus der Wunde austretende Blut verhinderte; dem Tatortbefund zufolge muß zwischen ihr und dem Täter ein Kampf dem Tod vorausgegangen sein. Anhaltspunkte für ein Sexualverbrechen waren nicht gegeben.
Geboren wurde die Nitribitt als uneheliches Kind Anfang 1933 in Düsseldorf, verbrachte ihre Jugend bei verschiedenen Pflegefamilien in der Eifel und kam als Einundzwanzigjährige nach Frankfurt – zunächst als Animiermädchen in billigen Bars.
Der soziale Aufstieg des Mädchens Rosemarie dokumentiert sich in den Fahrzeugen, die sie auf ihrem Männerfang steuerte: 1954 begann sie mit einem Ford Taunus, 1955 folgte ein Opel Kapitän, und im April 1956 kaufte sie den berühmten Mercedes 190 SL, Kennzeichen H70-6425, schwarz, mit roten Sitzen, mit dem sie in ihrem kurzen Leben 40 000 Kilometer durch Frankfurt zurückgelegt hatte. Pointe: Bevor sie

ihn in Schwarz hatte, fuhr sie das gleiche Modell in Grau. Die graue Ausführung wurde aber auch von einer Dame aus feinster Frankfurter Gesellschaft gesteuert, die schließlich protestierte, weil sie ständig von männlichen Verkehrsteilnehmern bedrängt wurde – Nitribitts Wagen mußte umlackiert werden. Geld stinkt jedoch nicht – 1957, ein Jahr vor ihrem Tod, soll sie 90 000 Mark verdient haben.
Schon bald nach dem Mord in der Wohnung Frankfurt, Stiftstraße 36, 4. Stock, machten Gerüchte die Runde, daß die Nitribitt zuviel wollte und Tonbänder mitlaufen ließ, wenn sie sich mit den wichtigen Herren aus Politik und Gesellschaft in den Betten wälzte, von Wirtschaftsspionage war gar die Rede. Beide Verfilmungen ihres Schicksals, von 1958 (mit Nadja Tiller) und 1996 (mit Nina Hoss), erklären die Tonbänder zum Tatmotiv. Tatsächlich soll das sichergestellte Notizbuch eine erhebliche Anzahl hochrangiger Persönlichkeiten enthalten haben, doch ein schlüssiger Beweis der Tonband-Theorie – und daraus folgend eines von mächtigen Personen befohlenen und gedeckten Mordes – fehlt bis heute.
Die Schnitzer der Polizei trugen allerdings dazu bei, Mißtrauen zu wecken. Fünf Stunden lang durchsuchten zwölf Männer der Mordkommission am 1. November 1957 die Wohnung. Mit dabei: der stellvertretende Polizeipräsident Frankfurts und der Kriminalhauptkommissar Helmut Konrad. Die heißeste Spur: ein Herrenhut, der auf dem Fußboden im Schlafzimmer der Nitribitt liegt. Tagelang wird nach dem Besitzer des Herrenhutes gefahndet – dann stellt sich heraus: Besagter Hut gehört Kriminalhauptkommissar Helmut Konrad. Selbiger hatte ihn bei der Durchsuchung der Wohnung auf den Fußboden gelegt, weil an der Garderobe kein Platz mehr gewesen war.

Wahrscheinlich scheint auch ein Raubmord. Heinz Christian Pohlmann, langjähriger Bekannter der Nitribitt und nach eigenen Angaben (welch eine Aussage für die damalige Zeit!) bisexuell, wurde am 5. Februar 1958 festgenommen, saß fast elf Monate lang in Haft und wurde schließlich freigelassen, obwohl außergewöhnlich viele Indizien gegen ihn sprachen. So fehlten in der Wohnung der Nitribitt 20 000 Mark, die die Putzfrau noch einige Tage zuvor gesehen hatte; am Tag des Mordes war Pohlmann bei ihr; er war außergewöhnlich verschuldet und hat doch am 5. November 1957, acht Tage nach dem Mord, 10 000 Mark für ein Auto, einen Mercedes-Vorführwagen, bezahlt, sowie einige Gläubiger mit 8 000 Mark beruhigt.
Weil Pohlmann der letzte der Polizei bekannte Mensch war, der die Nitribitt vor ihrem Tod besucht hatte, wurde er dazu aufgefordert, die Kleidung vorzulegen, die er an jenem Tag getragen hatte. Er händigte der Polizei eine blaue Anzugjacke und eine graue Hose aus. Die tatsächlich getragene Hose hielt er jedoch in einer Kneipe versteckt; als sie gefunden wurde, entdeckte die Kriminalpolizei Blutspuren auf der Hose – doch Pohlmann hatte die Hose inzwischen chemisch reinigen lassen. Das Bundeskriminalamt konnte nicht einmal mehr feststellen, ob es sich um Menschen- oder Tierblut handelte. Trotz all dieser Indizien wurde Pohlmann freigesprochen.
Die Illustrierte *Quick* rief zu einer Menschenjagd auf: 50 000 Mark Belohnung, eine unfaßbare Summe, stellte das Blatt als Kopfgeld bereit, und der Ton sagt viel über Stimmung und Mentalität im Wirtschaftswunderland aus: »*Quick* fordert seine Leser auf, den Mörder … zu suchen. Lesen Sie darum unsere Darstellung aufmerksam durch! Versuchen Sie zu ergründen, wer das Leben der Rosemarie Nitribitt

auslöschen konnte, wie er es tat und aus welchen Motiven. Um der Gerechtigkeit willen – helfen Sie mit! Schreiben Sie uns, was Sie über den Mordfall Nitribitt wissen und – zu wissen glauben. Denken Sie ja nicht, es sei zu belanglos! Gerade durch scheinbare Belanglosigkeiten ist schon mancher Meuchelmörder überführt worden ...« Und weiter: »Vierzehn Monate nach der grauenhaften Tat ist der Mörder noch immer nicht gefaßt! Er kann neben uns stehen, wenn wir morgens mit der Straßenbahn zur Arbeit fahren, wir begegnen ihm vielleicht, wenn wir die Treppe hinauf in unsere Wohnung gehen, und wir sitzen ihm vielleicht gegenüber bei einem Festbankett, und er hält eine gutgelaunte Ansprache an die Damen ... *Quick*-Leser, Augen und Ohren auf! Beobachten Sie! Kombinieren Sie! Lassen Sie sich durch scheinbare Wohlanständigkeit nicht täuschen! Denken Sie daran, was der Henker von Paris am Ende seines grausigen Lebens sagte: Die meisten meiner Mörder sahen unschuldig wie junge, harmlose Mädchen aus ... Der Mörder soll wissen, daß von nun an Millionen Augenpaare ihn suchen. Sie werden ihn aufspüren, wo er auch steckt, und werden ihn dorthin bringen, wohin er gehört: vor seinen Richter!«

Minuziös packte Heinz Pohlmann nach seiner Freilassung in der *Quick* aus – doch mittendrin brach die Fortsetzungsserie ab, als die Schreiber begannen, über jenen geheimnisvollen »Mann mit 500 PS« zu orakeln, dessen Foto auf dem Sideboard der Nitribitt-Wohnung gestanden haben soll. Laut der *Stuttgarter Zeitung* flossen »für die wichtigsten Informanten fünfstellige Beträge aus dem Ruhrgebiet«. Auch dies ein Vorgang, der nicht gerade geeignet war, jegliche Verschwörungstheorie als lächerlich abzutun.

Daß die Nitribitt heute nur noch »Das Mädchen Rosemarie« heißt, liegt an einem bezeichnenden Zufall: Erich Kuby, dessen Film von 1958 zu den besten je in Deutschland gedrehten zählt, verzichtete auf den ungewöhnlichen Nachnamen, den man sich kaum besser hätte ausdenken können, weil es zur gleichen Zeit einen Nitrit-Skandal gab: Fleischer mischten unter ihre Wurst erhebliche Mengen von giftigem Nitrit. Der Effekt: Das Fleisch wurde frischer, rosiger – und ungesünder. Verwechslungen Nitrit/Nitribitt wollte man unbedingt ausschließen.

Warum stieß die Ermordung einer vierundzwanzigjährigen Hure auf ein derart großes Echo? Vielleicht, weil der Fall die bigotte Bürgerlichkeit der Wirtschaftswunderzeit entlarvte. Weil er den einfachen Leuten Glanz und Verruchtheit versprach. Weil es der erste seiner Art in Deutschland war. Weil man sah (oder insgeheim hoffte), daß auch die Reichen den oft bemühten Dreck am Stecken hatten. Bis heute ist kein einziger Mensch bekannt, der in den Notizbüchern Rosemaries auftauchte (auch wenn ab und zu der eine oder andere Name fällt).

Schwere Anschuldigungen erhob auch der renommierte Autor Frank Arnau in seinem Buch *Jenseits der Gesetze*. Dort heißt es über den Fall des Mädchens Rosemarie: »In eingeweihten Kreisen hieß es, im Boudoir der Nitribitt habe sich in einem silbernen Rahmen das Porträt eines bekannten deutschen Großindustriellen befunden. Als aber das Bild untersucht werden sollte, war der Rahmen leer.« Diesen insgeheimen Vorwurf der Begünstigung lassen sich deutsche Beamte nicht gefallen: Im Fachblatt *Kriminalistik* heißt es dazu: »In Wirklichkeit ist der silberne Rahmen mit dem Bild dieses Mannes auf den Tatortaufnahmen klar zu sehen. Und im Tatortbefundsbericht wurde festgehalten, daß auf der linken Seite des im Wohnzimmer stehenden Musikschrankes ein silberähnlicher Rahmen steht, in dem sich das Bild eines

Mannes in sitzender Stellung befindet. Dieser Mann, dessen Ermittlung keine Schwierigkeiten bereitete, wurde am zweiten Tag nach dem Auffinden der Leiche der Nitribitt von der Frankfurter Mordkommission ausführlich vernommen. Die Überprüfung seiner Angaben und seiner Person ergaben keinen Anhaltspunkt für eine Täterschaft. Geschont wurde dieser Mann ebensowenig wie alle anderen überprüften Personen.« Und weiter, um alle Verschwörungstheorien zu widerlegen: »[Diese bringen zum Ausdruck, daß] ... sich der Nitribitt infolge der Kenntnisse des Familienlebens mancher ihrer ›Klienten‹ hervorragende erpresserische Möglichkeiten boten und ein erpreßter Kavalier sie vielleicht beseitigte. Dieser Gesichtspunkt ist bei einem Prostituiertenmord nichts Neues, und er ist bei den Ermittlungen in diesem Falle gebührend berücksichtigt worden. Es ergaben sich aber keinerlei Anhaltspunkte dafür, daß die Nitribitt auch nur in einem einzigen Falle erpresserisch tätig geworden wäre.«
Verschwörungstheoretiker murmeln dennoch weiter: Der Film *Das Mädchen Rosemarie* von Erich Kuby wurde von Bonn aus sabotiert, gar totgeschwiegen. Man gab den Streifen nicht für die Filmbiennale in Venedig frei, und man untersagte auch die Bewerbung für einen Oscar als »bester ausländischer Film«: Der Film, so hieß es in der Begründung, spiegele die deutsche Wirklichkeit nicht richtig wider.
Makabre Pointe: 1968 kamen gefälschte Briefmarken in Umlauf, die eine Frauenleiche mit Messer im Rücken zeigten. Die Marken trugen die Inschrift: »10 Jahre Trauer um Rosemarie Nitribitt«.

Marilyn Monroe

Als sie Hollywood erobern wollte, war sie brünett und eine unter vielen hoffnungsvollen Fotomodellen in der Traumstadt. Erst als sie sich die Haare blond färbte, wurde sie schließlich als neues Schönheitsideal entdeckt – trotz ihrer heute legendären, damals jedoch skandalösen Nacktfotos auf rotem Samt, die zunächst in einem Kalender und dann in der allerersten Ausgabe von Hugh Hefners *Playboy* erschienen.

Norma Jean Baker wurde am 1. Juni 1926 geboren; über ihre Jugend und die Familie gibt es widersprüchliche Aussagen. Eine dicke Schicht Legenden hat sich über ihre frühen Jahre gelegt – von Pflegefamilien, Prügeleien, gar Vergewaltigungen und Mordanschlägen ist die Rede; wahr dürfte zumindest sein, daß ihre Kindheit nicht glücklich gewesen ist. Mit sechzehn Jahren heiratete sie einen Flugzeugmechaniker und ließ sich kurz darauf scheiden, als er zur Handelsmarine eingezogen wurde. Während des Zweiten Weltkrieges arbeitete sie in einer Flugzeugfabrik in ihrem Geburtsort Los Angeles.

Norma Jeans natürliche Schönheit – sie war noch längst nicht die Sexbombe der späteren Jahre – verschaffte ihr kleinere Fotoaufträge und noch kleinere Filmrollen. Ihr Agent bestand nicht nur darauf, daß sie sich ihre Naturlocken glättete und sich blonde Haare zulegte – sie mußte auch mehrere Stunden am Tag eine Zahnspange tragen, um ihre vorstehenden Schneidezähne zu korrigieren. Selbst das Lächeln

mußte sie sich umgewöhnen, denn sie zeigte, fand ihr Agent, zuviel Zahnfleisch.
Nach einer kleinen Rolle in dem Film *Love Happy* der Marx-Brothers, wo sie eine Zeile zu sprechen hatte, ging es schnell und steil bergauf; Hollywoods Filmbosse erfanden das neue Sexsymbol Marilyn Monroe. Die bekanntesten Filme ihrer Anfangszeit: *Asphaltdschungel* und *Alles über Eva* (1950), *Blondinen bevorzugt* (1953), *Wie angelt man sich einen Millionär?* (1953), *Fluß ohne Wiederkehr* (1954) und *Das verflixte 7. Jahr* (1955).
Von Januar 1954 bis Oktober 1955 war sie mit dem Baseball-Star Joe DiMaggio verheiratet. Um als Schauspielerin anerkannt zu werden, nahm sie ab Ende 1954 Stunden an der Actors Studio School of Dramatic Arts in New York beim berühmten Lee Strasberg. Überhaupt bemühte sie sich zeit ihres Lebens, ernst genommen zu werden; stolz erzählte sie, daß ihre Lieblingsautoren Freud, Saint-Exupéry, Tolstoi und Arthur Miller seien.
Im Juli 1956 heiratete sie ebenjenen Dramatiker Arthur Miller *(Tod eines Handlungsreisenden, Hexenjagd)*. Eine Zeitschrift schrieb: »Der schönste Körper Amerikas heiratet den größten Geist Amerikas.« Sie nahm eine zweijährige Auszeit, lebte mit Miller in Connecticut und kehrte 1958 nach Hollywood zurück. Mit dem Film *Some Like It Hot* (deutsch: Manche mögen's heiß), einem der größten Kassenschlager Hollywoods, feierte sie ein grandioses Comeback.
Der Anfang vom Ende war *The Misfits* (deutsch: Nicht gesellschaftsfähig), der Film, zu dem ihr Mann das Buch schrieb und in dem sie an der Seite von Clark Gable spielte. Gable war eines der großen Idole ihrer Jugend; die vaterlos aufgewachsene Norma Jean hatte sich, wie Biographen schreiben, nach einem Vater wie Gable gesehnt.

Der Streifen floppte, und nach Gables Herztod warf seine Witwe der Monroe öffentlich vor, mit ihrem undisziplinierten Verhalten den Schauspieler zur Raserei getrieben zu haben und somit indirekt schuld am Tod Gables zu sein. Ein harter Vorwurf, über den Marilyn einfach nicht hinwegkam; in die gleiche Zeit fielen auch noch mindestens zwei Fehlgeburten. Sie mußte sich in psychiatrische Behandlung begeben, und Miller ließ sich von ihr scheiden.
Im April 1962 begannen die Dreharbeiten zu *Something's Got To Give,* dem letzten Film innerhalb ihres ablaufenden Siebenjahresvertrages bei 20th Century Fox. Sie erschien nur an zwölf von 30 Drehtagen – Fox schmiß seinen Star raus. Schon vorher war sie auf der Liste der 20 erfolgreichsten Kassenstars nicht mehr vertreten gewesen.
Am 5. August 1962 starb Marilyn Monroe sechsunddreißigjährig in ihrer Wohnung in Brentwood, einem Vorort Hollywoods; sie hatte 40 Schlaftabletten eingenommen. Sie hinterließ keinen Abschiedsbrief, dennoch deutete alles auf Selbstmord hin.
Im Juni 1996 meldete sich ein Staatsanwalt zu Wort, der seinerzeit an der Obduktion teilgenommen haben will. John Miner, damals Vize-Bezirksstaatsanwalt von Los Angeles, behauptete, Marilyn Monroe sei ermordet worden, und zwar mit einem Gift-Klistier. Er forderte eine Exhumierung des Leichnams. Die »Beweise« Miners für die Klistier-Theorie, laut der Boulevardpresse, die die Story dankbar aufgriff: Ihr Körper wies keine Einstichstelle einer Spritze auf (sie hatte die Schlaftabletten ja auch geschluckt); in ihrem Magen wurden keinerlei Reste einer tödlichen Tablettendosis gefunden; ihre schlechten Leberwerte verrieten jedoch einen hohen Anteil an Barbituraten.
Den Selbstmord widerlegen angeblich auch Tonbänder, die

Marilyn kurz vor ihrem Tod für ihren Psychiater besprochen hat. Miner will die Bänder gehört haben und berichtet, daß sie über ihre Liebhaber – die Kennedys – redet, über Zukunftspläne und ihren Umzug nach New York. Nachteil: Niemand sonst hat die Tonbänder gehört.

Als Schlüsselbeweis für die Klistier-Theorie wird eine Waschmaschine angeführt. Die lief in der Todesnacht – vielleicht, um die Spuren des tödlichen Einlaufs zu beseitigen? Nun ja. Hatte etwa die Haushälterin Eunice Murray, wie es Miner andeutet, mit dem Mord zu tun? Viele Verschwörungstheoretiker verdächtigen tatsächlich die inzwischen verstorbene Reinigungskraft des Monroeschen Bungalows. Motiv: Neid einer armen alten Frau auf eine junge reiche Frau.

Die Autoren Milo Speriglio und Adela Gregory, ersterer laut eigener Angabe auch Privatdetektiv (u. a. mit den Klienten Elizabeth Taylor und Marlon Brando), enthüllen in ihrem Buch *Der Fall Marilyn Monroe,* daß hinter dem Mord die Mafia steckt und hinter dieser wiederum der Kennedy-Clan. Der Ablauf des Mordes: Kaum hatte Robert Kennedy, als letzter Liebhaber Marilyns, ihr Haus verlassen, klingelte es an ihrer Tür. Die Schauspielerin öffnete, und vor der Tür stand Johnny Roselli, ein in den Filmstudios bekannter und beliebter Mann – der Statthalter des in Chicago residierenden Mafia-Chefs Sam Giancana.

Hinter Roselli dringen zwei Killer mit beunruhigenden Beinamen ins Haus: Anthony (»Die Ameise«) Spilotro und Frank (»The German«) Schweihs. Einer hält sie fest (äußerst behutsam, denn blaue Flecken wären für einen überzeugenden Selbstmord kontraproduktiv), der andere betäubt Marilyn mit Chloroform. Anschließend führen ihr die beiden ein Klistier ein, das eine Lösung aus Chloralhydrat, Nembutal und Wasser enthielt, holen Tablettenpackungen aus dem Schlafzimmer, leeren sie aus, legen sie neben das Bett und verschwinden.

Ein recht eindrucksvoller Beleg der Mordthese: Nirgends wurde ein Trinkgefäß gefunden, aus dem Marilyn selbst, ob aus Suizidgedanken oder aus Versehen (diese Möglichkeit schloß die Polizei offiziell nie aus), die tödliche Dosis hätte einnehmen können.

Auch hier wird die Theorie durch schlampige Polizeiarbeit erst möglich gemacht, auch hier gilt als Auftraggeber John F. Kennedy. Und die beiden Autoren können sogar einen Kronzeugen präsentieren: Sie bekamen während der Recherchen Besuch von einem Mann, einem Familienangehörigen der 1962 erschossenen und in den Chicago River geworfenen Eugenia Pappas. Diese wiederum war eine Freundin von Frank Schweihs. Schweihs – so der Zeuge – habe ihr in einer schwachen Stunde gestanden, daß er der beste Problembeseitiger der Branche sei, weshalb man ihm auch »die Sache mit der Monroe« überlassen habe.

Eugenia war entsetzt, erzählte es ihrer Familie und machte mit Schweihs Schluß. Der war verärgert, wegen seiner leichtfertigen Plaudereien besorgt und brachte die Geliebte kurzerhand um. Als die Familie Eugenias bei der Vermißtenanzeige erwähnte, der Ex-Freund sei ein Mafiakiller, ging die Polizei diesem Hinweis nie nach. Eugenias Hinterbliebenen hatten Angst vor dem Einfluß der Mafia auf die Polizei und schwiegen über 20 Jahre lang – bis die Einflußreichen von damals verstorben waren.

Die beiden Autoren gingen dem Hinweis nach und entdeckten, daß die Namen von Spilotro und Schweihs im Umfeld von rund 300 Morden auftauchten, ehe Spilotro selbst 1986 getötet wurde. Schweihs wurde 1991, einundsechzigjährig

und angeblich an Nierenkrebs leidend, in die Obhut des FBI genommen – man hörte nie wieder von ihm.
Stand Marilyn Monroe im Brennpunkt der Interessen der Kennedys, der Mafia, der CIA und gar des FBI unter J. Edgar Hoover? Zumindest theoretisch hätte es Motive für einen Mord an Marilyn geben können. Das Szenario könnte folgendermaßen aussehen: Die Kennedys, nicht müde werdende Erotomanen, konnten im Hinblick auf die Wiederwahl nicht auf das Image der braven Familienväter verzichten. Marilyn wollte geliebt werden und übte erheblichen Druck auf beide aus. Wäre die Affäre öffentlich geworden, hätte es einen gewaltigen Skandal gegeben – erst seit Bill Clinton sieht man über Affären und Seitensprünge etwas nonchalanter hinweg. Die Anweisung zur Ermordung sei übrigens von Papa Joseph Kennedy gekommen, dessen Sohn ohnehin nur williges Werkzeug seiner eigenen Machtgelüste gewesen sei. Die Mafia hatte sich von den Kennedys viel erhofft; der Vater war einst ein wichtiger Geschäftspartner Al Capones in der Zeit des Alkoholschmuggels gewesen. Nun aber wurde die Mafia von den Kennedys, zumindest vordergründig, massiv verfolgt. Wie schon Papa Kennedy sagte: Arbeitet nicht für den Mob, sondern laßt den Mob für euch arbeiten. Die CIA arbeitete eng mit der Mafia zusammen und schmiedete Pläne zur Ermordung des kubanischen *massimo lider* Fidel Castro. Außerdem teilte sich John F. Kennedy angeblich mit dem Chicagoer Paten Sam Giancana die Geliebte Judy Campbell – und setzte sie sogar als Kurier zu ihm ein. Um nun die unberechenbaren Kennedys besser in den Griff zu bekommen, könnte die Mafia Marilyns Schlafzimmer verwanzt haben: eine perfekte Erpressungsmöglichkeit, den letzten Geheimbesuch Robert Kennedys auf Tonband zu haben und danach Marilyn Monroe zu ermorden.

Unwahrscheinlich, geradezu undenkbar – aber ohne Frage eine faszinierende Theorie. Doch zu einer rundum gelungenen Konspiration gehört auch das FBI: Dessen sinistrer Direktor J. Edgar Hoover, Protagonist vieler Verschwörungstheorien, war leicht erpreßbar – daß er in seiner Freizeit Strapse getragen haben soll, gehört noch zu den harmlosesten sexuellen Vorlieben, die man ihm nachsagte. Weil er gegen die Mafia nicht ankam (oder weil die Mafia genug über ihn wußte), hatte er von seinem Versagen mit der Jagd auf die rührend harmlosen amerikanischen Kommunisten abgelenkt. Um sich trotzdem auf seinem Posten halten zu können, führte er Geheimakten über die Verfehlungen nahezu aller mächtigen Amerikaner. Die Legende besagt nun, daß auch die Kennedys ihn feuern wollten – erst als er ihnen die Dossiers über ihr Sexualleben vorlegte, blieb er im Amt. Zurück zu unserem unglücklichen Sexsymbol: Um seine Rolle bei der Bespitzelung der US-Prominenz zu verschleiern, half das FBI beim Vertuschen des Mordes mit.

Marilyn Monroe, behaupten viele, war die schönste Frau der Welt, heutige Diven reichten nicht annähernd an ihren Glanz und ihren Sex-Appeal heran. Da kann man es nur gerecht finden, daß Marilyn posthum einen der beeindruckendsten, glamourösesten und schillerndsten aller ungelösten Todesfälle für sich reklamieren darf.

John F. Kennedy

Ist es nun endlich soweit, jetzt, im Herbst 1999? Kann endlich, so hoffen die meisten Amerikaner, der Beweis gefunden werden, daß Lee Harvey Oswald nicht der alleinige Täter gewesen ist, der John F. Kennedy getötet hat? Es ist ja auch schwer zu begreifen, was am 22. November 1963 in Dallas passiert ist. Drei Schüsse eines geistesgestörten Einzeltäters haben damals das Leben des amerikanischen Präsidenten ausgelöscht; diese Tat war so unfaßbar, daß sie – so der allgemeine Glaube bis heute – unmöglich von einem Menschen allein hat begangen werden können.
Im Juni 1999 bekamen die Amerikaner Hilfe von unerwarteter Seite: Der russische Präsident Boris Jelzin übergab seinem Amtskollegen Bill Clinton Dokumente des Geheimdienstes KGB, die Informationen über den mutmaßlichen Attentäter Oswald enthalten. Oswald hatte schließlich in den Jahren vor dem Attentat in der Sowjetunion gelebt und seinen amerikanischen Paß abgegeben. Sandy Berger, Clintons Sicherheitsberater, sagte der *Süddeutschen Zeitung,* es handele sich dabei um ein »sehr interessantes Geschenk ...« Schon vor Jahren habe Jelzin die russischen Behörden angewiesen, sämtliches Material, das mit Kennedy und seiner Ermordung zu tun habe, zu sammeln und freizugeben. Es bleibt abzuwarten, ob diese Dokumente sensationelle Details enthalten, die ein neues Licht auf das Kennedy-Attentat werfen können.
Amerikas Führer hatten damals, in den Stunden und Tagen

nach dem Attentat, nur eine große Sorge: daß die Öffentlichkeit Rache für den Tod ihres Präsidenten fordern würde; daß die Öffentlichkeit die Russen verdächtigen würde; daß die vorsichtigen Schritte zum friedlichen Miteinander, die Kennedy und Chruschtschow eingeleitet hatten, zerstört werden würden.
Im Kontext dieser Denkweise mag zumindest verständlich sein, warum sofort und ohne große Prüfung die Strategie verfolgt wurde, Lee Harvey Oswald um fast jeden Preis zum Einzeltäter zu machen. Die Warren-Kommission, ein Untersuchungsausschuß des US-Kongresses, kam im September 1964 zum selben Schluß, doch arbeitete sie in vielen Details zu schlampig, obwohl sie sich auf die Ermittlungen von 80 FBI-Agenten stützte, die 25 000 Verhöre durchführten und 2300 Berichte mit insgesamt 25 400 Seiten schrieben.
Die nebulösen Vorgänge nach dem Mord waren eine Vorlage für Verschwörungstheoretiker, die Kennedys Tod naturgemäß als Lieblingsfall okkupierten. Zu mächtig, zu charismatisch und zu jung war der irischstämmige Katholik, als daß ein einzelner Verrückter ihn einfach so getötet haben konnte. Tatsächlich glauben bis heute 80 Prozent aller Amerikaner nicht daran, daß Lee Harvey Oswald alleiniger Täter gewesen ist.
Oswald wurde 1939 in New Orleans geboren; zwei Monate nachdem sein Vater gestorben war. Die labile Mutter gab ihn und seine Brüder zunächst in ein Waisenhaus, dann holte sie ihn zurück und zog mit ihm 13mal um, noch bevor er zehn war. Als Neunjähriger attackierte er einmal seinen Halbbruder mit einem Schlachtermesser; als Dreizehnjähriger antwortete er auf die Frage, ob er lieber mit Mädchen oder Jungen zusammen sei: »Ich hasse sie alle«; später sollte er regelmäßig seine Frau schlagen.

Er versuchte stets dazuzugehören; er versuchte stets, an irgend etwas zu glauben. Mit sechzehn bat er brieflich um die Aufnahme in die Jugendorganisation der Sozialistischen Partei Amerikas, und ein paar Wochen später ging er zu den Marines, einer Eliteeinheit der US-Armee. Dort blieb er ein Einzelgänger und las viel über Marxismus; er qualifizierte sich als Scharfschütze, verletzte sich jedoch mit der Waffe, während er in Japan stationiert war. Im November 1959 bat er um Entlassung und führte als Grund den schlechten Gesundheitszustand seiner Mutter an – doch ein paar Tage nach der Entlassung war er in England und ging von dort nach Moskau.

Die Bürokraten in Rußland wußten nicht, was sie mit dem merkwürdigen zwanzigjährigen Amerikaner anfangen sollten, der ihnen alles verraten wollte, was er bei den Marines gelernt hatte. Logischerweise dachten sie, er sei ein Spion für die andere Seite. Außerdem: »Er hatte keine Kontakte, die wir interessant fanden, und er hatte keine Informationen, die wir nicht schon wußten«, erzählte KGB-Leiter Vladimir Semichastny gegenüber dem US-Nachrichtenmagazin *Newsweek,* das gemeinsam mit der Tageszeitung *Washington Post* und dem Fernsehsender *CBS* im Jahr 1993 eine umfangreiche Untersuchung zum Mord veröffentlichte.

Eines immerhin fiel damals den russischen Behörden auf: Wenn Oswald zur Jagd ging, kam er meist mit leeren Händen zurück. Ein seltsamer Mißerfolg für jemanden, der sich beim Kennedy-Attentat als tödlich präziser Scharfschütze präsentierte. Die Russen, die immer mißtrauischer wurden, verweigerten Oswald die Staatsbürgerschaft. Sie schickten ihn nach Minsk, wo er in einer Radiofabrik arbeitete. Nun haßte er Rußland. Er heiratete Marina Nikolajewna Prussakova

und ging mit ihr und ihrer gemeinsamen Tochter 1962 zurück nach Amerika.
Sie ließen sich in Texas nieder, und Oswald hatte erhebliche Probleme, eine Arbeit zu finden. Er begann Rechtsradikale zu hassen und verübte im April 1963 mit seinem Mannlicher-Carcano-Gewehr (21 Dollar bei einem Chicagoer Versandhaus) einen Anschlag auf den bekannten Fanatiker Edwin Walker; eine Fenstersprosse lenkte das Geschoß ab. (Erst nach dem Kennedy-Mord sieben Monate später stellte sich heraus, daß Oswald diesen Schuß abgegeben hatte.)
Der labile Oswald entdeckte nun seine Schwäche für Fidel Castro und gründete das »Fair Play for Cuba Committee«. Er wollte dorthin auswandern und fuhr deswegen mit dem Bus nach Mexiko City in die kubanische Botschaft. Dort erfuhr er, daß er nur mit einem sowjetischen Visum einreisen konnte, und das wollte ihm niemand ausstellen.
Frustriert kam er im Oktober 1963 zurück. Seine Ehe mit der Russin Marina war inzwischen ein Desaster; das zweite Kind war unterwegs, und Oswald bemühte sich verzweifelt um einen Job. Am 15. Oktober fand er eine Anstellung im »Texas School Book Depository« an der Elm Street im Zentrum von Dallas; am 19. und 20. November druckten Zeitschriften die Route der Kolonne des Präsidenten ab; am 22. November fuhr Oswald, wie gewöhnlich, mit seinem Nachbarn Buell Frazier zur Arbeit. »Was hast du da in dem Paket?« fragte Frazier. »Gardinenstangen«, antwortete Oswald. Als Oswalds Frau Marina aufwachte, fand sie auf dem Schreibtisch Oswalds Ersparnisse von 170 Dollar und den Ehering, den er bis dahin nie abgezogen hatte.
Oswald schoß aus dem fünften Stock seines Arbeitsplatzes zwischen 12.30 Uhr und 12.31 Uhr innerhalb von dreißig Sekunden dreimal auf Kennedys Wagen. Die erste Kugel

wurde von Bäumen fehlgelenkt. Der zweite Schuß durchschlug Kennedys Nacken, trat am Hals aus und verletzte den vor Kennedy sitzenden Gouverneur Connally. Die dritte Kugel zerschmetterte den Kopf Kennedys.

Gegen 13.15 Uhr erschoß ein Mann im Stadtteil Oak Cliff mit einem Revolver den Streifenpolizisten J. D. Tippit. Der Mann flüchtete ins Kino Texas Theatre und wurde dort gegen 13.45 Uhr in der drittletzten Reihe festgenommen; es handelte sich um Oswald. Sowohl das Gewehr als auch der Revolver stammten definitiv von ihm. Die Schüsse auf Tippit waren eindeutig aus Oswalds Revolver, die Schüsse auf Kennedy eindeutig aus Oswalds Gewehr abgefeuert worden.

Also ist alles klar? Noch nicht. Denn zwei Tage später war Oswald tot. Als er in ein anderes Gefängnis überführt werden sollte, wurde er von dem mehr als zwielichtigen Barbesitzer Jack Ruby erschossen.

Ruby wuchs in Chicago auf, wo seine Gang unter anderem Botendienste für Al Capone erledigte. Seine bizarren Lebensumstände verursachten Mißtrauen. Besonders verwunderlich: Ruby reiste 1959 dreimal nach Kuba – möglicherweise, um Santos Trafficante zu besuchen, der als Mafia-Boß in Havanna eine Haftstrafe verbüßte. Trafficante galt als einer der Dons, die mächtig sauer auf Kennedy waren; schließlich war die Mafia überzeugt, Kennedy zu dem (außergewöhnlich knappen) Wahlsieg über Nixon verholfen zu haben – dies belegen von FBI und CIA abgehörte Telefonate. Und nun hetzten der Präsident und sein Bruder Robert Polizei, FBI und CIA auf die Unterwelt.

Hinzu kam, daß ein Großteil der Bürger Washingtons überzeugt war, Castros Kuba stecke hinter der Ermordung Kennedys. Die Kennedy-Brüder, insbesondere Robert (auch das ist gesichert), wollten die CIA dazu bringen, Castro zu ermorden. Castro hatte Wind von den Plänen bekommen und gedroht, seinerseits Kennedy zu ermorden. Im September 1963 sagte er: »Wir sind vorbereitet zu antworten. Die Führer der Vereinigten Staaten müssen wissen, daß sie, wenn sie planen, kubanische Führer zu eliminieren, selbst nicht sicher sind.« Viele Offizielle fragten sich: Hatte Castro zuerst zugeschlagen? Und Robert Kennedy, der 1968 selbst Opfer eines Attentats wurde, fühlte sich lange schuldig am Tod seines Bruders.

Außerdem telefonierte Ruby in den Wochen vor dem Kennedy-Mord exzessiv mit seinen Kontakten in der Unterwelt. Biographen Rubys (er starb 1967 an Krebs) vermuten, er habe Schulden bei der Mafia gehabt; die könnte ihn gezwungen haben, Oswald zum Schweigen zu bringen.

Als Motiv gab er mal an, daß er ein Held sein wollte, mal, daß er Jackie Kennedy die Tortur eines Prozesses ersparen wollte. Dazu kam die merkwürdige Strategie seines Verteidigers Melvin Belli, der behauptete, Ruby leide unter Epilepsie und habe Oswald während eines durch einen Anfall verursachten Blackouts erschossen. Ruby wurde zum Tode verurteilt, doch mußte der Prozeß wegen eines Formfehlers neu aufgerollt werden; während des zweiten Prozesses starb Jack Ruby.

Im Jahr 1978 gab die amerikanische Politik dem Druck der Öffentlichkeit nach; ein Untersuchungsausschuß rollte den Fall auf und kam zu der Überzeugung, es bestehe »eine hohe Wahrscheinlichkeit, daß zwei Schützen feuerten«. Dies gab den Verschwörungstheoretikern enormen Auftrieb. Die Kommission – Abgeordnete des Repräsentantenhauses – beriefen sich auf ein Tonband des Polizeifunks, auf dem sie einen vierten Schuß gehört haben wollten. Namhafte Forschungsinstitute belegten später aber, daß es sich bei den

»Schüssen« um statische Geräusche handelte. Außerdem stammten die Funksignale von einem Motorrad, das weit vom Tatort entfernt stand. Klar, daß diese Einwände überhört wurden.

Ein genauer Blick auf jede einzelne der Verschwörungstheorien zeigt deutlich, daß keine von ihnen haltbar ist. Am unwahrscheinlichsten ist die Theorie, daß es die Russen waren. Chruschtschow und Kennedy wollten nach der dramatischen Kuba-Krise die Entspannungspolitik vorantreiben. Dazu kam, daß der KGB Oswald für einen Wirrkopf hielt.

Auch Kuba dürfte nicht dahinterstecken. Castro selbst sagte 1978, daß es eine »ungeheuere Verrücktheit« gewesen wäre, die Ermordung Kennedys zu empfehlen – trotz der versuchten Invasion in der Schweinebucht. Hätte sich auch nur ein schlüssiges Indiz ergeben, daß Castro hinter dem Attentat steckte, wäre das kleine Kuba in die Steinzeit zurückgebombt worden. Eine Verbindung könnte es dennoch geben: Castros bereits erwähnte Drohung gegen amerikanische Spitzenpolitiker wurde im September 1963 groß in der *New Orleans Times* abgedruckt – als Oswald gerade in der Stadt weilte.

Etwas plausiblere Theorien drehen sich um Exilkubaner und enttäuschte Agenten. Viele Exilkubaner waren enorm enttäuscht von Kennedy wegen der gescheiterten Invasion in der Schweinebucht. Im Sommer 1963 begann die Kennedy-Regierung, extremistische Gruppen wie »Alpha 66«, die von den USA aus einen Umsturz in Kuba planten, massiv unter Druck zu setzen. Möglich oder zumindest denkbar ist, daß sich die Eiferer für den Tod ihrer Brüder in der Schweinebucht rächen wollten.

Die Verschwörungstheorie mit den meisten Anhängern ist auch vom zweiten Untersuchungsausschuß 1978/79 unterstützt worden – jenem Untersuchungsausschuß, der den »vierten Schuß« zum Kernpunkt seiner Thesen machte. Demnach sei Kennedy vom organisierten Verbrechen umgebracht und Oswald von Ruby ebenfalls im Auftrag der Mafia beseitigt worden. Das Motiv: die Kennedys, insbesondere Robert, aus dem Nacken zu kriegen.

Ein Argument spricht gegen eine Mafia-Verschwörung, nämlich die Schläue der Mafiagrößen: Sie sind über Jahrzehnte hinweg die Dons geblieben, weil sie versteckt und vorsichtig agiert haben; die Ermordung Kennedys jedoch hätte nicht nur das hohe Risiko einer Entdeckung beinhaltet, sondern auch zu einer dauerhaften politischen Instabilität führen können.

Das wichtigste Argument gegen alle Verschwörungstheorien ist jedoch Oswald selbst. Wer auch immer eine Konspiration gegen Kennedy angezettelt hätte: Niemals hätte er auf einen dermaßen labilen Verrückten zurückgegriffen. Man kann sich kaum einen ungeeigneteren Killer vorstellen als den paranoiden Oswald. Und den Job im »Texas School Book Depository« trat er zu einem Zeitpunkt an, als die Route des Präsidentenkonvois noch nicht feststand – ja, als noch nicht einmal feststand, daß Kennedy überhaupt Dallas besuchen würde. Es gibt keinerlei Hinweise auf irgendwelche Kontakte zwischen Oswald und der Mafia oder einer anderen Gruppe.

Und wäre Ruby von jemandem bezahlt worden, warum erschoß er dann Oswald nicht schon am Freitag abend, während der ersten kurzen Pressekonferenz, als Oswald in nur einem Meter Entfernung an ihm vorbeiging? Er verhielt sich auch nicht gerade wie ein sinistrer Killer, denn das gesamte Wochenende trieb er sich in der Dallas Police Station herum und verteilte Freikarten für seine Nachtklubs.

Ein merkwürdiger Vorfall ereignete sich aber doch: Als Staatsanwalt Henry Wade während der Pressekonferenz sagte, Oswald gehöre zum »Free Cuba Committee«, korrigierte Ruby laut: »No, it's Fair Play for Cuba.« Ruby erklärte später, es im Radio gehört zu haben.

Bekannte von Ruby vertreten die Meinung, daß er den Mord niemals geplant haben könne, weil er seinen geliebten Hund Sheba im Auto ließ, als er die Polizeistation betrat. Kein schlüssiges Argument, denn andererseits glaubte er fest daran, ein Held zu werden, und wunderte sich über die Verhaftung.

Kronzeugen der Verschwörungstheoretiker sind ebenfalls wenig glaubhaft. Die Augenzeugin Jean Hill, die auf dem berühmten Grashügel stand, von dem aus der ominöse vierte Schuß gefallen sein soll und die auch in Oliver Stones Film *JFK* eine prominente Rolle spielte, will den zweiten Schützen und sogar einen Schußwechsel zwischen dem fliehenden Täter und Zivilbeamten gesehen haben. Sie verblüffte die Polizei jedoch durch ihre Aussage, zwischen dem Präsidenten und seiner Frau Jackie habe ein großer weißer Hund gesessen.

Am wahrscheinlichsten ist also, daß John F. Kennedy von einem verrückten Einzeltäter erschossen wurde, der seinerseits von einem verrückten Einzeltäter erschossen wurde. Es ist ein beinahe unerträglicher Gedanke, daß man nur 21 Dollar und ein Fenster mit Aussicht brauchte, um den mächtigsten Mann der Welt zu töten – so unerträglich, daß viele Amerikaner es einfach nicht wahrhaben wollen. Die Wahrheit scheint aber zu sein: Oswald tötete Kennedy aus dem schlichten Grund, weil sich ihm eine Gelegenheit dazu bot.

Paul McCartney

Was hat Paul McCartney in diesem Buch zu suchen? Erfreut er sich doch augenscheinlich bester Gesundheit und hat, wenn man den Gazetten glauben darf, nach dem tragischen Tod seiner Frau Linda längst neuen Lebensmut geschöpft.

Dennoch gehört der Ex-Beatle in diese Reihung, entstand doch um sein mutmaßliches Ableben Ende der sechziger Jahre eine der erstaunlichsten Hysterien der modernen Medienwelt, und die Gerüchte brodelten so stark, daß sie es in alle namhaften Fernsehsender und Magazine und sogar bis auf den Titel der renommierten amerikanischen Zeitschrift *Life* schafften – im November 1969 veröffentlichte das Magazin einen Artikel über Paul und Linda McCartney mit dem Titel: *The case of the ›missing‹ Beatle: Paul is still with us* (deutsch: Der Fall des ›verschwundenen‹ Beatle – Paul weilt noch immer unter uns).

Was war passiert? Etwa Anfang Oktober 1969 entstand urplötzlich – anscheinend aus dem Nichts – das Gerücht, Paul McCartney sei bei einem Autounfall ums Leben gekommen und heimlich durch einen Doppelgänger ersetzt worden, und zwar schon 1966. Seitdem hätten die übrigen drei Beatles, als Reminiszenz an Paul, ihre Platten, ihre Texte, ihre Filme und ihre Fotosessions mit verborgenen Hinweisen auf Pauls Ableben gespickt.

Beatles-Fans haben bis heute über siebzig Clues gefunden, die für Paul McCartneys Tod sprechen; verborgene Hinweise an die Fans, rückwärts gespielte Lieder und ähnliche Kuriosa. Allein neun Hinweise sollen sich auf dem kunterbunten, collageartigen Cover von *Sgt. Pepper's Lonely Hearts Club Band* befinden. Einige der vielen Hinweise, die die Beatles-Fans über die Jahre gesammelt haben (und zwar lange bevor es das Internet gab), sind im Folgenden aufgelistet:

- Im Vordergrund der *Sgt. Pepper*-LP scheint eine Begräbnisszene dargestellt zu sein.
- Ganz rechts sieht man einen Aston Martin, der in Flammen steht oder mit Blut gefüllt ist.
- Über Pauls Kopf befindet sich eine Hand, wie um ihn zu segnen.
- Auf der Rückseite des Albums ist Paul der einzige, der mit dem Rücken zum Fotografen steht.
- Neben Pauls Kopf erscheinen die Trauer-Worte »Without You«.
- Im Titellied ist von einem Mann namens Billy Shears die Rede. Er soll das Double sein, das Paul McCartney nach dessen tödlichem Unfall ersetzt hat; sein eigentlicher Name ist William Campbell, Gewinner eines englischen Paul-McCartney-look-alike-Wettbewerbs im Jahr 1967.
- Im Song »She's Leaving Home« werden zwei Uhrzeiten erwähnt: Mittwoch morgen, fünf Uhr, und Freitag morgen, neun Uhr. Wenn man um diese Uhrzeit eine geheime Nummer wählt, spricht man mit dem Doppelgänger Shears/Campbell. Beantwortet man diverse Beatles-Fragen richtig, bekommt man per Post Flugtickets nach Pepperland, einer geheimen Insel der Beatles. Diese urbane Legende löste eine weitere urbane Legende aus: Die Boulevardzeitung *The Washington Evening Star* berich-

tete am 25. Oktober 1969 von einem Studenten, der um die betreffende Zeit die geheime Nummer angerufen, alle Fragen richtig beantwortet und per Post die Einladung und die Tickets bekommen hatte. Außerdem bekam er die Anweisung, die beiliegende Briefmarke anzufeuchten. Das tat er, wurde kurz darauf apathisch und stürzte sich aus dem fünften Stock.

- Im Song »Good Morning, Good Morning« lamentiert John Lennon: »Nothing to do to save his life …«
- Auf Mono-Ausgaben des Albums kann man angeblich beim Titelsong einen Schrei hören: »Paul McCartney is dead, everybody! Really, really dead!«
- Bei »A Day In The Life« heißt eine Zeile: »He blew his mind out in a car.«
- Im gleichen Lied hört man auch den Satz: »Paul's found heaven.«

Das Album *Magical Mystery Tour* war ebenfalls voller rätselhafter Hinweise. So könne man aus dem »Beatles«-Schriftzug, der aus Sternen besteht, auf den Kopf gestellt, eine Telefonnummer herauslesen: 537-1038. Diese Nummer führt wiederum zu Shears/Campbell und der bereits erwähnten geheimen Insel.

- Im Booklet des Albums sieht man Fotos und Comics von Paul, auf denen er stets seine Augen geschlossen hält.
- Das Walroß auf dem Cover ist angeblich ein skandinavisches Symbol für den Tod.
- In »I Am The Walrus« singt John Lennon von »Stupid bloody Tuesday«, dem Tag von Pauls Tod. Der »Eggman« ist die Comicfigur Humpty Dumpty, dessen Kopf aufgebrochen ist wie der von Paul. Auch hört man am Ende

des Liedes ein Radiostück von Shakespeares *König Lear,* ausgerechnet den vierten Akt, Szene 6, der folgende Sätze enthält: »Bury my body«, »O untimely death« und »What, is he dead?«
- Im Chorus von »I Am The Walrus« hört man, wenn man die Passage »got one, got one« rückwärts abspielt, die Worte »Ha Ha, Paul is dead« – der US-Fernsehsender ABC bewies es damals, beim Höhepunkt der »Paul ist tot«-Hysterie, live vor einem Millionenpublikum.

Auch das *White Album* der Beatles geriet in den Gerüchte-Sog; allein die weiße Farbe soll bereits Trauer ausdrücken.

- Im Lied »Glass Onion« läßt John Lennon leichtfertig die Bombe platzen, denn natürlich hat die Gerüchteküche längst die Band erreicht: »Well, here's another clue for you all/The Walrus was Paul«! Damit war für die Anhänger der »Paul ist tot«-Theorie alles klar – John Lennon hatte gestanden! Doch kurz vor seinem Tod nahm Lennon in einem *Playboy*-Interview Stellung dazu: »Es war ein Scherz.«
- Wenn man den Refrain von »Ob-La-Di, Ob-La-Da« rückwärts spielt, hört man heraus »Ha ha ha, I know we did it.« Was haben die Beatles getan? Etwa eine erfolgreiche Vertuschung?
- Der berühmteste Hinweis findet sich im Lied »Revolution No. 9«. Wenn man den Chor »Number nine« rückwärts spielt, hört man klar und deutlich die Worte »Turn me on, dead man«.
- Das Cover des *Abbey Road*-Albums, bei dem die vier Beatles hintereinander den Zebrastreifen überqueren,

war ebenfalls eine echte Fundgrube für die skeptischen Fans. So hält Paul eine Zigarette in der rechten Hand. Da der echte Paul Linkshänder war, mußte es sich um ein Double handeln.

- Der berühmte VW-Käfer im Bild trägt das Nummernschild 28 IF. Es heißt: Paul wäre nun achtundzwanzig Jahre alt, *falls* (IF) er nicht gestorben wäre. [Nebenbei: Der Käfer, auf englisch »Beetle«, erlangte durch das *Abbey-Road*-Cover eine solche Berühmtheit, daß er 1986 bei Sotheby's für 4000 Dollar versteigert wurde.]
- Auch soll das Foto direkt an Pauls Unfallort von 1966, der Abbey Road, aufgenommen worden sein.
- Paul ist der einzige, der barfuß geht; so begräbt man angeblich die Toten in Italien.
- In dem Lied »Come Together« singt Lennon: »One and one and one is three« – *drei* Beatles?
- »Octopus's Garden« ist britischer Marine-Slang für das Grab auf hoher See.
- Seit 1966, seit dem Album *Revolver* hat sich der Stil der Baßgitarre stark geändert.
- 1971, auf John Lennons *Imagine*-Album, gibt es den Song »How Do You Sleep«, der Pauls Integrität als Musiker attackiert. Dort findet sich die Zeile: »Those freaks were right when they said you was dead ...«

Es ist wohl kaum nötig, jedes einzelne dieser weithergeholten Indizien, die diesen Namen nicht verdienen, zu widerlegen. Wie aber kamen diese Gerüchte zustande, die sich innerhalb von Tagen weltweit verbreiteten – lange vor den Zeiten der globalen elektronischen Vernetzung? Der amerikanische Autor Andru J. Reeve legte in seinem Buch *Turn Me On, Dead Man* erstmals die komplette Geschichte

des Bluffs vor, und er kann (beinahe) klären, wie die eigenartigen Ereignisse ins Rollen kamen:
Am 12. Oktober 1969 erhielt Russ Gibb, Moderator der Radiostation WKNR-FM in Detroit, Michigan, einen Anruf live in die Sendung. Ein Mann mit dem Namen Tom meldete sich und erzählte Gibb, daß er glaube, Paul McCartney sei gestorben. Gibb versuchte ihn zu beruhigen, denn diese Gerüchte gebe es doch dauernd über irgendwelche Rockstars (kurz vorher kursierte tatsächlich ein ähnliches Gerücht über Bob Dylan). Tom forderte den Moderator auf, den Song »Revolution No. 9« aufzulegen und rückwärts abzuspielen. Gibb legte das *White Album* auf den Plattenteller und ließ »Revolution No. 9« rückwärts laufen, bis »Turn me on, dead man« zu hören war.
Kurz danach betrat ein Hörer, der in der gleichen Straße lebte, das WKNR-Studio und brachte »Strawberry Fields Forever« mit. »He, ich zeige dir einen echten Beweis, daß Paul McCartney tot ist.« Gibb sollte die letzte Passage des Stücks rückwärts spielen. Er tat es, und die Nachricht »I buried Paul« wurde durch den Äther gesendet.
Diese Radioshow ist der erste Nachweis für das Aufkommen des Gerüchtes; Fred LaBour, Student an der Universität von Michigan, hörte die Sendung, die auch in den folgenden Tagen zum Anlaufpunkt all jener Teenager wurde, die immer neue »Beweise« fanden – in den Songs, den Plattencovers, den Booklets. LaBour war fasziniert von der Idee und verfaßte einen vierseitigen Text für die Studentenzeitschrift, die er mit den Worten überschrieb: »McCartney Dead; New Evidence Brought To Light«. Dieser Artikel, der am 14. Oktober 1969 erschien und einige der Indizien auflistete, trug entscheidend zur Bekanntmachung und beschleunigten Verbreitung des Gerüchtes bei – doch geraunt wurde schon vor-

her: Unter der Hand war Paul McCartneys vorgeblicher Tod bereits seit September Gesprächsthema an vielen amerikanischen Universitäten.
Ein weiterer Anheizer war John Summer, Student an der Ohio Wesleyan University. Auch er hatte schon Anfang September von den Gerüchten gehört und nächtelang mit seinem Kumpel die Hinweise auf dem Cover von *Sgt. Pepper* angestarrt. Der wiederum hatte die Gerüchte von einem Studenten namens Dartanyan Brown von der Drake University gehört, der für die Campus-Zeitung den Artikel »Is Beatle Paul McCartney Dead?« schrieb. Dieser Artikel erschien am 17. September 1969 und ist der weltweit erste gedruckte Nachweis der »Paul ist tot«-Hysterie. Summer unterdessen (der inzwischen, o Ironie, ein angesehener amerikanischer Nachrichtensprecher ist) versuchte, seine gesammelten Indizien an die Presseagenturen zu verkaufen. Associated Press lehnte ab, UPI griff zu – Mitte Oktober.
Das Gerücht begann um die Welt zu wandern – und jetzt ging es erst richtig los. An Colleges entstanden »Is Paul McCartney Dead?«-Clubs, Fred LaBour wurde zu Sondersendungen eingeladen, und Derek Taylor, der Pressesprecher der Beatles, erhielt Anrufe besorgter Journalisten. Taylor nahm die Gerüchte zunächst nicht ernst, denn ähnliches Gerede hatte es schon 1965 um Ringo Starr und um Paul im Januar 1966 gegeben, als in England behauptet wurde, er sei bei einem Autounfall in einem Schneeschauer ums Leben gekommen – dieser Autounfall bildete ja auch die Grundlage für das zweite Gerücht drei Jahre später.
Viele seriöse Tageszeitungen und Magazine druckten im Oktober 1969 die Storys, halbseriöse Sprachforscher analysierten die Stimmen und kamen teilweise, wie der *Rolling Stone* berichtete, auf zwei bis drei verschiedene McCart-

neys. In den amerikanischen Hauptnachrichten nahm die Frage »Ist Paul McCartney tot?« mehr Zeit ein als Berichte zum Vietnam-Krieg.

Inzwischen rief der wahre (falsche?) McCartney bei WKNR-FM an und beschuldigte die Discjockeys, die Gerüchte um seinen Tod gestreut zu haben. McCartney verbot, den Anruf live zu senden, doch trotzdem zirkulierten bald Kopien des Anrufs, und nun begannen sich auch die skeptischen Journalisten zu wundern. Warum berief Paul keine Pressekonferenz ein, um die inzwischen massiv verbreiteten Gerüchte, die es bis in die Hauptnachrichten geschafft hatten, zu widerlegen? Als Paul sich dann endlich öffentlich zu Wort meldete, nachdem die Welle der Hysterie zu mächtig auch über ihn, seine Familie und die Band niederbrach, da glaubte ihm keiner mehr. Vernünftige Menschen waren zwar der Meinung, Paul sei am Leben, doch sie glaubten, die Beatles hätten die Gerüchte absichtlich mit ihren doch so deutlichen Hinweisen angefeuert. In der Tat schossen die bis dato recht lahm angelaufenen Plattenverkäufe in den USA in die Höhe.

Am 26. Oktober 1969 hörten Hunderttausende die groß angekündigte Sondersendung von WKNR-FM. Eric Clapton, der auch einige Stücke auf dem *White Album* mitspielte, meldete sich zu Wort und sagte, er sei »so überzeugt wie jeder andere«, daß die Hinweise in den Songs keine Zufälle sein könnten. Außerdem fand er, Paul habe »etwas an Gewicht zugelegt«. Selbst John Lennon kam in einem vorher aufgezeichneten Telefoninterview zu Wort. »Es ist das dümmste Gerücht, das ich je gehört habe«, sagte Lennon lapidar.

Doch wie entstand das Gerücht nun wirklich? Was war in diesem wohl einmaligen Vorgang der Pop-Geschichte die

Initialzündung? Andru J. Reeve fand einen schlüssigen Hinweis. Terry Knight war ein hoffnungsvoller Musiker in Detroit und Umgebung und galt als lokale Größe. Er formte eine Band namens »Terry Knight and the Pack«. Von 1965 bis 1967 beherrschte diese Band die Detroiter Szene. Der US-weite Durchbruch wollte aber nicht gelingen, also löste sich die Band auf. Dann erhielt Terry Knight im Frühjahr 1968 einen Anruf – von Paul McCartney. Dem war zu Ohren gekommen, daß Knight ein talentierter Musiker war, und die Beatles suchten neue Talente für ihr Label Apple Records. Knight nahm die nächste Maschine nach London, traf sich mit McCartney – und lehnte schließlich das Angebot ab. Dennoch war er beeindruckt von dem Treffen und veröffentlichte im Mai 1969, fünf Monate vor dem Start der Gerüchtekette, eine Single, die McCartney gewidmet war. Der Song hieß »Saint Paul« …

Der Text von »Saint Paul« vermittelte den Eindruck, der Sänger würde zu einem Verstorbenen sprechen. Er enthielt die Zeilen: »I looked in the sky/Everything was high …« und »Did I hear you call/Or was I dreaming then, Saint Paul?«. Die Single schaffte es auf Platz 114 der Billboard-Charts, und zwar maßgeblich deshalb, weil sie viel von den Radiostationen in Michigan gespielt wurde, wo Knight eine gewisse Berühmtheit erlangt hatte. Tatsächlich erinnern sich viele der damaligen College-Studenten an diesen merkwürdigen Song, der im Sommer des Jahres 1969 wieder und wieder im Radio lief – und die Gerüchte sind ja offenbar in Detroit entstanden.

Ein weiterer Mensch könnte vielleicht Aufschluß darüber geben, wie die Gerüchte entstanden sind: »Tom«, der geheimnisvolle Anrufer bei WKNR-FM. Doch der ist bis heute unauffindbar.

Bruce und Brandon Lee

Sie sind das einzige Vater-Sohn-Gespann, das in diesem Buch auftaucht. Doch nicht nur wegen ihrer Verwandtschaft verdienen es Bruce und Brandon Lee, in einem gemeinsamen Kapitel behandelt zu werden. Ihre dramatisch frühen Tode, so verschieden sie auch auf den ersten Blick sein mögen, ähneln sich auf eine beängstigende Art und Weise – außerdem gab es eine makabre Koinzidenz, die viele Abergläubische von einem furchtbaren Fluch sprechen ließ, der auf der Familie lastete.

Bruce Lee wurde am 27. November 1940 in San Francisco als Sohn eines chinesischen Opernsängers geboren. Kurz nach seiner Geburt kehrte seine Familie nach Hongkong zurück, wo Lee aufwuchs und sich schnell zum Kinderstar mauserte; bereits als vierjähriger Knirps spielte er in Kinofilmen mit.

Mit achtzehn Jahren kehrte Bruce in die USA zurück, um in dem Land seiner Träume den Durchbruch zu schaffen. Er schrieb sich in Seattle an der Universität in Philosophie ein und erteilte nebenbei in seinem eigenen Studio Kung-Fu-Unterricht.

Das Studio florierte; später unterrichtete er in Hollywood Größen wie Steve McQueen, Lee Marvin und James Coburn; sie brachten ihn dafür im Filmgeschäft unter. In der TV-Serie *Green Hornet* mimte er den Chauffeur Kato. Leider floppte die Serie in Amerika gnadenlos, in Asien wurden die dreißig Folgen jedoch ein Hit. Also kehrte Bruce Lee

nach Hongkong zurück und drehte seine »Eastern«-Filme – die furiose asiatische Antwort auf das Western-Schema des einsamen Helden gegen das Böse.
Insgesamt fünf solcher Eastern-Filme drehte er in seinem kurzen Leben, und einer war spektakulärer als der andere: *Die Todesfaust des Cheng Li, Todesgrüße aus Shanghai, Way of the Dragon, Der Mann mit der Todeskralle und Game of Death.* »Wenn er schlägt, folgt der Wille der Kraft seines Hiebes. Der Anblick dieser Konzentration ist vernichtend«, formulierte ein Kritiker.
Lee war der erste asiatische Weltstar. Nach seinem jähen Tod mit nur 32 Jahren zogen im Juli 1973 in Hongkong 50 000 Menschen an ihrem aufgebahrten Idol vorbei. Als er in Seattle beerdigt wurde, trugen Steve McQueen und James Coburn den Sarg. »Bruce wäre einer der Größten geworden – ein kämpferischer Mann mit der Seele eines Kindes. Unbesiegbar und verletzlich zugleich. Ich werde ihn nie vergessen«, sagte McQueen.
Bereits im Mai 1973 war der unerreichte Kampfsportler bei den Synchronarbeiten zu *Der Mann mit der Todeskralle* erschöpft zusammengebrochen; Bruce hatte zehn Kilo abgenommen und wog bei einer Größe von 1,69 Meter nur noch 54 Kilo. Die extensive Filmarbeit und das unglaublich harte Kampfsporttraining – das war selbst für einen Bruce Lee irgendwann zuviel.
Die Ärzte rieten ihm dringend zu einer Pause, doch Bruce Lee, der Wirbelwind, war nicht zu bremsen. Er wollte den Film *Mein letzter Kampf* (sic!) unbedingt pünktlich fertigstellen.
Am 20. Juli 1973, dem Abend seines Todes, nahm Bruce Lee bei einer Besprechung über den nächsten Drehtag eine Kopfschmerztablette und fiel nach einer Stunde in eine Bewußt-

losigkeit, aus der er nicht mehr erwachte; im Gehirn war eine Ader geplatzt. Bruce Lee hinterließ seine Frau Linda, den achtjährigen Sohn Brandon und die dreijährige Tochter Shannon.
Seine Anhänger waren fassungslos. Wie konnte ein Mensch, der seinen Körper beherrschte wie kein zweiter, in so jungen Jahren sterben? Schnell kam das Gerücht auf, mißgünstige Produzenten hätten ihn vergiftet, weil seine Filme Millionen von Dollars einspielten und der Konkurrenz empfindliche Verluste zufügten. Dem zufolge aber müßte die Lebenserwartung vieler Hollywood-Stars äußerst gering sein.
Auch von rivalisierenden Banden der chinesischen Mafia, die in Kalifornien längst Fuß gefaßt hatte, war immer wieder die Rede – doch einen Beleg für diese Theorie konnte niemand erbringen.

Schnitt. Fast genau zwanzig Jahre später steht Brandon Lee vor der Kamera. In Wilmington, North Carolina, dreht Brandon seinen vierten Film, *The Crow*. Der Achtundzwanzigjährige, ein besserer Schauspieler als sein Vater, aber kein so überragender Kampfsportler, mimt einen Charakter aus einem düsteren und erfolgreichen US-Comic: einen Musiker namens Eric Draven, der aus dem Grab zurückkehrt, um den Mord an sich zu rächen.
Weil Draven ja bereits tot war, konnte er eine Menge Kugeln vertragen. »In einer Szene wurde ich 60- oder 70mal erschossen«, erzählte Brandon Lee am 25. März 1993 grinsend einem Interviewer. Am Abend des 30. März sollte eine der letzten Szenen abgedreht werden. Einen einzigen Schuß aus einer Platzpatrone mußte Brandon alias Draven noch einstecken, dann war die Kunstblutorgie vorbei.
Bekannte von Brandon sagten, er habe für sein junges Alter

und seine erstaunliche Karriere viel zu oft vom Tod gesprochen. Ein Freund sagte, Brandon habe einmal geäußert, er werde, wie sein Vater, jung und plötzlich sterben, und wohl auch bei Dreharbeiten.
Brandons Jugend war nicht leicht. Weil er der Sohn von Bruce Lee war, wollten sich viele Klassenkameraden mit ihm prügeln, doch er konnte sich nicht so virtuos verteidigen wie sein Vater in den Filmen. Wenn er Poster von seinem Vater sah, lief er weinend aus dem Haus.
Als Heranwachsender wurde er ein schwieriger Rebell, der in einer Mutprobe einmal mit dem Auto durch den Gegenverkehr raste. Nur ein paar Wochen vor dem Abschluß flog er von der High-School, holte aber ein Diplom an einer benachbarten Schule nach.
Und bald wußte er, wohin er wollte. Er löste und versöhnte sich mit der übermächtigen Vaterfigur, lehnte es jedoch souverän ab, in einem biographischen Film über Bruce Lee eine Nebenrolle zu übernehmen, um dem Streifen eine wohlwollende Presse zu sichern.
Das Angebot zur Hauptrolle in *The Crow* betrachteten er und auch die Branche dagegen als endgültigen Durchbruch. Auch privat lief alles bestens: Am 17. April 1993 wollte er seine Freundin Lisa Hutton heiraten.
Der Druck auf die Crew war groß, den 14-Millionen-Dollar-Film rechtzeitig fertigzubekommen und das Budget nicht zu überschreiten. Gesetzlich vorgeschriebene Pausen wurden fast nie eingehalten, selbst Crews, die gewerkschaftlich organisiert waren, leisteten an 99 von 100 Tagen unbezahlte Mehrarbeit ohne Pause. Die Crew von *The Crow* war zum größten Teil nicht gewerkschaftlich organisiert.
An jenem 30. März schien das Filmteam, wie Zeugen berichteten, besonders gestreßt zu sein, denn der Film neigte sich

dem Ende zu. Es war kurz nach Mitternacht am 31. März, als Brandon vor die Kamera trat.
Die Szene war eine Rückblende, um zu erklären, wie Draven getötet wurde. Ein Drogendealer, gespielt von Michael Massee, sollte eine 44er Magnum auf Brandon abfeuern, sobald dieser seine Wohnung betrat. Der Tod stand im Drehbuch.
Die Waffe war eine echte Waffe; gefüllt wurde sie entweder mit Dummys oder Blanks. Dummys heißen die Patronen, die echt aussehen, aber kein Pulver enthalten, also etwa für Nahaufnahmen verwendet werden. Blanks sind die Patronen, die zwar Pulver enthalten, also schön kamerawirksam knallen, aber nur mit Watte statt mit Blei präpariert sind.
Massee drückte ab, und Brandon kippte um; ein Loch in der Größe eines Fünfmarkstücks entstand in seinem Bauchbereich. Er fiel zu Boden, Filmblut vermischte sich mit echtem Blut. Die Filmcrew rannte schockiert zu ihrem Hauptdarsteller, ein anwesender Sanitäter rief den Notarztwagen.
Dreißig Minuten nach dem Unfall wurde Brandon Lee ins New Hanover Regional Medical Center eingeliefert. Die einzige Gewißheit, die man bis zu diesem Zeitpunkt hatte, war, daß irgend etwas Brandon Lees Körper mit verheerender Wucht durchdrungen hatte.
Der leitende Arzt versuchte in einer mehrstündigen Operation, die massiven Blutungen zu stoppen – vergeblich. »Es wollte nicht verklumpen, es sprudelte von überall hervor. Mister Lee hatte keine Chance«, erklärte der Mediziner später der Presse. Brandon Lee wurde um 13.04 Uhr für tot erklärt.
Bei der Autopsie, die am nächsten Tag durchgeführt wurde, entdeckten die Mediziner an der Wirbelsäule ein .44-Kaliber-Geschoß, das die tödliche Verletzung hervorgerufen hatte. Die Patrone in der Waffe war echt gewesen.

Die Dreharbeiten hatten von Anfang an unter keinem guten Stern gestanden; schon zuvor hatte es einige Unfälle am Set gegeben. Am 1. Februar wurde ein Set-Konstrukteur lebensgefährlich verletzt, als er mit seinem Kran Hochspannungsleitungen berührte. Dann zerstörte ein enttäuschter Maskenbildner in einer Auto-Amokfahrt viele der Kostüme und tricktechnischen Bauten des Films. Ein anderer Arbeiter rutschte mit der Bohrmaschine aus und trieb sie sich durch die Hand.
Brandon Lee war bereits der elfte Schauspieler, der seit 1982 an einem amerikanischen Film-Set ums Leben kam. In *Twilight Zone: The Movie* etwa starben der Schauspieler Vic Morrow und zwei Kinder, als ein Helikopter auf sie stürzte. In der CBS-Serie *Cover Up* starb der Schauspieler Jon-Erik Hexum, als er sich eine Pistole mit Blank-Patronen an den Kopf hielt und abdrückte und dabei die Wucht des Schießpulvers aus dieser unmittelbaren Nähe unterschätzte. Bei der Szene brach der Schädelknochen, Hexum starb.
Bis heute ist der Unfall Brandon Lees, der vielleicht auch ein Mord oder zumindest eine fahrlässige Tötung war, ungeklärt. Entweder war es eine echte Patrone, die abgefeuert wurde, oder eine der echten Bleispitzen der Dummys war in der Waffe abgefallen und steckengeblieben und wurde von einer sich danach im Magazin befindlichen Blank-Patrone – die mit dem echten Treibsatz – gezündet, woraufhin dann eine Kugel tödlicher Wucht aus dem Lauf trat.
Aufgrund der rigiden Sparmaßnahmen hatte das Studio, das *The Crow* drehte, ihrem freien Berater für Waffenszenen, James Moyer, für die letzten Tage der Dreharbeiten gekündigt; mit einem einzigen Schuß und einer präparierten Kugel, so dachten die Verantwortlichen, würden sie auch selbst fertig werden. Die festangestellte Crew wurde nicht

damit fertig, und viele suchten die Schuld am Tod Brandon Lees bei den Produzenten, die aufgrund ihres Sparwahns die Sicherheitsmaßnahmen auf lebensgefährliche Weise vernachlässigt hatten.
Um aber die mysteriöse Dimension zu begreifen, ist eine weitere Rückblende nötig. Der tödliche Zwischenfall ähnelte nämlich fatal einem schmierigen Streifen namens *Game of Death*. In diesem Kung-Fu-Film wird ein Schauspieler von einer Gangsterbande am Set umgebracht, indem die Killer die falschen Kugeln einer Filmwaffe gegen echte Kugeln austauschen. Der Hauptdarsteller dieses Films heißt – Bruce Lee.
Der Film *Game of Death* wurde 1979, sechs Jahre nach dem Tod des Kung-Fu-Gurus, aus unveröffentlichtem Filmmaterial zusammengestöpselt – so konnte man auch aus schlechten Zelluloidresten noch Kapital schlagen.
Diese unheimliche Parallele ließ viele Fans an einen alten Fluch denken. Kurz vor seinem Tod kaufte Bruce Lee ein Haus in einem Hongkonger Vorort namens Kowloon tong (See der Neun Drachen). Der chinesische Name von Bruce Lee lautete Lee Shaolung, was sich mit »Kleiner Drache« übersetzen läßt.
In der chinesischen Mythologie nun verträgt sich diese Koinzidenz nicht. Die ortsansässigen Dämonen am See der Neun Drachen hätten, so die okkulten Experten, die Familie dafür mit einem Fluch belegt, der, so heißt es, drei Generationen andauere.
PS: Der Film *The Crow* kam trotzdem in die Kinos, denn er war ja so gut wie abgedreht gewesen. Einige noch offene Szenen wurden mit Computeranimationen aufgepeppt. Der Streifen wurde ein Kassenerfolg – und wäre somit wohl tatsächlich Brandon Lees Durchbruch gewesen.

Elvis Presley

Weltweit sind die Meinungen ziemlich geteilt, was Elvis Presley angeht – und dabei geht es nicht um seine musikalischen Qualitäten. Die meisten Menschen glauben, daß der »King« und 500fache Plattenmillionär am 16. August 1977 in seinem Anwesen in Memphis an Herzstillstand starb, ausgelöst durch einen verhängnisvollen Tabletten- und Medikamentencocktail in seinem Körper.

Dann gibt es eine kleinere Gruppe Menschen, die wissen wollen, beim Tod des Sängers sei nicht alles mit rechten Dingen zugegangen, und sie haben sogar einiges an Indizien für ihre These zusammengetragen; manche davon klingen recht plausibel.

Und dann gibt es, insbesondere im ländlichen Amerika des Südens und des Mittleren Westens, eine Menge Menschen meist einfachen Gemüts, die schlicht glauben, Elvis Presley sei noch am Leben und erfreue sich bester Gesundheit. Sieben Prozent aller Amerikaner sollen dieser Theorie nachhängen, neun Prozent haben immerhin Zweifel, daß ihr Idol schnöde aus dem Leben geschieden sei.

Also: Wie genau starb der King, und starb er überhaupt? Beginnen wir mit der offiziellen Variante. An jenem 16. August 1977 um kurz nach halb drei Uhr nachmittags fand ihn seine Verlobte Ginger Alden reglos im Bad liegen. Zwar war diese Reglosigkeit in den späteren Jahren ein typischer Zustand des tablettenabhängigen Elvis – doch diesmal schien es ernster. Ginger alarmierte die Angestellten, und der Elvis-

Vertraute Joe Esposito versuchte den Hausarzt, Dr. George Nichopolous, zu erreichen. Da der aber unterwegs war, wählte Esposito den Notruf; um Publicity zu vermeiden, sagte er, daß jemand im Haus Elvis Presley, Boulevard Nummer 3764, Atembeschwerden habe und der Notarztwagen sofort durchs Tor die Anfahrt hinauf bis zur Haustür fahren solle.

Die Rettungssanitäter Ulysses Jones und Charlie Crosby hatten schon öfter Anrufe aus Graceland erhalten, wenn Fans vor dem Anwesen ohnmächtig geworden waren oder sich beim Gedränge vor dem Musiktor Verletzungen zugezogen hatten. Als sie eintrafen und den Mann auf dem Boden des Badezimmers sahen, erkannte keiner von ihnen, daß es sich um Elvis handelte.

In der Boulevardzeitung *National Enquirer* berichtete Ulysses Jones: »An die zwölf Menschen drängten sich um einen Mann im Schlafanzug – gelbes Oberteil, blaue Hose. Um den Hals, der fett und aufgedunsen aussah, trug er ein sehr großes Goldmedaillon. Er hatte graue Koteletten. Eine Frau mittleren Alters versuchte eine Mund-zu-Mund-Beatmung, und ein junger Mann drückte auf seinen Brustkasten. Ich kniete neben dem Mann nieder, prüfte seinen Puls und leuchtete mit einem stecknadelkopfgroßen Lichtstrahl in seine Augen, um zu sehen, ob sie reagierten. Nichts. Kein Puls, kein Flackern in den Augen. Elvis war kalt – völlig kalt. Die Leute rundherum weinten und riefen: ›Können Sie noch irgend etwas tun?‹ Ich mußte ihnen die Antwort schuldig bleiben. Ein junger Mann platzte heraus: ›Ich glaube, er hat eine Überdosis genommen.‹ Das war das zweite Mal, daß von einer Überdosis gesprochen wurde, das erste Mal war es an der Haustür gewesen, wo ein Posten gesagt hatte: ›Er liegt oben, und ich glaube, es war eine Überdosis.‹ Ich führte einen Luftschlauch in seinen Hals ein und gab dem Nächststehenden einen Druckbeutel in die Hand, damit er ihm Luft in die Lungen pumpte. Vernon Presley (Elvis' Vater, *Anm. d. A.*) rief: ›Geh nicht fort, mein Sohn! Du wirst wieder gesund!‹ Dann wandte er sich an mich und sprudelte hervor: ›Ist er tot?‹ Ich konnte es ihm nicht sagen.«

Die Aussagen des Rettungssanitäters sollten wegen der erwähnten Überdosis für all diejenigen von entscheidender Bedeutung sein, die von einem möglichen Selbstmord des Kings sprechen.

»Wir mußten ihn zu fünft anheben. Er muß über 110 Kilo gewogen haben«, erzählte der andere Rettungssanitäter, ebenfalls dem *National Enquirer* – es waren 113,5 Kilo. »Die Schlafanzugjacke war nicht zugeknöpft, so daß ich die dikken Speckrollen am Bauch sehen konnte. Es sah so aus, als sei er schon mindestens eine Stunde tot.«

Fünf Minuten vor 15 Uhr trifft der Rettungswagen mit Elvis im Baptistischen Gedächtniskrankenhaus ein. Ein 18köpfiges Team kämpft um sein Leben. Um 15.30 Uhr wird Elvis Presley für tot erklärt.

Eine Obduktion wird vorgenommen, von der es später heißen sollte, sie sei gründlicher als bei John F. Kennedy gewesen. Die Biowissenschaftlichen Laboratorien in Van Nuys, Kalifornien, berichteten, daß sie in Elvis' Körper folgende 14 Drogen festgestellt hätten:

- Kodein: in einer zehnfach höheren Konzentration als therapeutisch vertretbar
- Morphium: möglicherweise als Stoffwechselprodukt des Kodeins
- Metaqualon: in einer Menge, die Vergiftung hervorruft
- Diazepam: Valium

- Diazepam-Stoffwechselprodukt: nahe der Menge, die Vergiftung hervorruft
- Ethinamat: Valmid
- Ethylorvynol: Placidyl, nahe der Menge, die Vergiftung hervorruft
- Amobarbital: Amytal
- Pentobarbital: Nembutal
- Pentobarbital: Carbrital
- Meperidin: Demerol
- Amitriptylin: Elavil (Mittel gegen Depressionen)
- Nortriptylin: Aventyl (Mittel gegen Depressionen)
- Phenyltoloxamin: Sinutab (Mittel gegen Verstopfung)

Diese Ergebnisse, von mehreren anderen Laboratorien bestätigt, legen mit an Sicherheit grenzender Wahrscheinlichkeit den Schluß nahe, daß Elvis Presley an Polypragmasie, also der Einnahme von vielerlei Medikamenten, gestorben war. Elvis war hochgradig tablettenabhängig. In seinen letzten 31 Lebensmonaten hat ihm Dr. Nichopolous 19 000 Tabletten verschrieben; allein um einschlafen zu können, brauchte er pro Jahr 5 110 Tabletten – pro Tag rund 14 Stück.
Im einzelnen waren es folgende Dosen:

1975:
1296 Amphetamine
1891 Beruhigungstabletten
910 Betäubungsmittel

1976:
2372 Amphetamine
2680 Beruhigungstabletten
1059 Betäubungsmittel

1977:
1790 Amphetamine
4996 Beruhigungstabletten
2019 Betäubungsmittel

Elvis' Drogensucht soll in Deutschland angefangen haben: Ein Sergeant der US-Army soll ihm und seinen Kameraden Tabletten gegeben haben, damit sie bei der Nachtwache nicht einschliefen. Dieses Histörchen ist nicht nachzuweisen und wird von Elvis-Fans doch immer wieder verbreitet, um zu erklären, daß ihr Idol nur durch bösen äußeren Einfluß zum Abhängigen wurde; aber der kritische Augenblick in der Drogengeschichte eines Menschen ist nicht der Tag, an dem er anfängt, Drogen zu nehmen, sondern der Tag, an dem die Drogen *ihn* nehmen. Nach Aussagen der meisten Fotografen passierte ebendieses im Jahr 1972, im Trennungsschmerz nach seinem Bruch mit Priscilla.
Im Januar 1980 wurde Elvis' Hausarzt Dr. Nichopolous vor eine Prüfungskommission geladen. Der Vorwurf: Er solle zwanzig Patienten, darunter Jerry Lee Lewis, zu viele Drogen verschrieben haben. Die Kommission stellte fest, daß der Arzt in zehn Fällen gegen die Verordnungsregeln verstoßen habe. Sie entzog ihm für drei Monate die Genehmigung zur Berufsausübung und legte eine dreijährige Bewährungsfrist fest.
Im Oktober 1980 kam es zum Prozeß. Sein Verteidiger James F. Neal hatte eine große juristische Vergangenheit: Er war der Ankläger im Watergate-Prozeß. Nach fünfwöchiger Prozeßdauer wurde Nichopolous freigesprochen, weil seine Verteidigung glaubhaft vermitteln konnte, daß er bei der Behandlung seiner schwierigen, mitunter sogar hoffnungslosen Fälle absichtlich seine Reputation aufs Spiel gesetzt hat-

te – er wollte seine Patienten vor Gefahren bewahren, die ihnen durch weniger gewissenhafte Ärzte drohten. Auch behauptete Nichopolous, nicht gewußt zu haben, daß alle 19 000 Tabletten für Elvis allein bestimmt waren; Dr. Nick (so sein Spitzname) dachte, auch seine Entourage würde sich daraus bedienen.

Dr. Nichopolous erhielt nicht nur schriftliche Morddrohungen, sondern entkam auch nur knapp dem Mordanschlag eines fanatischen Elvis-Anhängers.

Die massive, in ihren Mengen kaum faßbare Tablettenabhängigkeit Presleys ließ einige Autoren, etwa den Biographen Albert Goldman, schlußfolgern, Elvis habe Selbstmord begangen. Die Indizien für einen Suizid: Schon 1967 unternahm Elvis einen Selbstmordversuch und wurde nur durch rasche ärztliche Hilfe gerettet. Daher ist nicht auszuschließen, daß einige seiner »zufälligen« Überdosen in Wahrheit Selbstmordversuche waren; auch war Elvis zum Zeitpunkt seines Todes mit vielerlei Problemen belastet. Dazu gehörten finanzielle Schwierigkeiten, das Nachlassen seiner Kreativität und seine Impotenz. Darüber hinaus litt Elvis an chronischen Depressionen; er sprach häufig vom Sterben und nahm kurz vor seinem Tod von seinen engsten Mitarbeitern Abschied.

Das (wacklige) Motiv für den Selbstmord, das die Autoren – insbesondere Goldman – präsentieren: das drohende Enthüllungsbuch seiner ehemaligen Getreuen, der Leibwächter Bobby »Red« West und Delbert »Sonny« West, zweier brutaler, skrupelloser Cousins. Tatsächlich verkaufte sich das Buch, das wenige Wochen nach Elvis' Tod erschien und ihn als üblen Drogenabhängigen, Sexfreak, Waffennarren und Nekrophilen darstellte, grandiose 3,4 Millionen Male. Elvis hatte die beiden gefeuert, weil sie ihm Klagen wegen

Körperverletzung eingebrockt hatten. Elvis bot den Leibwächtern 100 000 Dollar, damit das Buch nicht erschien. Die Leibwächter lehnten ab – zudem hätten sie sich der Erpressung schuldig gemacht, wenn sie das Angebot angenommen hätten.

Abgesehen davon plante der Fernsehsender CBS ein ebenso entlarvendes Special über sein Leben und seine Laster; Elvis Presley mußte um seine Zukunft und seine Lebensgrundlage fürchten, war er doch längst zum Idol gottesfürchtiger Mittelstands-Hausfrauen aus dem »Bible Belt« geworden. Außerdem war er entsetzt bei dem Gedanken, wie seine kleine Tochter Lisa Marie reagieren würde, wenn sie all die schlimmen Dinge über ihren Daddy erführe: seine kindische Hilflosigkeit, seine Drogenexzesse und gar seinen Versuch, den Liebhaber ihrer Mutter Priscilla ermorden zu lassen.

Auch den Zeitpunkt des Selbstmordes halten die Autoren für stringent: Er starb nur wenige Stunden vor dem festgesetzten Abflug zu einer Tournee, auf der er seinem Publikum zum erstenmal nach Erscheinen des Buches Auge in Auge gegenübertreten mußte. Vorher hatte er wiederholt gesagt, daß er diese Tournee nicht antreten wolle. Eine weitere Theorie besagt, daß Elvis möglicherweise unter Darmkrebs im fortgeschrittenen Stadium gelitten und deswegen Selbstmord verübt habe.

Eines jedoch lassen alle Autoren der Suizid-Fraktion unberücksichtigt: Die Grenze zwischen Selbstmord und Selbstzerstörung ist eine fließende.

Mordtheorien beinhalten, daß Elvis sterben mußte, weil er einen gigantischen Börsenskandal aufdecken wollte. Elvis und sein Vater Vernon hatten Geschäfte mit zwielichtigen Kaufleuten gemacht, die in einen milliardenschweren internationalen Wertpapierbetrug verwickelt waren. Das FBI war dem Betrug auf die Schliche gekommen und wollte, daß Elvis als wichtiger Zeuge aussagte – ein bezahlter Killer habe das jedoch verhindert. Der soll Elvis mit einem Handkantenschlag ins Genick getötet haben; deswegen ist die Todesursache bei der Autopsie, die sich ganz auf die inneren Organe und die Blutwerte konzentriert hatte, nicht aufgefallen.

Auch die Leibwächter gerieten ins Zwielicht. In einem Interview mit der US-Zeitschrift *Globe* äußerte die Stiefmutter des Stars den Verdacht, die Leibwächter, die ihren Arbeitgeber haßten, wollten sich für seine oft üblen Wutausbrüche rächen. Außerdem hofften sie, im Testament bedacht zu werden.

Doch vielleicht sind all diese Spekulationen überflüssig, und Elvis ist gar nicht tot? Liegt statt seiner ein Krebstoter im Sarg, dem mittels postmortaler Chirurgie ein Presley-Gesicht aufoperiert wurde? Ist der Sarg gar leer? Immerhin 40 000 Leute versichern, den Meister gesehen, getroffen und gar gesprochen zu haben, etwa die Hausfrau aus Georgia, die ihn 1991 in einem Einkaufszentrum anging. »Sie sind es, oder?« Der Mann daraufhin: »Woher wissen Sie, daß ich kein Elvis-Imitator bin?« Die Hausfrau, atemlos: »Ich erkenne Elvis Presley, wenn ich ihn sehe.« Mike Joseph aus Chicago war am Neujahrstag 1995 mit Frau und Kindern nach Graceland gepilgert und fotografierte seine Familie vor der Villa. Als er den Film entwickelte, war auf den Fotos hinter der gläsernen Eingangstür ein Schatten zu sehen, der eine »bemerkenswerte Ähnlichkeit mit Elvis« hatte. Die Autorin Gail Brewer-Giorgio ist überzeugt, daß Elvis sich hinter einer Maske versteckt, um unerkannt auftreten zu können. Der Sänger Jimmy Ellis tritt unter dem Künstlernamen »Orion« grundsätzlich mit Maske auf. Brewer-Giorgio

glaubt, daß es zwei Orions gibt: einmal Ellis als Strohmann und einmal Elvis selbst.
Sogar in Deutschland soll Elvis schon aufgetaucht sein und eine Kuhherde mit einem Spontankonzert so erschreckt haben, daß die Kühe keine Milch mehr gaben.
Zweihundert Lieder hat der King angeblich inzwischen geschrieben – demnächst sollen sie auch auf Platte erscheinen.
Vielleicht zeigt sich Elvis zur Jahrtausendwende wieder, vielleicht will er aber auch einfach nur seine Ruhe haben.
Wer eine Sichtung gemacht hat, kann sich über die Internet-Seite »Elvis Spotter's Page« an die Menschheit wenden: ace.cs.ohiou.edu/personal/smccormi/elvis.html.
Zuletzt wurde der Meister in einem mexikanischen Restaurant gesehen. Sein Tischgast: Nelson Mandela.

Heinz-Herbert Karry

Bis heute gehört dieser Mord zu den rätselhaftesten Kriminalfällen, die die deutsche Nachkriegsgeschichte aufzuweisen hat. Wer hatte ein ernsthaftes Interesse daran, einen allenfalls regional prominenten Politiker kaltblütig zu erschießen? Welches Zeichen sollte, wenn überhaupt, damit gesetzt werden?

Am frühen Morgen des 11. Mai 1981 wurde der hessische Wirtschaftsminister Heinz-Herbert Karry, 61, durch ein offenes Schlafzimmerfenster in seinem Haus in Frankfurt-Seckbach erschossen. Mit der Tatwaffe, einer 22er High Standart-Pistole Modell 103, Waffennummer 1109 32, gaben der oder die Täter sechs Schüsse auf den schlafenden Politiker ab, von denen vier ihn trafen und einer die Beckenschlagader durchschlug. Karry verblutete auf dem Weg zur Schlafzimmertür.

Knapp drei Wochen nach dem Anschlag hatte sich die terroristische Vereinigung »Revolutionäre Zellen« zu der Tat bekannt – bis heute gibt es jedoch Zweifel an der Echtheit dieses Bekennerschreibens.

Die Tatwaffe war eine äußerst seltene Pistole amerikanischer Sportschützen, die, wie die Sonderkommission »AG Karry« schnell herausfand, mit 16 anderen Waffen im Jahr 1970 aus einer US-Kaserne in Butzbach gestohlen worden war. Das Merkwürdige: Einige der damals gestohlenen Schußwaffen tauchten im terroristischen Milieu auf, einige hingegen bei »gewöhnlichen Kriminellen«, so die Kriminal-

polizei. Solcherlei Überschneidungen waren durchaus ungewöhnlich.
Die Kripo forderte – gegen die Zusicherung von Straffreiheit und eine Belohnung von 50 000 Mark – die Frankfurter Bahnhofsszene auf, mitzuteilen, an wen die beim Anschlag verwendete Pistole verkauft wurde. Der Aufruf blieb erfolglos.
Nach einer Veröffentlichung der Waffendaten in der ZDF-Sendung »Aktenzeichen XY« meldete sich ein Zeuge, der die Mordwaffe bei einem Hanauer Antiquitätenhändler bereits 1971 gekauft, sie aber wieder zurückgebracht haben wollte; der Händler konnte (oder wollte) sich aber nicht daran erinnern.
Bereits am 30. Mai hatte ein anonymer Anrufer dem Frankfurter Polizeipräsidium mitgeteilt, eine der gestohlenen Waffen aus Butzbach gehöre ihm. Doch trotz der Garantie auf absolute Vertraulichkeit und einer inzwischen auf 100 000 Mark erhöhten Belohnung meldete sich der Zeuge nie mehr.
Zunächst setzte die Polizei einige kriminaltechnische Hoffnungen in das Bekennerschreiben, das am 29. Mai 1981 der Redaktion des Frankfurter Stadtmagazins *Pflasterstrand* zugeschickt wurde. Die »RZ«, gekennzeichnet mit einem fünfzackigen Stern, sagten darin, der Tod Karrys sei nicht geplant gewesen. Absicht sei es vielmehr gewesen, den »Türaufmacher des Kapitals durch mehrere Schüsse in die Beine … daran zu hindern, seine widerlichen und zerstörerischen Projekte weiterzuverfolgen.«
Das Schreiben bezichtigte Karry unter anderem, für »massive und kaum regenerierbare Umweltzerstörungen« verantwortlich zu sein, etwa die Startbahn West, Biblis, die Wiederaufbereitungsanlage Nordhessen und das Atomzentrum

Hanau. Außerdem sei Karry als »Bundesschatzmeister der FDP Schlüsselfigur für Waffenlieferungen in Spannungsgebiete und politischer Koordinator der Wirtschaftsbeziehungen des bundesdeutschen Kapitals mit Osteuropa und China« gewesen.

Dann aber folgte die mysteriöse und recht unübliche Ergänzung: »Auf der anderen Seite unterstützte und deckte er Preisabsprachen von Baufirmen.«

Die Innenministerkonferenz meldete am 17. Juni 1981 erhebliche Zweifel an der Echtheit des Bekennerschreibens an. Für diese Zweifel gibt es einige Gründe. Erstens war es ungewöhnlich, daß der Brief mit einer Verzögerung von drei Wochen aufgetaucht war. Zweitens war der Adressatenkreis bisher nirgends in Erscheinung getreten. Drittens enthält das Papier keinerlei Informationen, die nicht aus der Presse hätten entnommen werden können. Und viertens weicht die Munitionsbeschreibung des Schreibens von der polizeilichen erheblich ab. Seltsam ist, daß die Verfasser des Bekennerschreibens von der »Verwendung eines Kalibers« sprechen, das »normalerweise keine tödlichen Verletzungen hervorruft«, die Polizei hingegen von Munition spricht, die »in Richtung Großwildjagd und Kriegseinsatz ging« *(taz).*

Für einen Eklat sorgte dann die Sendung »Aktenzeichen XY«, in der Eduard Zimmermann behauptete, die Täter seien in den Kreisen von »Umweltschützern und Grünen« zu suchen – Anfang der achtziger Jahre galten die Grünen vielen Bürgern eben immer noch als »halbterroristische Vereinigung« von »linken Aufrührern«; undenkbar damals, daß sie knapp zwei Jahrzehnte später den Bundesaußenminister stellen würden.

Tatsächlich gerieten Gruppen, die sich beispielsweise gegen die Startbahn West stellten, in Verdacht. Die Ermittlungen

in diese Richtung wurden jedoch bald eingestellt – und im Verlauf der Jahre immer wieder aufgenommen.
Kleinere Spuren führten ebenfalls nicht weiter. Vergeblich wurde nach einer »jungen Frau« gesucht, die in einem »roten Kleinwagen« gesessen haben soll; vergeblich wurde nach der abgesägten Leiter gesucht, die der oder die Täter für das Attentat benutzt hatten.
Trotz aller Ungereimtheiten geht man in Deutschland bis heute davon aus, unbekannte Mitglieder der Revolutionären Zellen hätten Karry erschossen. Dabei sind die offenen Fragen evident.
So bemängelt die *taz* die laxen Nachforschungen von Polizei und Staatsanwaltschaft: »Waren Karrys Aktivitäten auf dem hessischen ›Baumarkt‹ noch zu seinen Lebzeiten Gegenstand auch staatsanwaltlicher Nachforschungen (ganz zu schweigen von der oft ›unterstellten‹ Verknüpfung von ministerieller Tätigkeit mit ›geschäftlichem Privatleben‹), so scheint die ›Pietät‹ nach dem Ableben des Ministers einen Mantel des Schweigens über den ›Bauherren‹ Karry geworfen zu haben.«
Und, so die *taz* sarkastisch: »Die Bauskandale, die erst nach Karrys Tod ans Licht der Öffentlichkeit kamen, hätten dem Minister sicher den Schlaf geraubt, hätte man ihn nicht zur ewigen Ruhe gebettet.«
Zwischen 1981 und 1985 hatte die Staatsanwaltschaft Wiesbaden ein Ermittlungsverfahren gegen drei hessische Ministerialbeamte eingeleitet, die für die Ministerien des Inneren und der Wirtschaft tätig waren. Es bestand Verdacht auf Bestechung, Bestechlichkeit und Untreue im Zusammenhang mit Spenden für die FDP, deren damaliger Schatzmeister Heinz-Herbert Karry war.
Die ehemalige Bonner FDP-Angestellte Johanna-Gertrud

Rech hatte 1980 eidesstattlich versichert, sie habe für die Vermittlung günstiger Darlehen des Landes Hessen von einem Frankfurter Bauunternehmer 368 000 Mark erhalten. Von diesem Betrag habe sie eine Provision für sich einbehalten, der Rest sei in die Parteikasse der FDP geflossen.
Dieser Bauunternehmer wollte mit Landeskrediten von 10 Millionen Mark Wohnungen für Angehörige der US-Streitkräfte in der Bundesrepublik bauen. Die Angestellte behauptete, daß die Ministerialbeamten von ihr Bargeld und Schecks zur Weitergabe an den FDP-Schatzmeister Karry erhalten haben.
Die Staatsanwaltschaft stellte das Ermittlungsverfahren gegen die Freidemokraten mit der außergewöhnlich lauen Begründung ein, die Beamten hätten sich ja nicht persönlich bereichert. Bald stellte sich auch heraus, daß Karry eine der exponiertesten Figuren im Flick-Skandal gewesen war, wie viele Zeugen bestätigten. Der Ex-Bundeswirtschaftsminister Hans Friderichs erklärte 1984, die Abwicklung von Spenden für die FDP sei »alleinige Aufgabe« des ermordeten Schatzmeisters Karry gewesen.
Und sogar im internationalen Waffenhandel soll Karry mitgemischt haben. Kurz vor Karrys Tod, im Februar 1981, gab die bereits erwähnte FDP-Sekretärin Rech zu Protokoll, daß Karry an einem Waffen-Deal mit Saudi-Arabien »spendenmäßig« beteiligt gewesen sein soll. Der *Spiegel* schreibt: »Daß für die FDP beim Maschinengewehr-Export etwas zu verdienen war, hat Karry von Anfang an gewußt.«
Wie der Deal genau ablief, konnte nicht mehr geklärt werden; drei Monate später war Karry tot.
Denken wir einmal das Undenkbare: Hatte sich Heinz-Herbert Karry in einem Interessengeflecht aus Bau- und Waffenindustrie verheddert? Wohlgemerkt: Die meisten Indizien

sprechen für einen terroristischen Anschlag. Dennoch bleiben viele Fragezeichen.
Fünf Jahre nach dem Mord stellte die Bundesstaatsanwaltschaft die Ermittlungen ergebnislos ein. Die Auswertung der Spuren, so Generalbundesanwalt Karl Rebmann, hätten »nicht zur Feststellung des oder der Täter oder zu einer sicheren Eingrenzung des Täterkreises geführt«. Die Umstände des Falles, so Rebmann, deuteten aber auf eine Täterschaft der Revolutionären Zellen hin.
Über 1 300 Spuren und Unterspuren waren verfolgt worden, um den ersten Ministermord in der Geschichte der Bundesrepublik aufzuklären. Linke Gruppen hatten sich über die Einseitigkeit der Ermittlungen beschwert; sie glaubten, andere Spuren seien vernachlässigt worden. Tatsächlich waren immer wieder die Startbahn-West- und Autobahngegner sowie linke Wohngemeinschaften Ziel der Ermittlungen.
Ein Beamter der Sonderkommission beteuerte jedoch, auch im Privatleben Karrys sei intensiv ermittelt worden – die Beziehungen des Wirtschaftsministers zur Hochfinanz seien ebenso durchleuchtet worden wie die Kontakte zu Waffenhändlern. Auch in der rechtsextremen Szene oder in Kreisen der Roten Armee Fraktion sei sorgfältig ermittelt worden.
Daß das Verfahren ergebnislos eingestellt wurde, erscheint zunächst merkwürdig, denn die Umstände der Tat schienen die Ermittlungsarbeiten der Polizei zu begünstigen: Es gab Zeugen, die in der ruhigen Wohnstraße des Ministers einen Mann und eine Frau sowie mehrere Autos beobachtet hatten; am Tatort in der Hofhausstraße 51 stand nach wie vor die abgesägte Aluminiumleiter; die Tatwaffe wurde noch am selben Tag von spielenden Kindern in einem nahen Gebüsch gefunden; die Munition, Hochgeschwindigkeits-Blei-

geschosse mit Kupferüberzug und neuwertige Messinghülsen, wurde nur von einem einzigen Geschäftsmann in die Bundesrepublik importiert.
Doch dann verzettelten sich die Beamten – oder der Mord war einfach zu raffiniert geplant, trotz der vordergründig exzellenten Spuren. Hunderte von Aktenordnern wurden angelegt, 500 von 1000 Käufern von Aluminiumleitern machte die Polizei ausfindig. 16 000 Halter eines verdächtigen VW-Golf-Typs, ebenjenes ominösen roten Autos, wurden überprüft, auch das FBI half mit. Die Suche nach den Tätern blieb erfolglos.
Im Jahr 1992 präsentierte eine kleine südhessische Zeitung eine neue Version über mögliche Täter und Motive: Der *Maintal Tagesanzeiger* schrieb, Karry sei Opfer einer vierköpfigen Gruppe geworden, die mit ihrer »Spontanidee« den »politischen Kampf wiederbeleben« wollte. Als Rädelsführer galt der (später in Bad Kleinen erschossene) RAF-Terrorist Wolfgang Grams. Der Mord sei tatsächlich ein Betriebsunfall gewesen: Ursprünglich hätte der Politiker mit gezielten Beinschüssen nur einen Denkzettel erhalten sollen.
Im Jahr 1997 meldete sich ein ehemaliger Stasi-Offizier, der aussagte, das DDR-Ministerium für Staatssicherheit sei über den Karry-Mord bestens informiert gewesen. Die 1987 verstorbene grüne Europa-Abgeordnete Brigitte Heinrich, die unter dem Decknamen »Beate Schäfer« die radikale Linke in der Bundesrepublik ausforschte, teilte 1983 ihrem Führungsoffizier mit, es habe sich »wirklich nur um ein Versehen« gehandelt. »Man habe versucht, ihn ins Bein beziehungsweise in die Knie zu schießen«, protokollierte der Stasi-Offizier.
Der profane Grund für den tödlichen Schuß: Die Leiter, mit

der die Täter am Haus hochstiegen, habe gewackelt. Der Stasi-Offizier, selbst nicht gerade ein vertrauensvoller Zeuge, gab jedoch an, die gleiche Information auch aus einer anderen Quelle erhalten zu haben, und hielt deswegen die Aussage seines ehemaligen Spitzels für glaubwürdig.

Übrigens: Die Ermittlungen sind zwar eingestellt und alle Akten längst geschlossen – die Belohnung von 100 000 Mark ist aber weiterhin ausgesetzt. Sachdienliche Hinweise nimmt auch heute noch das Landeskriminalamt Wiesbaden oder jede andere Polizeidienststelle entgegen.

Roberto Calvi

»Am Morgen des 17. Juni 1982, kurz vor acht Uhr, sah der Postbeamte Anthony Huntley unter der Blackfriars Bridge in der City von London den Kopf eines Mannes mit Halbglatze hervorlugen. Neugierig beugte sich der Beamte über das Geländer und machte eine grauenhafte Entdeckung: An einem Gerüst unter der Brücke baumelte ein Toter, den Hals in einer Schlinge aus rotem Tau, den Körper bis zum Bauch im brackigen Wasser der Themse, die Taschen des grauen Anzugs mit Ziegelsteinen und Zementbrocken beschwert. Im Jackett fand die Polizei umgerechnet etwa 40 000 Mark in verschiedenen Währungen und einen italienischen Paß. Ausgestellt auf den Namen Gian Roberto Calvini.«

So schilderte 1982 der *Spiegel* den Tod eines Mannes, einen Tod, den sich Edgar Wallace nicht bizarrer hätte ausdenken können. Die Londoner Leichenbeschauer stellten mangels äußerer Gewaltanwendung den Freitod fest. War es wirklich ein Selbstmord? Die Frage ist auch noch nach 17 Jahren aktuell, doch wer sie beantworten will, muß die ganze Geschichte kennen.

Bald fand die Polizei heraus, daß das Ausweisdokument, das der Mann bei sich trug, eine billige Fälschung war. Seine wahre Identität wurde schnell geklärt: Der Erhängte war Roberto Calvi, Bankier in Mailand, Chef des angesehenen Kreditinstituts Banco Ambrosiano. Von ihren italienischen Kollegen mußten die britischen Kriminalbeamten erfahren, daß dies nicht der einzige Todesfall im Umfeld der Bank war. Einige Wochen zuvor wurde versucht, den Vizepräsidenten der Bank, Roberto Rosone, zu erschießen; dieser kam mit einer Verletzung am Oberschenkel davon, der Attentäter wurde von Sicherheitsbeamten der Bank getötet. Und fast zur gleichen Zeit, als Calvi starb, stürzte sich dessen Privatsekretärin Teresa Graziella Corrocher aus der Vorstandsetage im 4. Stock der Bank in den Tod. Auf ihrem Schreibtisch fand die Polizei einen Abschiedsbrief; in roter Tinte war dort geschrieben: »Verflucht sei er für all das Unglück, das er über uns alle von der Bank gebracht hat, die einst so ein stolzes Ansehen hatte.« Doch wen meinte sie?

Die Bank mit dem stolzen Ansehen war keine gewöhnliche Bank. Bei der Banco Ambrosiano handelte es sich um ein Institut, das seit seiner Gründung im Jahre 1896 aufs engste mit dem Vatikan verbunden war. Das Kapital des Ambrosiano hielten über Jahrzehnte ehrwürdige kirchliche Institutionen, die Bilanz verabschiedete der Vorstand mit dem feierlichen Satz: »Wir rufen den Schutz der göttlichen Vorsehung an.«

Leider versagte die göttliche Vorsehung bei der Auswahl des Personals, denn im Jahr 1947 begann Roberto Calvi in dem weihevollen Kreditinstitut seine Karriere. Ruhig und ernst, tief verwurzelt im katholischen Glauben, arbeitete sich Calvi von seinem ersten Posten als einfacher Angestellter der Auslandsabteilung konsequent in der Hierarchie nach ganz oben. Im Jahr 1971 wurde er Generaldirektor der Bank und machte sich sofort daran, das Geldinstitut weiter auszubauen – mit beachtlichem Erfolg: Verwaltete die Banco Ambrosiano 1970 500 Milliarden Lire, waren es 1981 schon 14 000 Milliarden Lire, also fast dreißigmal mehr; die Banco Ambrosiano war damit die größte private Bank Italiens.

Mit Cleverneß und Geschäftstüchtigkeit als Grund für den rasanten Aufstieg wollten sich viele Beobachter jedoch nicht abfinden, sie vermuteten hinter dem weltweit operierenden Finanzimperium Mittel am Werk, die alles andere als gottgefällig waren. Der Verdacht kam nicht aus heiterem Himmel. So arbeitete Calvi eng mit Michele Sindona zusammen, seinerseits Bankier und Finanzberater der Vatikanbank IOR. Doch Sindona machte noch andere, eher finstere Geschäfte: Seine Privatbanken, die Banca Privata Italiana in Mailand und die Finabank in Genf, dienten der Mafia als Geldwaschanlagen. Damit nicht genug, plünderte Sindona selbst die seinen Banken anvertrauten Konten, um sie auf eigene Rechnung in Finanzspekulationen einzusetzen.
Mit Sindona hatte Calvi 1969 einen Beistandspakt abgeschlossen. Der Deal war einfach: Sindona sollte durch seinen Einfluß im Vatikan Calvis Karriere fördern, dafür erklärte sich Calvi bereit, Sindonas Spekulationen diskret zu unterstützen. Zusammengebracht hatte die beiden Männer eine weitere zwielichtige Gestalt der italienischen Republik, Licio Gelli, der Großmeister der Geheimloge P2. Bei der P2 handelt es sich um eine von Politikern, Geheimdienstlern und Industriebossen gegründete Geheimgesellschaft, deren erklärtes Ziel es war, die Machtübernahme der Kommunisten in Italien zu verhindern – mit welchen Mitteln auch immer. Gelli war für Calvi und Sindona auch später noch wichtig, denn er nutzte seine guten Beziehungen zu den Parteien, um den beiden Bankleuten bei ihren Transaktionen politische Rückendeckung zu geben.
Wie die Geschäfte der unheiligen Allianz liefen, sei an einem Beispiel erklärt: Sindona hatte die Aktiengesellschaft Pacchetti gekauft, die Ledergerberei durch die Käufe von anderen Firmen zu einem vermeintlich zukunftsträchtigen

Konglomerat aufgebaut und den Börsenkurs in die Höhe manipuliert. Dann verkaufte er die Firma zum Doppelten des Börsenwerts an eine Holding mit Namen Zitropa; hinter dieser steckte kein anderer als Calvi, der mit dem Geld der Banco Ambrosiano den überzogenen Kaufpreis bezahlte. Für Sindona, wie er später sagte, war es das beste Geschäft seines Lebens: 40 Millionen Dollar blieben für ihn. Doch auch Calvi ging nicht leer aus, Sindona zahlte ihm (und dem Chef der Vatikanbank Marcinkus) Provisionen in Höhe von sieben Millionen Dollar.

Doch dann machte Sindona einen schweren Fehler: Er versuchte die Tricks, die in Italien funktioniert hatten, auch in den USA. 1974 fielen Sindonas Finanzgesellschaften wie ein Kartenhaus zusammen, Calvi machte allein weiter, und es sollte noch eine ganze Weile dauern, bis die betrügerischen Geschäfte ans Licht kamen.

Im September 1977 begann dann der Niedergang Calvis. Am Anfang klebten nur anonyme Zettel im Mailänder Bankenviertel, die ihn beschuldigten, zweistellige Millionenbeträge auf Schweizer Nummernkonten, die ihm und seiner Frau gehörten, überwiesen zu haben, dann informierte ein Journalist die Bankenaufsicht. Ein Trupp Inspektoren quartierte sich in Calvis Mailänder Zentrale ein und filzte sieben Monate lang Akten und Bücher. Am Ende stand ein 500 Seiten langer Bericht, doch dieser konnte Calvi fürs erste nichts anhaben. P2-Chef Gelli gelang es, das anstehende Verfahren erst einmal zu verschleppen. Bestens über alle Vorgänge im Innenministerium informiert, konnte er notwendige Gegenmaßnahmen ergreifen.

Aber es war nur eine Frage der Zeit, bis auch Gelli ins Visier der Fahnder geriet. Michele Sindona wurde 1980 wegen Betrügereien bei der Übernahme der Franklin Bank von einem

New Yorker Gericht zu 25 Jahren Gefängnis verurteilt. Der Fall zog daraufhin auch in Italien weite Kreise, im Zuge der Ermittlungen im Fall Sindona machte die Polizei bei einer Razzia im März 1981 in Gellis Villa einen überraschenden Fund: Der Großmeister der Geheimloge hatte sich nach Südamerika abgesetzt, sein Geheimarchiv aber zurückgelassen. In diesen Dossiers waren auch viele Hinweise auf die Geschäfte Calvis enthalten.

Schnell folgte ein Gerichtsverfahren, in dem Calvi nach wenigen Wochen bereits zu vier Jahren Gefängnis und 27 Millionen Mark Geldstrafe verurteilt wurde; die hoch verschuldete Banco Ambrosiano wurde unter Zwangsverwaltung gestellt. Calvi kam sofort wieder auf freien Fuß – das Urteil war noch nicht rechtskräftig, seine Anwälte gingen in die zweite Instanz.

Wieder in Freiheit, war Calvi mit einem neuen Problem konfrontiert: Die Bankenaufsicht hatte eine weitere Spur aufgenommen. Rund 1,4 Milliarden Dollar hatte sich Calvis Banco Ambrosiano in Luxemburg mit Hilfe der Vatikanbank IOR (Institute per le Opere di Religione) auf dem europäischen Geldmarkt geborgt. Dieses Geld war spurlos verschwunden, versickert in Briefkastenfirmen in Panama und auf den Bahamas. Doch Calvi hatte immer noch einflußreiche Freunde: Der Chef der IOR, Erzbischof Paul Marcinkus, ehemaliger Footballspieler mit dem Spitznamen »Gorilla«, Whiskey- und Zigarrenfreund mit Golfhandicap 5, stellte sich hinter seinen Geschäftspartner. Er eröffnete den Gläubigern, die Vatikanbank garantiere für die verschwundenen Millionen. Doch die Bankenbosse der Welt wußten nicht, wie wenig diese Garantieerklärung wert war, denn Calvi hatte dem Erzbischof nicht nur die Garantieerklärung diktiert, sondern gleichzeitig deren Aufhebung. Als die

Zwangsverwalter der Banco Ambrosiano bei Marcinkus erschienen und Geld forderten, präsentierte dieser einen Brief Calvis mit folgendem Wortlaut: »Es bleibt vereinbart, daß IOR von jedem Schaden und jeder Belastung freigestellt ist, weil diese Gesellschaften vollständig zum Bereich der Banco Ambrosiano gehören.« Eine Verpflichtung zur Rückzahlung der verschollenen 1,4 Milliarden Dollar lehnte Marcinkus dementsprechend ab.

Fragen über Fragen blieben offen: Wem gehörten die Briefkastenfirmen in Panama und auf den Bahamas? Dem Vatikan, wie der Garantiebrief des Erzbischofs andeutete? Oder der Banco Ambrosiano, wie Calvi in seinem Schreiben an Marcinkus erklärt? Oder jemand ganz anderem?

Während der Gerichtsverhandlung hatte Calvi eines Nachts die Staatsanwälte in seine Zelle im Gefängnis von Lodi rufen lassen, um ihnen Wichtiges mitzuteilen. Beim Verhör durch die Beamten wurde Calvi auch zu seiner Beziehung zur Geheimloge P2 und Licio Gelli befragt. Immer wieder brach der sonst so eiskalte Bankier dabei in Tränen aus und sagte: »Ich bin das letzte Rad am Wagen, versucht das zu verstehen. Die Banco Ambrosiano gehört nicht mir, ich stehe lediglich im Dienste eines anderen.« In wessen Dienst er stand, wollte er nicht verraten, die Staatsanwälte werteten seine Äußerungen dennoch als Wahrheit. Ein kleines Indiz, gerichtlich nicht verwertbar, hatte sie überzeugt, denn immer, wenn Calvi log, zitterte sein kleiner Schnurrbart; diesmal war er trotz aller Anspannung seines Trägers ruhig. Doch wen mochte er damit gemeint haben, wer war der mächtige Hintermann?

Bis heute konnte diese Frage nicht eindeutig beantwortet werden. Doch die Spuren wiesen in die Richtung von Licio Gelli, dem Großmeister der Loge, schließlich verschwanden auch die Millionen zum gleichen Zeitpunkt in die Karibik, als sich Gelli nach Südamerika absetzte. Kurz vor seiner Berufungsverhandlung verschwand auch Roberto Calvi spurlos und wurde nie mehr lebend gesehen.

Für die italienischen Behörden und die Presse war von Anfang an klar, daß Calvi nicht Selbstmord begangen hatte. Der zuständige Untersuchungsrichter ermittelte von Beginn an wegen Mordes gegen Unbekannt, die Zeitungen weideten sich an dem abenteuerlichen Szenario: die Hinrichtung eines Logenbruders, der zuviel wußte – unter der Blackfriars Bridge, der Brücke der »schwarzen Brüder«, und mit Mauersteinen in der Tasche, wie es sich für Freimaurer eben gehört.

Seit dieser Zeit ermittelten die italienische Polizei und Interpol in Sachen Calvi und Banco Ambrosiano, doch die vielfältigen Verflechtungen von Geheimdiensten, politischen Parteien, Mafia, Vatikan und der Loge P2 ließen die Untersuchungsbehörden auf der Stelle treten.

Nach und nach kamen aber immer neue Bruchstücke aus dem Leben des »Bankiers Gottes« ans Licht. So erklärten mehrere Mafia-Aussteiger, Calvi habe seinerzeit Mafia-Gelder gewaschen und teilweise nicht zurückgegeben; zudem hätten die Bosse der Unterwelt befürchtet, er könnte Geheimnisse verraten. Die Nähe Calvis zur Mafia stellte schon früh ein intimer Kenner der Finanzszene Mailands fest. Renato Cantoni erzählte über Calvi, daß dieser mit leidenschaftlichem Interesse die Abenteuer geheimnisvoller Persönlichkeiten und ihre dunklen Machenschaften verfolgte. Er war begeistert vom »Paten« und empfahl ihn seinen Freunden wärmstens. Sein Leitspruch: »Wenn zwei Personen von einer Sache wissen, dann wissen es alle.«

Doch natürlich gibt es auch andere Meinungen, eine der in-

teressantesten vertrat Jürg Heer, der ehemalige Kreditdirektor der Rothschild Bank Zürich. Heer, der bei unsauberen Geschäften 66 Millionen Mark eingestrichen haben soll, wurde 1997 nach fünfjähriger Flucht von Beamten des deutschen Bundeskriminalamtes im thailändischen Badeort Hat Yai verhaftet. Dort packte er gegenüber der angesehenen Schweizer Zeitung *Weltwoche* aus: »Ich habe weniger Angst vor einer Verurteilung als vor denen, deren Geheimnisse ich jahrelang verwaltet habe. Ich weiß, wo mindestens 2 Milliarden Mark Fluchtkapital aus Italien geparkt sind.« Über den Fall Calvi wußte Heer ebenfalls zu berichten: »Über die Rothschild Bank sind die fünf Millionen Dollar geflossen, die ich persönlich den beiden Mördern des italienischen Bankiers Roberto Calvi ausgehändigt habe.« Heer äußerte zudem noch, er könne beweisen, daß Calvis Tod eine »konzertierte Aktion der italienischen Geheimdienste und der Freimaurerloge P2« gewesen sei. Und: »Ich kenne auch den Namen dessen, der die letzte Entscheidung gefällt hat. Suchen Sie ihn im Kreis um Logenmeister Gelli, den Unternehmer Ortolani und den Industriellen Bruno Tassan-Din.«
War es die Mafia? Der Geheimdienst? Die Freimaurerloge P2? Die Frage ist eigentlich müßig in einem Land, über das der Journalist Giorgio Bocca schreibt: »Mische Mafiosi und Priester, Politiker und Polizeiobere in der richtigen Dosierung miteinander – Transparenz wird garantiert unmöglich.«
Sicher ist auf jeden Fall, daß es kein Selbstmord war. Von Calvis Witwe Clara beauftragte Detektive untersuchten in Zusammenarbeit mit Gerichtsmedizinern des Innenministeriums und Experten von Scotland Yard noch einmal die Umstände von Calvis Tod; dabei benutzten sie Techniken und Labors, die 1982 noch nicht zur Verfügung standen. Der

wichtigste Punkt ihres Abschlußberichts: Calvi war um 7.30 Uhr morgens unter der Brücke an einem Strang hängend gefunden worden. Zu diesem Zeitpunkt führte die Themse Niedrigwasser, die Schuhe des Bankiers baumelten über der Wasseroberfläche. Bei Laboruntersuchungen der Schuhe und der Kleidung ließ sich feststellen, wie lange sie im Wasser eingetaucht waren; dadurch konnte der Todeszeitpunkt auf die Zeit zwischen 1.50 Uhr und 2.40 Uhr eingegrenzt werden. Da während dieses Zeitraums die Themse ihren höchsten Wasserstand erreicht, ist es ausgeschlossen, daß Calvi vom Ufer aus das Gerüst unter der Brückenkonstruktion erreicht hätte, wie bisher angenommen wurde. Ferner hätten Untersuchungen der Schuhe und des Gerüstes erwiesen, daß Calvi mit der Eisenkonstruktion nicht in Berührung gekommen sei. Irgend jemand muß ihn also dort aufgehängt haben.

Postskriptum:

Michele Sindona starb 1986 im Gefängnis, nachdem er eine vergiftete Tasse Kaffee getrunken hatte.

Paul Marcinkus mußte als Chef der IOR zurücktreten. Anklage konnte gegen ihn aber nicht erhoben werden, weil er zu seiner Zeit als Vatikan-Bankier Immunität genoß.

Licio Gelli wurde im April 1998 zusammen mit 14 weiteren Angeklagten wegen krimineller Machenschaften in Zusammenhang mit dem Ambrosiano-Skandal in dritter Instanz verurteilt. Er erhielt eine Freiheitsstrafe von zwölf Jahren.

Achteinhalb Jahre erhielt ein Geschäftsmann namens Flavio Carboni, der von der Presse als Botschafter der Mafia bezeichnet wird. Ihm und dem Mafia-Boß Pippo Calo' sowie zwei weiteren Personen wirft die italienische Staatsanwaltschaft zudem vor, den Mord an Calvi in Auftrag gegeben zu haben. Das Urteil wurde noch nicht gesprochen.

Im Dezember 1998 öffneten Gerichtsmediziner den Sarg Calvis und nahmen an seiner sterblichen Hülle eine Autopsie vor. Im Auftrag eines Ermittlungsrichters sollten sie klären, wie sich der spektakuläre Tod des Skandalbankiers zugetragen hat. Calvis Sohn Carlo hat auch den früheren Ministerpräsidenten Giulio Andreotti, der fast sechs Jahre vor Gericht stand, im Verdacht, mit dem Tod seines Vaters indirekt zu tun zu haben. Jedenfalls äußerte er dies in dem Örtchen Drezzo am Comer See, wo er der Öffnung des Familiengrabs und dem Abtransport des Sarges beigewohnt hatte.

Birgit Dressel

Die achtziger Jahre waren die hohe Zeit des Dopings, Athleten konnten sich so gut wie sicher sein, mit der Einnahme von unerlaubten und leistungssteigernden Mitteln der medizinischen Diagnostik immer um ein paar Schritte voraus zu sein. Der Druck der Öffentlichkeit und der Medien auf vermeintliche Dopingsünder war erheblich geringer als heute, denn das Problem war noch nicht als so gravierend erkannt.

Einige Weltrekorde aus der damaligen Zeit haben bis heute Bestand und dürften auch noch eine Weile halten – am bekanntesten darunter wohl die Fabelbestzeit über 100 Meter, die die Amerikanerin Florence Griffith-Joyner aufstellte: 10,49 Sekunden, schneller als in manchen Ländern der schnellste Mann. Auch Florence Griffith-Joyner wurden möglicherweise ihre früheren Dopingsünden zum Verhängnis, wie in diesem Buch noch ausgeführt wird.

Die Siebenkämpferin Birgit Dressel starb qualvoll am 10. April 1987 mit sechsundzwanzig Jahren in der Mainzer Universitätsklinik; sie starb an einem allergisch-toxischen Schock, ausgelöst vermutlich durch eine Überdosis einesSchmerzmittels mit dem Wirkstoff Metamizol. Den behandelnden Ärzten konnte keine Schuld nachgewiesen werden.

Birgit Dressel schluckte nicht nur Vitaminpräparate, sondern auch Anabolika. Inzwischen steht fest, daß sie in den Wochen vor ihrem Tod Megagrisevit nahm und zumindest

Anfang 1986, in dem Jahr, als sie bei den Europameisterschaften in Stuttgart Vierte wurde und ihren größten Erfolg feierte, Stromba.
Megagrisevit, so erzählte später ihr Freund und Trainer der Staatsanwaltschaft, habe sie von anderen Sportlern bekommen oder es sei ihr ohne Angabe des Absenders zugeschickt worden. Die Absender der Dopingmittel konnten bis heute nicht ermittelt werden.
Stromba habe sie sich durch Blankorezepte verschafft, also durch Verordnungen, die nicht auf ihren Namen ausgestellt waren. Deren Herkunft ist ebenfalls ungeklärt.
»Für den Erfolg würde ich alles tun«, sagte Birgit Dressel 1985. »Bei der EM werde ich kämpfen bis zum Umfallen«, sagte sie ein Jahr später. Bei der EM in Stuttgart avancierte sie zum Publikumsliebling und schrammte mit 6487 Punkten nur knapp an der Bronzemedaille vorbei.
Ihre große Stärke war der Hochsprung. Bereits mit vierzehn schaffte sie 1,61 Meter, als Fünfzehnjährige 1,76 Meter, als Sechzehnjährige 1,80 Meter. Ihre Bestleistung waren 1,92 Meter, damit war sie Zweite der DLV-Rangliste und wurde in Berlin deutsche Vizemeisterin.
Die Zeiten und Weiten der begabten Athletin bei ihrem vierten Platz in Stuttgart, ihrem erfolgreichsten Wettkampf: 200-Meter-Lauf 24,68 Sekunden, Weitsprung 6,28 Meter, Hochsprung 1,92 Meter, 100-Meter-Hürdenlauf 13,56 Sekunden, 800-Meter-Lauf 2:15,78 Minuten, Speerwerfen 45,70 Meter, Kugelstoßen 14,12 Meter.
Eine absolute Weltklasseleistung schaffte sie bei dem letzten Wettkampf ihres Lebens am 4. Februar 1987 im Court-Bays-Stadion in Auckland: Sie erreichte 6201 Punkte, obwohl sie in diesem Show-Wettkampf alle sieben Wettkämpfe in einer Stunde bewältigen mußte. Hätte sie, wie üblich, zwei Tage

Zeit gehabt, hätte sie in dieser Form vermutlich 6600 Punkte erzielen können.
Ihr großes Ziel waren die Olympischen Spiele 1988 in Seoul, die sie nicht mehr erleben durfte. Eine düstere Koinzidenz: Dort verlor die Leichtathletik mit dem spektakulären Dopingfall des kanadischen 100-Meter-Supersprinters Ben Johnson endgültig ihre Unschuld.
Das Jahr 1987 hatte hierzulande mit einem Menetekel angefangen. Der deutsche Sport hatte seinen ersten echten prominenten Sündenfall: Der beliebte Biathlon-Olympiasieger Peter Angerer und sein Mannschaftskamerad Franz Wudy waren bei den Weltmeisterschaften des Testosteron-Dopings überführt worden.
Die Sperre für die Biathleten dauerte lächerlich kurz: bis zum 31. Januar 1987, ein paar Wochen nur. Weil beide angeblich nicht gewußt hatten, was ihnen die Ärzte verabreichten – eine bis heute außergewöhnlich beliebte Aussage der Ertappten.
Dann überschlugen sich die Ereignisse: Harald »Toni« Schumacher, Torwart des 1. FC Köln mit Freude an der Provokation, behauptete im Februar 1987 in seinem Buch *Anpfiff*, Doping in der Bundesliga habe Tradition. Die Folge: Er erhielt eine kurze Sperre in seinem Verein. Schlimmer aber war: Schumacher, Europameister 1980 und Vizeweltmeister 1982 und 1986, mußte seine Karriere in der Nationalmannschaft beenden.
Und noch bevor Ende Juli das Gutachten im Fall Dressel vorlag, wurde dem Radrenn-Idol Dietrich Thurau die Einnahme eines Langzeit-Anabolikums nachgewiesen. Seine Entschuldigung: Er habe ein übliches Aufbaumittel genommen, sei mit gutem Gewissen zur Kontrolle gegangen und überrascht gewesen, »daß die Sache dann positiv war«.

Bei den Leichtathletik-Weltmeisterschaften im August 1987 in Rom verlor die Schweizer Läuferin Sandra Gasser ihre Bronzemedaille über 1500 Meter, obgleich sie ihre Unschuld beteuerte. Kurz darauf gab der amerikanische Kombinierer Kerry Lynch seine bei den nordischen Ski-Weltmeisterschaften in Oberstdorf gewonnene Silbermedaille zurück: Als erster und bis heute einziger Athlet gestand er Blutdoping.

Die Radweltmeisterin Jeannie Longo wurde mit einem Aufputschmittel erwischt und fühlte sich unschuldig, für ihren radelnden Kollegen Raimund Dietzen gab es allerdings keine Ausrede mehr: Er wurde mit etlichen Ampullen voller Aufputschmittel im Gepäck an der französischen Grenze festgehalten.

Doch als Birgit Dressel starb, trauten sich auch die seriösen Zeitschriften nicht, offen von Doping zu sprechen. Zuerst war vom nichtssagenden Kreislaufversagen die Rede, dann vermutete man, eine Schlagader im Bauchbereich sei geplatzt und Dressel sei innerlich verblutet.

Weil sich die Athletin ein paar Monate vor ihrem Tod zum Training in Neuseeland aufgehalten hat, vermuteten manche sogar einen unbekannten Virus oder eine Wurmerkrankung.

Einiges sah nach einem Versagen der Ärzte aus; beispielsweise vermutete die Münchner *Abendzeitung* einen »Klinik-Skandal«. Es war ja auch kaum begreiflich, daß eine sechsundzwanzigjährige Sportlerin, 1,72 Meter groß und 65 Kilo schwer, den Ärzten einfach unter den Händen wegstirbt. Zwei Tage vor ihrem Tod bekam sie einen Hexenschuß, ließ sich eine schmerzstillende Spritze geben, doch die Schmerzen kamen wieder.

An ihrem Todestag wurde sie um neun Uhr morgens mit

dem Notarztwagen zur Mainzer Universitätsklinik gebracht. Abwechselnd wimmerte und schrie sie vor Schmerzen; besonders der Lendenwirbelbereich schien betroffen. Da sie noch ansprechbar war, fragten die versammelten Ärzte sie aus. Sie sagte, daß die Schmerzen in den Nieren und an der Muskulatur, aber nicht im Knochen schlimm seien.
Birgit Dressel bekam ein Kontrastmittel und wurde geröntgt, doch konnten die Ärzte nicht feststellen, woher die Schmerzen kamen. Auch zwei intravenös verabreichte Entkrampfungsmittel brachten keine Linderung.
Ihr Freund und Trainer berichtete der *Abendzeitung:* »Ihre linke Rückenhälfte war völlig hart, man durfte sie nicht anfassen. Ich saß auf dem Flur und hörte sie durch die Tür wimmern und schreien. Immer wieder fragten die Ärzte nach den Schmerzen.«
Doch ihr ist nicht mehr zu helfen; sie wird auf die Intensivstation gebracht, denn sie hat einen Schock erlitten. Die Ärzte machen einen Luftröhrenschnitt. Um 20 Uhr stellen die Mediziner fest, daß Birgit Dressel wohl nicht mehr geholfen werden kann. Um 21 Uhr setzen die Gehirnfunktionen aus, um 22.30 Uhr hört das Herz auf zu schlagen.
Birgit Dressels Vater, selbst ein ehemaliger Leistungssportler, erstattete Anzeige »wegen unterlassener Hilfeleistung mit Todesfolge«. Offenbar als Reaktion auf den Tod der Siebenkämpferin erließ das Bundesgesundheitsamt in Berlin am 27. April 1987 einen Vertriebsstopp für 62 Präparate, die den Wirkstoff Metamizol enthalten – Präparate, die oft bei Ischias oder Hexenschuß eingesetzt wurden.
Vordergründig war es ein Allergieschock, der den Tod von Birgit Dressel auslöste, doch das abschließende Gutachten, zu dem Virologen, Pathologen, Neuropathologen, Serologen, Immunologen und Toxikologen hinzugezogen worden

waren und das Ende Juli 1987 veröffentlicht wurde, sah klare Anhaltspunkte, daß »die vorangegangene, jahrelang durchgeführte Behandlung mit den unterschiedlichsten Substanzen und Arzneimitteln die Ausbildung des toxisch-allergischen Geschehens förderte«.
Die Gutachter bewerteten die sogenannte Behandlung der Sportlerin so: »Bei dem fortwährenden Zusammentreffen parenteral verabreichter tierischer Zellpräparate kam es im Organismus zwangsläufig zu ständigen Immunreaktionen mit der Gefahr einer Überforderung des Immunsystems, das durch gehäufte Infekte zusätzlich belastet wurde.«
Fünf Monate nach Dressels Tod veröffentlichte der *Spiegel* ein »Dokument des Schreckens«: Mindestens hundert Medikamente hatte die Sportlerin in der Zeit kurz vor ihrem Tod eingenommen. Bald war auch ein Schuldiger gefunden: Der Freiburger Professor Armin Klümper, der Guru der Top-Athleten und Vertrauensarzt von Birgit Dressel, mußte sich massive Vorwürfe von allen Seiten anhören. Das Magazin *Sports* beschuldigte ihn, den Tod Dressels indirekt herbeigeführt zu haben: »Das ist die Perversion der Medizin als Heilkunde zum Werkzeug eines Mannes, der offenbar den Supersportler schaffen will. Und der sich im Erfolg seiner Athleten zum Herrscher über sie aufschwingt. Gottvater und Mephistopheles in einem.«
Auch der *Spiegel* sparte nicht mit heftigen Vorwürfen gegen Klümper, und die ehemalige Weitspringerin Heidi Schüller, einst Fünfte bei den Olympischen Spielen 1972 in München und mittlerweile selbst Ärztin, kommentierte, ohne Namen zu nennen: »Ein ruhmsüchtiger Arzt und ein erfolgssüchtiger Athlet sind das gefährlichste Gespann, das man sich denken kann.«
Klümper dagegen verteidigte sich: Als reines »Ablenkungs-

manöver« bezeichnete er die Anschuldigungen gegen ihn und belegte seinerseits die Mainzer Mediziner mit schweren Vorwürfen: »Birgit Dressel hat in Mainz trainiert, bekam von einem Mainzer Orthopäden die vielleicht entscheidenden Spritzen, starb in der Mainzer Uni-Klinik nach fürchterlichen Qualen. Auch die Untersuchung (die Obduktion, *Anm. d. A.*) wird in der Uniklinik Mainz gemacht. Sehr merkwürdig.« Und weiter: »Mir kann man nichts anhängen. Ich spiele mit offenen Karten.«
Tatsächlich war Birgit Dressel nachweislich bei Klümper am 28. Februar 1987 zum letzten Mal in Behandlung, also annähernd sechs Wochen vor ihrem Tod. »Allein durch die Daten«, so Klümper, »ist ein Verdacht gegen mich abwegig.«
Fragen bleiben bis heute. Besonders tragisch ist, daß Athleten und Funktionäre aus dem Tod der Siebenkämpferin wenig gelernt haben, denn nach wie vor wird im gesamten Sport gedopt – ohne Rücksicht auf die Gesundheit der Athleten.
Es sind nicht nur die vielzitierten chinesischen Schwimmerinnen oder die Amerikaner mit ihren nachlässigen Kontrollen – auch in Deutschland tauchen Jahr für Jahr neue Dopingfälle auf. Die Leichtathletik-Doppelweltmeisterin Katrin Krabbe wurde offiziell nur wegen Medikamentenmißbrauchs aus dem Verkehr gezogen, und 1995 geriet ein anderer Star der deutschen Leichtathletik unter nebulösen Begleitumständen in Verdacht: Weitspringerin Susen Tiedtke. Uta Pippig, dreimalige Gewinnerin des Boston-Marathons, gestand bereits 1991, zu DDR-Zeiten Anabolika eingenommen zu haben.
Birgit Dressel wurde ein Opfer ihres eigenen Ehrgeizes – vor allem aber offensichtlich ein Opfer des Ehrgeizes anderer.
Die tragische Dimension des Falles offenbarte sich aller-

dings erst, als immer mehr Sportler des Dopings überführt wurden. »Der plötzliche Tod der Siebenkämpferin«, bedauerte die *Frankfurter Allgemeine Zeitung* zehn Jahre später, »war kein heilsamer Schock.«

Alfred Herrhausen

Am 30. November 1989 um 8.34 Uhr wurde der gepanzerte Mercedes von Dr. Alfred Herrhausen in Bad Homburg durch eine Bombe zerstört. Die Explosion riß den Wagen in die Luft und ließ ihn, um neunzig Grad gedreht, wieder auf die Fahrbahn krachen. Der Vorstandssprecher der Deutschen Bank verblutete auf dem Rücksitz.
Herrhausen dürfte für linksextreme Terroristen das Feindbild schlechthin gewesen sein: Er war Chef eines Konzerns mit einer Bilanzsumme von mehr als 400 Milliarden Mark, und er verfügte über 120 Aufsichtsratsmandate in der deutschen Industrie.
Das Attentat war überaus findig ausgeführt worden. Die Täter hatten eine Lichtschranke vom Typ MG 101 der japanischen Firma Maruel Electric verwandt. Die Infrarotlichtschranke war zwischen zwei Begrenzungspfosten links und rechts der Straße montiert worden. Versteckt in einem Gebüsch, hatten die Täter die Anlage über eine 88 Meter lange Zündleitung scharf geschaltet.
Für die Behörden war schnell klar, daß die Rote Armee Fraktion (RAF) der Täter war. In den ersten drei Tagen nach der Tat gingen 700 Hinweise aus der Bevölkerung ein, und am 4. Dezember erhielten mehrere Nachrichtenagenturen in Bonn ein mehrseitiges Bekennerschreiben, das mit dem fünfzackigen Stern der RAF und der stilisierten Kalaschnikow-Maschinenpistole gekennzeichnet war.
Dort heißt es auszugsweise:

»am 30.11.1989 haben wir mit dem kommando ›wolfgang beer‹ den chef der deutschen bank, alfred herrhausen, hingerichtet: mit einer selbstgebauten hohlladungsmine haben wir seinen gepanzerten mercedes gesprengt.
durch die geschichte der deutschen bank zieht sich die blutspur zweier weltkriege und millionenfacher ausbeutung, und in dieser kontinuität regierte herrhausen an der spitze dieses machtzentrums der deutschen wirtschaft; er war der mächtigste wirtschaftsführer in europa.
deutsche bank, das ist quer durch westeuropa und in weiten teilen der welt zum symbol für die macht und herrschaft geworden, die überall frontal mit den fundamentalen interessen der menschen nach einem leben in würde und selbstbestimmung zusammenstößt. aber die akteure dieses systems müssen wissen, daß ihre verbrechen ihnen feinde geschaffen haben, daß es für sie keinen platz geben wird in der welt, an dem sie vor den angriffen revolutionärer guerilla-einheiten sicher sein können.«

Die Leibwächter mußten sich unterdessen schwere Vorwürfe anhören. Richard Meier, der ehemalige Präsident des Verfassungsschutzes, sagte: »Man hätte durch die Begehung der näheren Umgebung des Wohnhauses eine halbe Stunde vor der Abfahrt mit geübtem Auge sehen können, daß zwei junge Männer in Jogging-Kleidern mit einem Hörgerät im Ohr, also in Sprechverbindung zueinander, an einem Fahrrad hantierten.«
Unbegreiflich schien auch, warum den Beamten nicht aufgefallen war, daß der Draht für die Sprengfalle in aufwendi-

gen Arbeiten unter dem Asphalt verlegt wurde – die Attentäter hatten am Seedammweg, der Straße des Attentats, ganz offen und dreist über mehrere Tage eine Baustelle errichtet; dabei trugen sie gekaufte Arbeitskleidung und gaben sich als Bauarbeiter aus.
Ein Sprecher des hessischen Innenministeriums wies die Vorwürfe zurück: Ihm lägen »überhaupt keine Hinweise über irgendwelche Pannen oder gar Versäumnisse vor«. Sicherheitsbeamte könnten nicht über jede Baustelle an der Fahrtroute einer gefährdeten Person Erkundigungen einziehen, »ob es sich um eine amtliche Baustelle handelt«.
Der Sprecher sagte, die Bombe hätte ebenso in einer Mülltonne am Straßenrand oder an einer Ampel versteckt sein können: »Es lassen sich nicht alle Möglichkeiten abschätzen, die es gibt.«
Mittlerweile war die Zahl der Hinweise auf 2000 angewachsen, doch die Polizei kam nicht weiter. »Das, was dieser riesige Fahndungsapparat über die heute aktiven RAF-Leute weiß«, spottete ein Insider, »kann man auf einem Bierdeckel zusammenschreiben.«
Dann meldete sich der Fahrer des früheren Treuhandchefs Detlev Karsten Rohwedder, er habe möglicherweise den mutmaßlichen Herrhausen-Attentäter »Stefan« wiedererkannt. Rohwedder wurde am 1. April 1991 nachts in seinem Haus in Düsseldorf aus 63 Meter Entfernung erschossen.
Wenige Monate vorher, Ende 1990, will Rohwedders Chauffeur nach einem Bericht der *Bild*-Zeitung während eines Urlaubs auf Barbados von einem deutschen Touristen über seinen Job ausgefragt worden sein. Die Bekanntschaft habe sich am Strand ergeben und sei von dem Mann im Hotel »Golden Sands« weiter gepflegt worden. Er habe sich bei dem Chauffeur als »Stefan« vorgestellt und erzählt, daß er aus der DDR

geflohen sei. »Am auffallendsten waren seine weißen, regelmäßigen Zähne«, sagte der Rohwedder-Fahrer gegenüber *Bild*.

Ein etwa 30jähriger Stefan mit »auffallend weißen, regelmäßigen Zähnen« soll laut dem Kronzeugen Siegfried N. zu den vier Terroristen gehört haben, die am Bombenattentat gegen Alfred Herrhausen beteiligt gewesen waren.

Im Fahndungsaufruf des Generalbundesanwalts heißt es, »Stefan« sei 30 bis 32 Jahre alt, 1,80 bis 1,82 Meter groß und schlank. Er soll kurze, hell- bis mittelblonde Haare und braune Augen haben.

Jener Kronzeuge Siegfried N. aber ist eine zwielichtige Figur in diesem Fall und ein Rätsel von vielen: Am 25. Juli 1991, einem drückend heißen Sommertag, offenbart ein fünfunddreißigjähriger, hochgradig drogen-, alkohol- und medikamentenabhängiger Mann aus Bad Homburg den völlig erstaunten Wiesbadener Verfassungsschützern, er kenne die Mörder Herrhausens, er habe sie sogar bei der Vorbereitung des Mordes aktiv unterstützt; den vier RAF-Mitgliedern habe der Kronzeuge die Wohnung zur Tatvorbereitung und zur Lagerung des Sprengstoffs überlassen.

Der Verfassungsschutz agiert vorsichtig. Kann man dem labilen Mann trauen, der erst die Terroristen unterstützt und sie dann verrät? Entsprechen seine Angaben der Wahrheit? Die Verfassungsschützer ermitteln behutsam auf eigene Faust; erst am 21. November schalten sie das Bundeskriminalamt ein – viel zu spät, findet das BKA und ärgert sich über diese »Fahndungspanne«. Der klassische Kompetenzenstreit entbrennt.

Das BKA untersucht noch am gleichen Tag die Wohnung des Kronzeugen und findet, wie die Öffentlichkeit wegen einer Nachrichtensperre erst ein paar Monate später erfährt,

tatsächlich zwei Komponenten des Sprengstoffs, der beim Anschlag auf Herrhausen verwendet worden war: Dinitrotoluol (DNT) und Dinitroethylbenzol (DNEB).
Damit sind alle Vorbehalte gegen den Zeugen vorerst vom Tisch; er wird unter besonderen Schutz gestellt, eine Fahndungsoffensive rollt an. Das Ergebnis jedoch heißt: kein Ergebnis.
Ende Februar 1992 diskreditierte sich N. wiederum selbst: Er erklärte, das hessische Landesamt für Verfassungsschutz zehn bis zwölf Tage vor dem Attentat auf den Sprecher der Deutschen Bank telefonisch gewarnt zu haben.
Auf Vorhaltungen, diesen Telefonanruf in früheren Vernehmungen nicht erwähnt zu haben, habe N. erwidert, die Erinnerung daran sei ihm erst nach Presseveröffentlichungen gekommen, in denen es geheißen habe, er habe erst nach dem Attentat angerufen.
Ein Wirrkopf? Jedoch mußte der Verfassungsschutz eingestehen, daß N. bereits wenige Tage nach dem Herrhausen-Attentat tatsächlich mit einem seiner Beamten telefoniert hatte; dieser hatte den Drogenabhängigen jedoch nicht anhören wollen.
Der Stiefbruder von Siegfried N. gab allerdings kurz vor seinem Tod zu Protokoll, vor dem Herrhausen-Mord keine Terroristen in der Wohnung seines Bruders gesehen zu haben. Damit nährte er erneute Zweifel an der Glaubwürdigkeit des Kronzeugen.
Bis heute fehlt von den Mördern Alfred Herrhausens jede Spur. Eine krude Geschichte, aber es wird noch schlimmer. Könnte es sein, daß die RAF gar nicht der Täter war? Daß Herrhausen von einer anderen Gruppierung aus ganz anderen Motiven ermordet wurde?
Der Reihe nach. Im November 1992 erschien das Buch *Das*

RAF-Phantom – Wozu Politik und Wirtschaft Terroristen brauchen von Gerhard Wisnewski, Wolfgang Landgraeber und Ekkehard Sieker (Knaur Verlag). Es sorgte mit seinen provokanten Theorien für einigen Wirbel und wurde unter anderem in der *Frankfurter Rundschau* und im Magazin der *Süddeutschen Zeitung* in Auszügen vorab veröffentlicht.

Im wesentlichen vertreten die Autoren des Buches zwei Thesen. Erstens: Der Kronzeuge Siegfried N. ist gar kein Kronzeuge, sondern wurde vom Verfassungsschutz entsprechend manipuliert. Der Verfassungsschutz, so Siegfried N., habe ihm 100 000 Mark geboten, wenn er die Falschaussage mache, er habe die Terroristen in seiner Wohnung beherbergt.

Angeblich hätten die Verfassungsschützer ihm sogar gedroht: »›Tja, Ihnen kann's ja passieren, daß Sie mal in die Klinik kommen – und kommen gar nicht mehr raus.‹ Oder eben auch, sie wüßten natürlich, daß ich laufend in Behandlung wäre und selbstmordgefährdet wäre, und sie dann nachhelfen würden.«

Diese Aussage ist schon brisant genug – auch wenn klar sein muß, daß auf Siegfried N. nicht unbedingt Verlaß ist. Klar ist aber, daß die Sache mit dem Sprengstoff in N.s Wohnung mehrere Haken hat: Sowohl DNT als auch DNEB sind keine Sprengstoffe. Der eigentliche Sprengstoff beim Herrhausen-Attentat war TNT, denn mit den Stoffen DNT und DNEB kann man keine Explosion herbeiführen; in N.s Keller wurde aber nicht die geringste Menge TNT gefunden.

Die Behörden erklärten diesen Widerspruch, indem sie behaupteten, das TNT sei mit Hilfe von Bakterien auf natürliche Weise vernichtet worden. Diese These ist jedoch aus naturwissenschaftlicher Sicht völlig unhaltbar.

Aber warum müssen die Behörden einen Kronzeugen erfinden? Die Ungereimtheiten, so Gerhard Wisnewski in der *Süddeutschen Zeitung*, gehen weiter: So wurde beispielsweise am Tatort des Anschlags nie jener Reflektor gefunden, der den Strahl der Lichtschranke von der linken auf die rechte Straßenseite zurückgeworfen haben soll. Ohne Reflektor keine Lichtschranke, und der Reflektor wurde tatsächlich nie gefunden.

Der Kreis der Täter weitet sich – wenn Menschen schon wegen 100 Mark getötet werden, dann ist es zumindest möglich, darüber nachzudenken, wer außer der RAF ein Interesse daran hat, einen Multimilliarden-Jongleur zu ermorden. Und das ist die zweite und hochgradig brisante These des Buches *Das RAF-Phantom:* Der RAF wurden damals wie heute möglicherweise eine ganze Reihe Taten untergeschoben, die sie nie begangen hat.

Auf der Suche nach Motiven anderer Organisationen fällt die aggressive Kaufpolitik Herrhausens ins Auge. Er wollte die Großbank Morgan Greenfell kaufen und die internationalen Investmentbanken attackieren. Das war »ein Griff in die Weichteile der britisch-amerikanischen Banking Community«, so Wisnewski.

Er brachte die US-Banken auch durch sein Engagement in der Schuldenkrise gegen sich auf. Herrhausen dachte laut und öffentlichkeitswirksam über einen Schuldenerlaß in Höhe von bis zu fünfzig Prozent für die dritte Welt nach (was ihm auch in sozialdemokratischen Kreisen Anerkennung verschaffte).

In den achtziger Jahren hatten vor allem die amerikanischen Geldinstitute den armen Ländern immer höhere Kredite eingeräumt. Nur zwanzig bis dreißig Prozent der Leihbeträge waren durch Rückstellungen abgesichert, die Deutsche Bank dagegen hatte eine fantastische Rückstellungsquote

von 77 Prozent und war außerdem nicht so stark in der dritten Welt engagiert wie die Konkurrenz.
Für einige dieser Banken wäre ein Schuldenerlaß in diesem Ausmaß der Todesstoß gewesen. Herrhausens Schuldenpläne wurden von den Amerikanern folglich als das angesehen, was sie tatsächlich waren: eine Kriegserklärung.
Der Kauf des Bankhauses Morgan Greenfell tat ein übriges, und auch das Engagement der Deutschen Bank im vom Kommunismus befreiten Osteuropa sah die Konkurrenz mit Sorge.
Herrhausen, vermutete damals das *Wall Street Journal*, gehe es nicht nur um die Deutsche Bank – er wolle eine Machtverschiebung von globalen Ausmaßen.
Vielleicht war dies ein nicht hinnehmbares hegemoniales Verhalten. In einer Rede vor dem Los Angeles World Affairs Council sagte der CIA-Direktor William Webster, in den nächsten Jahren würde man sehr genau im Auge haben, ob andere Mächte das amerikanische Finanzsystem bedrohen würden. Zu den Fragen, die »unsere nationale Sicherheit berühren«, zählte Webster an erster Stelle die Schuldenkrise.
In einem von der *New York Times* veröffentlichten Strategiepapier des Pentagons wurde als Ziel angegeben, »das Wiedererstehen eines neuen Rivalen zu verhindern«. Es müsse unbedingt verhindert werden, daß eine feindliche Macht eine Region dominiere, deren Ressourcen für die Schaffung einer globalen Machtposition ausreichend wären. Explizit nennt das Papier die ehemalige Sowjetunion, auf die Herrhausen und die Bundesregierung begehrliche Blicke geworfen hatten – Herrhausen plante sogar eine Art Aufbaubank für Osteuropa und Rußland.
»Manches spricht daher dafür«, schließt Wisnewski, »daß

der Großbanker nicht der RAF, sondern seinem ›feindlichen Verhalten‹ zum Opfer fiel.«
Und tatsächlich ist Osteuropa fest im Griff von IWF und Weltbank (was Herrhausen stets verhindern wollte); Schuldenerlaß ist längst ein Tabuthema.
Es handelt sich hier um eine veritable Verschwörungstheorie von globalem Ausmaß, an der nichts fehlt: Verfassungsschutz, CIA, Extremisten, Manipulation von Zeugen und Täuschung der Öffentlichkeit. Die Verschwörungstheorie hat erhebliche Schwachpunkte und ist vermutlich viel zu monströs, um auch nur einen Hauch von Wahrscheinlichkeit zu haben – aber sie ist ungemein faszinierend.

River Phoenix

Mit dreiundzwanzig Jahren war das Leben des River Phoenix vorbei. Er starb an einem Ort, wie er sinnfälliger kaum sein könnte: auf dem Bürgersteig vor dem berühmten Club Viper Room auf dem Sunset Boulevard in Los Angeles.

Dessen Mitbesitzer hieß Johnny Depp, und in dem Club versammelten sich regelmäßig die Jungen Wilden unter den Hollywood-Stars: Shannen Doherty und Tori Spelling (»Beverly Hills, 90210«), Christina Applegate (»Eine schrecklich nette Familie«), Red-Hot-Chili-Peppers-Gitarrist Flea, River Phoenix und sein Bruder Joaquin, Samantha Mathis und viele andere.

Es war der 31. Oktober 1993, Halloween hatte gerade begonnen, und auf dem Sunset Boulevard war viel los, auch jetzt um 1 Uhr nachts. Kaum einer kümmerte sich um den jungen Mann, der mit spastischen Zuckungen am Boden lag. Sein Kopf ruckte nach links und nach rechts, seine Arme wurden wild durch die Luft gerissen, als wollten sie sich vom Körper trennen.

Die Leute hätten vermutlich genauer hingeschaut, hätten sie gewußt, daß dort einer von Hollywoods begehrtesten Jungstars lag, doch niemand erkannte den Schauspieler aus *Stand By Me, Sneakers* und *My Private Idaho.* Sein Haar hatte er für den Thriller *Dark Blood,* den er noch am Vortag gedreht hatte, dunkelbraun gefärbt, dazu die Jeans und die schwarzen Converse-Turnschuhe: River sah aus wie einer

der üblichen Typen, die ein bißchen zuviel getrunken oder ein bißchen zuviel inhaliert hatten.
Er wurde als der neue James Dean gehandelt, andere verglichen ihn mit dem jungen Harrison Ford. River hatte bereits eine Oscar-Nominierung für die beste Nebenrolle in der Tasche, und der Durchbruch zur absoluten A-Klasse unter den Filmstars stand mit der Rolle in *Interview with a Vampire* an der Seite von Tom Cruise unmittelbar bevor. (Nach Rivers Tod bekam Brad Pitt den Part.)
River Phoenix – schon der Name versprach Ungewöhnliches und erklärte, warum niemand so recht an den Tod des jungen Mannes glauben konnte. River wuchs in einer klassischen Hippie-Familie auf; seinen Namen verdankte er dem Fluß des Lebens in Hermann Hesses Buch *Siddharta*. Seine jüngeren Geschwister bekamen ebenfalls ungewöhnliche Namen: Rain, Joaquin alias Leaf, Liberty und Summer.
1973 wurden seine Eltern John und Arlyn Missionare der religiösen Sekte Children of God und zogen nach Caracas in Venezuela. River und seine Schwester Rain sangen auf den Straßen um Geld und Essen.
Desillusioniert kehrte sich die Familie 1977 von den Children of God ab. (Zwei Monate vor Rivers Tod wurden in Buenos Aires 68 Mitglieder der Sekte, die sich nun Family nannte, verhaftet. Ihnen wurde alles mögliche vorgeworfen, unter anderem Kindesmißbrauch und Entführung.)
Die Familie Phoenix zog zurück in die Vereinigten Staaten und ließ sich in einem Nest mit 600 Einwohnern bei Gainesville, Florida, nieder.
Als River elf Jahre alt war, nahm er an einem Talentwettbewerb teil und gewann ein Vorsprechen bei Paramount. Sofort spielte er regelmäßig in der Serie *Seven Brides for Seven Brothers* mit. 1986 lobten ihn die Kritiker für seine Rolle in

Rob Reiners Erfolgsfilm *Stand By Me* (deutsch: Das Geheimnis eines Sommers).
Mit siebzehn erhielt er eine Oscar-Nominierung für seine Nebenrolle in *Running on Empty* (deutsch: Flucht ins Ungewisse). Sein Regisseur Sidney Lumet sagte damals über ihn: »Er ist einer von diesen Menschen, die dermaßen talentiert sind, daß ich nicht weiß, wohin er noch aufsteigen kann. Die Welt steht ihm offen.«
Der Obduktionsbericht ergab, daß River Phoenix an einem sogenannten Speedball gestorben war, einem gefährlichen und mörderischen Drogencocktail aus Heroin und Kokain. Das nun wollte kaum einem in den Kopf, denn River Phoenix galt als Saubermann Hollywoods, als Vorbild für die Jugend. Er war strenger Vegetarier und rauchte nicht, machte Rockmusik und spielte mit seiner Band Aleka's Attic auf Events, die von Tier- und Umweltschützern veranstaltet wurden.
»River war ein lebensfroher Mensch«, sagt denn auch Dan Mathews, Funktionär der US-Tierschutzorganisation PETA (People for the Ethical Treatment of Animals). »Das Härteste, was ich ihn je habe trinken sehen, war Karottensaft.«
Und eine Nachbarin, die bei Demonstrationen für die Rettung der Wale und der Regenwälder eng mit River zusammenarbeitete, sagte: »Er war eine sehr idealistische Person.«
Wenn er nicht in Hollywood war, zog er sich oft in das zweistöckige Holzhaus seiner Eltern in dem Kaff in Florida zurück.
Der Kölner Schauspieler Udo Kier, der mit River Phoenix *My Own Private Idaho* drehte, zeigte sich gegenüber dem *Express* vom plötzlichen Tod des aufstrebenden Kollegen überrascht. »Ich kann das nicht glauben. Er war ein disziplinierter Mann, der Drogen ablehnte.«

Andererseits war der junge Schauspieler offenbar genauso gefährdet, an die Stolpersteine des Ruhms zu geraten wie jeder andere auch. Ein anonymer Informant aus der Filmindustrie gab der Tageszeitung *Washington Post* zu Protokoll: »Nur weil er Vegetarier war, heißt es nicht, daß er keine Drogen nahm.«
Und ein anderer Informant assistierte: »Ich sah ihn im Mai oder Juni auf dem USA Film Festival in Dallas. Er war dermaßen zugedröhnt, daß man ihn nicht mal ansprechen konnte.«
Als Rivers Co-Star von *Stand By Me*, Corey Feldman, von der Polizei wegen des Besitzes von Heroin verhaftet wurde, gab sich River Phoenix überraschend verständnisvoll: »Das macht einem klar, daß Drogen nicht nur von komischen und kaputten Typen genommen werden. Drogen sind eine Krankheit, die alle befallen kann.«
Anscheinend zeigte River Phoenix in den letzten Monaten seines Lebens selbst die klassischen Symptome dieser Krankheit. Als er die Romanze *A Thing Called Love* drehte, wirkte er, wie Mitarbeiter der Crew bestätigten, »zerfahren, unkonzentriert und durcheinander«. Außerdem schien er »wirklich dünn und ungesund«.
Wie konnten Menschen, die ihn zur gleichen Zeit gesehen hatten, so unterschiedlich urteilen? Vielleicht wurde ihm seine Vielseitigkeit, seine ungeheure Wandlungsfähigkeit zum Verhängnis. »Ich bin wie ein Chamäleon«, sagte er einmal, »meine Umgebung absorbiert mich.« Wenn er den bösen Buben spielen mußte, dann erzählte er einem Journalisten auch schon mal, daß er bereits mit vier Jahren seine Jungfräulichkeit verloren hatte. Und er setzte hinzu: »Aber dafür lebte ich zwischen zehn und vierzehn im Zölibat.«
Zehn Tage vor seinem Tod gab er einem französischen Re-

porter ein Interview, in dem er gestand: »Ich habe gelogen, Geschichten verdreht und mir vorne und hinten widersprochen. Am Ende des Jahres könnte man fünf komplett verschiedene Artikel über mich lesen und dann sagen: ›Dieser Kerl ist schizophren.‹«

Der Viper Room, damals der angesagteste Club Hollywoods, bietet lediglich 200 Leuten Platz. Am 31. Oktober 1993, ein paar Minuten vor ein Uhr, wurde River vor einem Waschbecken auf der Herrentoilette von Schüttelfrost befallen. Clubgänger kippten ihm kaltes Wasser ins Gesicht, doch davon wurde es nicht besser, im Gegenteil.

Schließlich brachte ihn sein Bruder Joaquin nach draußen und legte ihn auf den Bürgersteig, wo River von immer heftigeren Anfällen attackiert wurde. »Er sah aus wie ein Fisch, der an Land geworfen wurde«, beschrieb ein Fotograf, der vor dem Viper Room stand, die schauderhafte Szene.

Joaquin Phoenix rief den Notruf 911 an. Das Gesprächsprotokoll:

Joaquin: »Das ist mein Bruder. Bitte kommen Sie schnell, er ...«

Rettungszentrale: »Ich verstehe. Okay, beruhigen Sie sich.«

Joaquin: »Er liegt an der Ecke Sunset Boulevard und Larrabee, Sie können ihn nicht übersehen.«

Rettungszentrale: »Okay, wissen Sie die Telefonnummer?«

Joaquin: »Sie müssen hierherkommen. Es ist der Viper Room.«

Rettungszentrale: »Okay. Viper Room?«

Joaquin: »8852. Nummer 8852 Sunset an der Ecke Larrabee. Ich glaube, daß er Valium oder so genommen hat. Sie müssen bitte hierherkommen ... Ich glaube nicht, daß er atmet. Wo bleibt der Krankenwagen?«

Rettungszentrale: »Wer ist bei ihm?«
Joaquin: »Äh, meine Schwester und noch ein paar Leute. Sie versucht Mund-zu-Mund-Beatmung. Bitte machen Sie schnell. Bitte. Bitte.«
Rettungszentrale: »Okay.«

Als die Ambulanz ihn um 1:34 Uhr ins Cedars-Sinai Medical Center brachte, stand sein Herz bereits still; er hatte keinen Puls und keinen Blutdruck mehr, alle Revitalisierungsversuche blieben erfolglos. Um 1.51 Uhr wurde River Phoenix für tot erklärt.
War nun ein neuer James Dean gestorben? War River Phoenix wirklich so rein und reif und engagiert, wie es schien? Und wer hatte ihn in den Tod getrieben? Freunde sagten später aus, der angebliche Idealismus des Schauspielers sei die Mär von Imageproduzenten. Mit diesem Image sei er irgendwann überfordert gewesen, und diese Überforderung habe ihn in eine letztlich tödliche Verzweiflung getrieben.
»Das zarteste Männergesicht Hollywoods«, hatte ihn der Regisseur und Schauspiel-Kollege Peter Bogdanovich einmal genannt, und Filmkritiker hielten ihn nicht erst seit seinem Tod für den mit Abstand Begabtesten unter den Jungschauspielern, jedenfalls begabter als Tom Cruise und Keanu Reeves und vielleicht sogar begabter als Brad Pitt (der aber immer wieder unterschätzt wird).
River Phoenix schien – wie Brad Pitt, Winona Ryder, Johnny Depp oder Christian Slater – für eine neue Schauspielergeneration zu stehen, die Charisma und Werte und Spaß verkörperte; »Authentizität« war das Lieblingswort der Feuilletons. Aber am Ende war es ein unendlich dummer und viel zu früher Tod, der alles Lügen strafte und die große Geste

des vermeintlichen Vorbildes zum bloßen Gehabe reduzierte.
»Soviel ich weiß«, sagte ein Mädchen, das an Halloween Gast im Viper Room war, »setzt sich dort jeder einen Schuß, raucht jeder Joints, zieht jeder Kokslinien.« Was die Angestellten natürlich bestreiten. Der zu Unrecht schlechte Ruf des Viper Room komme vielmehr von seinem düsteren Namen, seiner Exklusivität und davon, daß ein unnahbarer Schauspieler den Club betreibe.
Der Vergleich mit James Dean funktioniert nicht. James Dean ist mit seinem Unfalltod eine Legende geworden, denn das, wofür er steht, ist einfach zeitlos: Lebenshunger und Rebellion.
River Phoenix hingegen verkörperte Werte mit Verfallsdatum: Die Mär vom Schauspieler der Grunge-Zeit, vom Anti-Helden und Konsumverweigerer ist explizit für die neunziger Jahre geschaffen und wird wohl nicht lange überdauern.
Härter und präziser drückte es ein Barbesitzer aus Los Angeles aus: »River Phoenix ist kein James Dean. Er hat sich totgefixt.«
Und wer schuld ist an dem Tod des Hochbegabten? War es der, der ihm die tödliche Dosis Heroin gegeben hat? Waren es seine Freunde, die seinen Zustand verharmlosten, anstatt sofort einen Arzt zu rufen? War es Hollywood, diese gnadenlose Maschinerie der Menschenvernichtung? Kurz: Ist River Phoenix ein moderner Märtyrer?
Wirklich bizarr mag eine These klingen, an die sich selbst hartgesottene Verschwörungstheoretiker nur vorsichtig heranwagen: River Phoenix, so die ganz Paranoiden unter uns, ist in der gleichen Straße gestorben wie John Belushi (Blues Brothers). Beide starben an einem Speedball.

In der gleichen Nacht wie River Phoenix ist auch Federico Fellini gestorben; und es war auch noch Halloween, die unheimliche Hexennacht. Wollen etwa überirdische und überaus dämonische Kräfte der internationalen Filmindustrie ihre begabtesten Leute rauben? Vermutlich muß man selbst starke Drogen schlucken, um dies zu glauben. Immerhin: Die Gerüchte existieren.
Die Wahrheit, wenn es denn nur eine Wahrheit gibt, hat etwas weniger Glanz. Der amerikanische Journalist John Glatt behauptet in seinem Buch *Lost in Hollywood*, die Hippie-Vergangenheit der Familie sei die Saat zu allem, und er schildert Rivers Kindheit und Jugend als ein einziges rücksichtsloses Experiment. »Niemand, der River kannte, fühlte sich nicht schuldig«, bekannte sein Vater, als es zu spät war.
Bei der Trauerfeier sagte Harrison Ford: »Er spielte einmal meinen Sohn, und ich begann ihn zu lieben wie einen Sohn.« Auf Bitten der Familie gaben die Trauergäste statt Blumen Spenden für Umweltschutzverbände.
Der Bürgersteig vor dem Sunset Boulevard blieb von Kerzen und Blumen übersät. Fans schrieben Liebesbriefe und attakkierten auf Flugblättern die Freunde Rivers, die ihn in den Tod getrieben hätten.
Der Viper Room wurde für ein paar Tage geschlossen.

Kurt Cobain

Am Abend des 5. April 1994 schoß sich Kurt Cobain, Stimme der Grunge-Generation, in dem Gartenhaus seines Anwesens in Seattle eine Kugel in den Kopf, am Morgen des 8. April fand ihn ein Elektriker. Bald machten Gerüchte die Runde, daß der Selbstmord kein Selbstmord war, und Courtney Love, die berühmteste und berüchtigste Musik-Witwe seit Yoko Ono, soll etwas mit dem Tod ihres Mannes zu tun gehabt haben.

»Ich habe selten einen klareren Suizid gesehen«, sagte dagegen ein mit der Untersuchung befaßter Beamter. Dennoch: Fragen bleiben. Wenn es auch mehr als unwahrscheinlich ist, daß Kurt Cobain ermordet wurde, so bleibt doch bei vielen Amerikanern das Gefühl, daß nicht alles mit rechten Dingen zugegangen ist. Es tauchen Ungereimtheiten auf, erstaunliche Erkenntnisse und merkwürdige Indizien – wenn es auch die Melange aus verrückten Verschwörungstheoretikern und heroinabhängigen Kronzeugen dem Beobachter nicht leichtmacht, genauer hinzuschauen.

Rückblick: Mit *Nevermind* brachte Kurt Cobains Band Nirvana 1991 eines der erfolgreichsten Rock-Alben aller Zeiten heraus, die Single »Smells Like Teen Spirit« war sofort ein Hit. *Nevermind* verdrängte Michael Jacksons *Dangerous* von der Nummer-eins-Position der Billboard-Charts. Cobain konnte den Rummel um seine Person und alle anderen Begleiterscheinungen des plötzlichen Ruhms kaum ertragen, seine Heroinsucht wurde immer schlimmer. Kurz zuvor hatte er Courtney Love kennengelernt, und manche behaupten, sie habe ihn erst richtig abhängig gemacht. Mag Courtney auch eine verdrehte Frau sein: Vieles von dem Haß, der ihr entgegenschlägt, hat ganz offensichtlich mit der Abneigung der Amerikaner gegen starke, selbstbewußte Frauen zu tun.

Courtneys Leben klingt wie ein Hollywood-Film, in dem es die Hauptdarstellerin trotz verpfuschter Kindheit, Drogenexzessen und Problemen mit dem Gesetz nach ganz oben schafft. Courtney begann als Groupie (das gibt sie auch freimütig zu) und brachte es bis auf den Titel von *Vanity Fair* – der ultimative Ritterschlag in der Populärkultur. Am 24. Februar 1992 heirateten Courtney und Kurt auf Hawaii. Ihre Tochter Frances Bean wurde am 18. August geboren. Sie war gesund, was keineswegs selbstverständlich war: In besagter *Vanity Fair*-Titelstory hatte Courtney zugegeben, noch während der Schwangerschaft Heroin genommen zu haben, was einen Sturm der Entrüstung ausgelöst hatte.

Im März 1994 mußte Nirvana die Europatournee abbrechen, nachdem Kurt beim Auftritt in München seine Stimme verloren hatte; ein Arzt diagnostizierte eine schwere Bronchitis. Kurt flog nach Rom und quartierte sich im Hotel Excelsior ein, Courtney kam mit Tochter Frances einen Tag später. Kurt ließ sich Rohypnol besorgen, ein starkes Beruhigungsmittel, und er bestellte zwei Flaschen Champagner. Früh am nächsten Morgen wachte Courtney auf und sah, daß Kurt bewußtlos war und aus der Nase blutete. Eine Ambulanz brachte ihn in die Klinik, Journalisten belagerten das Hotel, und CNN vermeldete gar den Tod Kurt Cobains. Kurts Management sah sich gezwungen, am nächsten Tag eine Presseerklärung zu veröffentlichen, daß es sich »definitiv nicht um einen Selbstmordversuch« handelte, sondern um einen Unfall: Wer Alkohol mit Beruhigungsmitteln vermengt, spielt mit dem Feuer.

Auch Courtney bestritt zunächst, daß es sich um einen Selbstmordversuch handelte – dieser Umstand sollte später wichtig werden. Am 18. März, zwei Wochen nach dem »Unfall« in Rom, erhielt die Polizei in Seattle auf der Notrufleitung 911 einen Anruf von Courtney, die aussagte, daß sich ihr Mann mit einer Waffe in einem Zimmer eingeschlossen und gedroht habe, sich umzubringen. Als die Polizei eintraf, öffnete Kurt die Tür und bestritt, sich umbringen zu wollen, er habe sich lediglich vor Courtney versteckt. Auf Nachfrage der Beamten gab Courtney zu, daß er nicht mit Selbstmord gedroht und sie auch keine Waffe gesehen habe. Sie sei nur besorgt um Kurts Wohlergehen gewesen.

Am 30. März kaufte ein Freund für Kurt ein Remington-Gewehr. Der Freund sagte später aus: »Zu diesem Zeitpunkt war Kurt auf keinen Fall selbstmordgefährdet, sonst hätte ich ihm die Waffe niemals gekauft.« Kurt erklärte einmal in einem Interview, warum er Waffen brauchte: »Gewehre sind Schutz. Ich habe keine Leibwächter. Ich bin nicht sehr kräftig, ohne Waffe könnte ich keinen Eindringling aufhalten.«

Daß der Zwischenfall in Rom ein Selbstmordversuch war, kam erst *nach* Kurts Selbstmord heraus. Niemand von seinen engen Freunden hatte vorher davon gesprochen. Leute, die an Mord glauben, vermuten daher, Rom sei ein willkommenes Indiz, um den vermeintlichen Selbstmord plausibel zu machen.

Kurt flüchtete aus einem Rehabilitationsprogramm, und Courtney, die sich in Los Angeles aufhielt, konnte ihn nicht finden. Am 3. April, Ostersonntag, beauftragte sie einen Privatdetektiv namens Tom Grant, Kurt ausfindig zu machen.

Tom Grant sollte später der wichtigste Verfechter der Mord-These werden. Daß sie ihn beauftragte, war wohl Zufall: Er war der einzige in den Gelben Seiten aufgelistete Detektiv, der am Ostersonntag in seinem Büro anzutreffen war. Kurt war nach Seattle geflogen. Am Montag, den 4. April will ihn ein Anlageberater getroffen haben. Angeblich fuhr er Kurt, als ihm die Zigaretten ausgingen, zu einem Tabakladen. Auf dieser Fahrt soll Kurt ihm gestanden haben, er fürchte um sein Leben. Der Anlageberater kann jedoch nicht beweisen, daß er wirklich mit Kurt Cobain unterwegs war; er kann keinen Zeugen auftreiben, der beide gemeinsam gesehen hat.

Am Morgen des 8. April sollte ein Elektriker eine Alarmanlage am Haus der Cobains installieren. Durch das Fenster des Gartenhauses sah er gegen 8.40 Uhr einen Leichnam. Er rief sofort seinen Boß an, und der rief (Ach, Amerika ...) eine Radiostation an, und die erst verständigte die Polizei. Nach einer halben Stunde ging die Nachricht von Kurt Cobains Tod um die Welt.

Tom Grant hatte inzwischen anhand der Kreditkartenabrechnungen herausgefunden, daß ein paar Stunden vor Kurts Tod jemand mit seiner Kreditkarte Blumen im Wert von 43,29 Dollar gekauft hatte. Dieser Entdeckung maß der Detektiv keine Bedeutung bei, bis der Gerichtsmediziner bekanntgab, daß Kurt schon mindestens zwei Tage tot war – eines der ersten Rätsel. Die Karte wurde nicht bei Kurt gefunden, und Courtney hatte sie längst sperren lassen.

Kurts Mutter wurde verständigt; ironischerweise trug sie, als sie am Ort des Geschehens eintraf, ein T-Shirt mit der Aufschrift »Grunge is dead«. Auf einem Abfallhaufen im Gartenhaus lag der Abschiedsbrief für Courtney; die Gerichtsmediziner sprachen sofort von Selbstmord.

Erste Zweifel streute der Bericht eines leitenden Redakteurs in der *Seattle Times* am 11. Mai, einen Monat nach dem tragischen Vorfall. »Kurt Cobains Tod war keineswegs ein so klarer Fall, wie es die Polizei von Seattle ursprünglich bekanntgegeben hatte«, schrieb der Journalist. Beamte vom Morddezernat hatten den Fall genauestens untersucht; sie hatten zweihundert Stunden lang mit Familie, Freunden und Bekannten Kurt Cobains gesprochen. Polizeisprecher erklärten die intensiven Ermittlungen mit der Prominenz des Musikers – sie wollten alle Zweifel am Selbstmord ausschließen, erreichten aber das Gegenteil. Der Tod, so schloß die Zeitung, war »wahrscheinlich ein Selbstmord«, doch Zweifel blieben, »vor allem wegen der rätselhaften Begleitumstände beim Zwischenfall in Rom.«
Die rätselhaften Begleitumstände in Rom und in den Tagen danach lassen sich in fünf Punkten zusammenfassen:

1. Der Abschiedsbrief

Der Abschiedsbrief, die wichtigste Stütze der Selbstmordtheorie, klingt keineswegs wie ein Abschied vom Leben, sondern wie ein Abschied vom Musikgeschäft – oder wie ein Scheidungsbrief. Lediglich die letzten vier Zeilen deuten auf den Selbstmord hin – und diese Zeilen sind in einer völlig anderen Schrift geschrieben (ein Faksimile des Briefes kann in dem Buch *Who Killed Kurt Cobain?* von Ian Halperin und Max Wallace eingesehen werden). Sie lauten:

»Bitte mach weiter, Courtney,
für Frances
Denn ihr Leben wird so viel glücklicher sein ohne mich
Ich liebe dich, ich liebe dich«

Die amerikanische TV-Sendung *Unsolved Mysteries* lud im Februar 1997 zwei der führenden Graphologen ein, um den Abschiedsbrief zu untersuchen. Einer der Experten war Marcel Matley, der 1995 auch die Untersuchungskommission in dem Selbstmordfall von Bill Clintons früherem Berater Vince Foster beraten hatte. Matley sagte, daß die Schlußsätze von einer anderen Person stammten. Der zweite Experte, Reginald Alton von der Oxford University, teilte diese Auffassung, wollte sich aber nicht völlig festlegen, weil er nur eine Kopie des Dokumentes vorliegen hatte. Beide Experten stimmten jedoch darin überein, daß der harmlos klingende Hauptteil des Briefes von Cobain stammte.

2. Die Drogenmenge

In Kurt Cobains Blut fand die Polizei eine Dosis Heroin, die die tödliche Menge um das Dreifache überschritt. Mit dieser Menge Heroin, so die Suizid-Skeptiker, könne kein Mensch mehr ein Gewehr gegen sich selbst richten und abdrücken. Der zuständige Gerichtsmediziner hingegen glaubt, daß ein *heavy user* wie Kurt eine höhere Toleranz gegenüber dem Heroin entwickelt – eine mehr als umstrittene These. Wiederum die Sendung *Unsolved Mysteries,* aber auch das Autorenduo Halperin und Wallace befragten führende Drogenexperten, die einstimmig aussagten, daß der gemessene Level von 1,52 Millilitern pro Liter Blut die Bewußtlosigkeit innerhalb von Sekunden herbeigeführt hätte. Auch alle befragten Junkies bestätigten, daß mit einer solchen Dosis keiner mehr ein Gewehr nehmen und abdrücken könnte – auch nicht unmittelbar nach dem Heroinschuß. Kurt Cobain hingegen soll noch den Ärmel heruntergerollt und sein Heroin-Kit sauber beiseite geräumt haben. Der kanadische Che-

miker Roger Lewis zitiert in seinem Werk *Dead Men Don't Pull Triggers* (etwa: Tote drücken nicht ab) mehr als sechzig Belege aus der Fachliteratur, daß ein Mann mit einer derartigen Dosis im Blut unmöglich bei Bewußtsein bleiben konnte. Eines dieser Belege ist J. J. Platts Standardwerk *Heroin Addiction: Theory, Research, and Treatment*. Dort wird die letale Dosis für einen 80 Kilogramm schweren drogenabhängigen Mann mit 0,5 Milliliter pro Liter Blut angegeben. Cobain wog nur 65 Kilo, was die letale Dosis noch geringer machen würde; der Grunge-Rocker hatte also mehr als das Dreifache der tödlichen Dosis im Blut (für interessierte Leser: Cobain hatte das 75fache der tödlichen Dosis für Nicht-Drogenabhängige im Blut).
Das *New England Journal of Medicine* veröffentlichte 1973 eine Studie über Herointote. Der höchste bis dahin jemals im Blut eines Toten gemessene Wert lag bei 0,93 Milliliter pro Liter – Kurt Cobain hatte über 50 Prozent mehr Drogen im Blut. Bei Opfern einer Überdosis trat sofort nach der Injektion das Koma ein; die Opfer starben mit der Spritze im Körper. Noch einmal: Cobain soll seine Spritze beiseite geräumt und danach den Selbstmord begangen haben.
Die Schlußfolgerung der Suizid-Skeptiker dagegen: Jemand mußte Cobain die Dosis injiziert und anschließend für ihn das Gewehr abgedrückt haben.

3. Die Fingerabdrücke

Weder auf dem Gewehr noch auf der Packung Patronen, noch auf dem Stift, mit dem der Abschiedsbrief geschrieben wurde, fanden sich lesbare Fingerabdrücke. Kurt Cobain hatte keine Handschuhe benutzt. Dies ist ein schwächeres Indiz; tatsächlich ist das Fehlen lesbarer Fingerabdrücke selten, kommt aber immer wieder vor: So kann beispielsweise starkes Schwitzen die Abdrücke unleserlich machen.

4. Dr. Hartshorne

Dr. Nikolas Hartshorne leitete die medizinischen Untersuchungen im Fall Kurt Cobain. Er war derjenige, der sofort aussagte, er habe nie einen klareren Suizid gesehen. Die Journalisten Halperin und Wallace unterstellen Hartshorne allerdings Befangenheit: Er war mit Kurt Cobain und Courtney Love gut bekannt. 1988, noch an der Universität, hatte Hartshorne eine kleine Agentur, die Punkrockkonzerte veranstaltete. Er vermittelte der völlig unbekannten Band Nirvana einen der ersten Gigs, außerdem wurde Hartshorne damals oft mit der damals ebenso unbekannten Courtney Love gesehen. Der Schluß aus diesem Umstand ist vage; Halperin und Wallace glauben zwar nicht, daß Hartshorne gemeinsam mit Courtney in eine Vertuschung verwickelt ist; immerhin erwähnen sie aber diese Möglichkeit und implizieren sie somit.

5. El Duce

Vollends bizarr wird das Nachspiel um Kurt Cobains Ende, als sich »El Duce« zu Wort meldete, ein Musiker, der bürgerlich Eldon Hoke heißt, sich als »König des Porno-Metal« bezeichnete und mit seinen Texten das puritanische Amerika stets aufs neue schockierte. Ende Dezember 1993, sagte Hoke, hielt eine Limousine vor dem Plattenladen in Hollywood, in dem er nebenbei jobbte. Courtney Love betrat den Laden und bat Hoke angeblich, ihren Mann für 50 000 Dollar zu töten. »Meinst du das ernst?« fragte Hoke. Courtney Love meinte es ernst, sagte Hoke. Eine solche Behauptung kann zwar jeder aufstellen; immerhin gibt es aber einen Zeugen dafür, daß Courtney tatsächlich kurz vor Silvester 1993 im Laden auftauchte. Beweise für das Angebot Courtney Loves hatte El Duce nicht, er sorgte mit seiner Aussage aber für so viel Aufsehen, daß er von Dr. Edward Gelb vom FBI untersucht wurde, dem führenden Lügendetektor-Experten, der auch O. J. Simpson am Detektor anschloß. Courtney Loves Anwalt mußte die Kompetenz Dr. Gelbs anerkennen. Auf die Frage: »Hat Courtney Love Sie gebeten, Kurt Cobain umzubringen?« antwortete Hoke am Lügendetektor mit »Ja«, und nach Dr. Gelb ist die Wahrscheinlichkeit, daß er die Wahrheit sagte, bei 99,91 Prozent – ein Wert, der mit »an Sicherheit grenzende Wahrscheinlichkeit« definiert ist. Als Gelb Hoke im weiteren Verlauf der Befragung die gleiche Frage noch einmal stellt, erreicht er wieder diesen überzeugenden Wert. Auf die Frage: »Bot Ihnen Courtney Love 50 000 Dollar, um Kurt Cobain umzubringen?« schaffte Hoke noch eine Wahrscheinlichkeit von 99,84 Prozent. In den USA wird der Lügendetektor bei vielen gerichtlichen Entscheidungen zu Rate gezogen, doch auch Dr. Gelb gibt zu, daß es eine hundertprozentige Sicherheit nie geben wird.

Am 19. April 1997 nahm die Geschichte von »El Duce« eine dramatische Wendung. Eine Woche vorher hatte er noch seine Geschichte einem Dokumentarfilmer vom BBC erzählt, der eine Reportage über Cobains Tod machen wollte. Am Nachmittag des 19. April kam er mit einem Mann nach Hause, den er, wie er seinen Mitbewohnern erzählte, gerade getroffen hatte. Beide brachen bald wieder auf, um sich Alkohol zu kaufen. Um 21 Uhr wurde Hoke in seinem Auto von einem Zug erfaßt und starb. Es gab keine Zeugen, auch der

Lokführer hatte nichts gesehen. Die Polizei konnte den unbekannten zweiten Mann nicht ausfindig machen; Hokes Tod wurde als Unfall zu den Akten gelegt. Einen Selbstmord bestritten die Freunde; viele aus der Musikszene sind überzeugt, daß der Tod von »El Duce« etwas mit Kurt Cobain zu tun hatte.

Verwiesen sei an dieser Stelle auch auf das 1994 erschienene Buch *Never Fade Away* (deutsch: Nirvana – Das schnelle Leben des Kurt Cobain), in welchem der Autor Dave Thompson ausführlich auf die schwierige Kindheit und die daraus resultierenden psychischen Probleme des – wie Jim Morrison und Jimi Hendrix – im Alter von nur siebenundzwanzig Jahren gestorbenen Pop-Stars eingeht. Allerdings sei Cobain, so der Autor, nicht am Rock'n'Roll gestorben, sondern – »wie all die Joplins und die Shannons, die Garlands und Monroes« – eher an Vernachlässigung.

Trotz aller Fragen sprechen die meisten Indizien für Selbstmord – doch ein »Suizid, wie er klarer kaum sein kann«, der vielen Jugendlichen ihr Idol geraubt und 68 von ihnen zur Nachahmung bewogen hat, war es ganz bestimmt nicht.

Jitzhak Rabin

Am 4. November 1995 hielt der israelische Ministerpräsident Jitzhak Rabin auf dem Platz der Könige von Israel in Tel Aviv eine Rede vor 100 000 Menschen. Sie jubelten ihm zu, dankten ihm, dem ehemaligen Krieger, für seine Friedenspolitik und wollten ihn unterstützen gegen die Hetzkampagne religiöser Fanatiker, die ihm »Verrat« vorwarfen.

Wenige Minuten später war Jitzhak Rabin tot; ein religiöser Fanatiker hatte ihn nach der Rede von hinten erschossen. Yigal Amir, dreiundzwanzig Jahre alt, gestand die Tat und zeigte keine Reue, im Gegenteil: Er war überzeugt, das Volk Israel mit dem Mord wieder auf den rechten Weg gebracht zu haben. Was also ist an diesem politischen Attentat ungeklärt?

1998 erschien ein vielbeachtetes Buch des renommierten israelischen Journalisten Michael Karpin und der amerikanischen Israel-Korrespondentin Ina Friedman. Es heißt *Der Tod des Jitzhak Rabin – Anatomie einer Verschwörung.* Steckt hinter dem verheerendsten politischen Mord der neunziger Jahre also mehr, als es auf den ersten Blick scheint?

Das Osloer Abkommen vom 13. September 1993 zwischen Rabin und Palästinenserführer Jassir Arafat legte fest, daß die von Israel besetzten Gebiete Schritt für Schritt an das palästinensische Volk zurückgegeben werden sollen. Das brachte viele Israelis gegen Rabin auf. »Die innere Zwietracht wird furchtbar sein«, sagte Professor Yehoshafat Harkabi, ein vielgehörter Beobachter der israelischen Gesellschaft, im Januar 1994 voraus. »Es wird Attentatsversuche geben. Rabin wird keines natürlichen Todes sterben. Das Land wird einen ungeheuren Schock erleben.« Er sollte recht behalten.

Für Yigal Amir war das Osloer Abkommen eine himmelschreiende Ungerechtigkeit, ein Verrat an Israel. Viele Fanatiker waren vom Wandel des Ministerpräsidenten geschockt, denn vor den Wahlen von 1992 galt Rabin noch als »Mr. Sicherheit«, der forderte, man dürfe die PLO weder anerkennen noch in irgendeiner Form mit ihr Kontakt aufnehmen, noch die Golanhöhen freigeben oder gar PLO-Gefangene freilassen. War Rabin, so fragten sich Fanatiker wie Amir, ein von den Linken manipulierter Dummkopf, oder hatte er das Volk belogen, um als gemäßigter Rechter an die Macht zu kommen?

Viermal hatte Amir versucht, dem Ministerpräsidenten nahe zu kommen; mit seinem Bruder Haggai heckte er die perfidesten Attentatsvarianten aus. Inspiriert wurden beide unter anderem von Frederick Forsyth' Thriller *Der Schakal,* dessen Protagonist versucht, Charles de Gaulle umzubringen, der nach Meinung des französischen rechtsgerichteten Untergrunds Anfang der sechziger Jahre sein Land verraten hatte, weil er Algerien die Unabhängigkeit gewährte. Die Amirs sahen Parallelen zu Israels Situation. Bei der ersten Annäherung – im Januar 1995 beim Mahnmal für die Opfer des Holocaust – sagte Rabin in letzter Minute den Besuch ab, beim zweiten Mal – auf einem Volksfest der marokkanischen Juden – hatte Amir bereits ein Gewehr dabei, ließ aber von seinem Plan ab, weil ihm »flau im Magen« wurde. Ein drittes Mal, bei der Einweihung einer neuen Straße, tauchte

Amir zu früh auf und hatte Angst, enttarnt zu werden. Beim vierten Mal schoß er.
Zunächst wollte Amir eine M-16 mit Schalldämpfer benutzen, um aus großer Entfernung schießen zu können. Dann erwog er eine Autobombe gegen Rabins Wagen, dann wieder ein Auto, das mit einem Sprengsatz geparkt war, der gezündet werden sollte, wenn Rabin vorbeifuhr. Einer von Amirs Gesinnungsgenossen schlug vor, Amir sollte sich als Reporter ausgeben und ein Mikrofon mit einer Sprengladung präparieren, Rabin das Mikrofon vors Gesicht halten und die Ladung zünden. Danach wurde diskutiert, Rabins Trinkwasser zu vergiften oder eine Bombe durch die Wasserleitung in Rabins Haus zu schleusen. Amir gab sich als Klempner aus und schaffte es tatsächlich ungehindert, die Wasserrohre in Rabins Wohnhaus zu untersuchen und zu erkennen, daß die Idee nicht praktikabel war. Der nächste Vorschlag sah vor, ein ferngesteuertes Modellflugzeug mit Bombe auf Rabins Dienstwagen landen zu lassen. Weiterhin war überlegt worden, Rabin per Gewehr vor seinem Haus zu erschießen, doch die Wachen waren zu präsent.
Beim vierten Versuch Yigal Amirs, sich Rabin zu nähern, nahm der verblendete Attentäter eine 9-Millimeter-Pistole der Marke Beretta mit. Abwechselnd hatte er das Magazin mit Dumdum-Geschossen und normalen Patronen geladen. »Ich hatte immer Angst, daß die Waffe klemmen könnte. Meine größte Angst war, daß in dem Moment, wo ich abdrücke, nichts passiert, daß ich daraufhin verhaftet werde und für den Rest meines Lebens im Gefängnis sitze«, sagte Amir im Verhör, »ich zog auch die Möglichkeit in Betracht, daß ich schieße und dann getötet werde. Darauf war ich gefaßt.«
Er fuhr mit dem Bus zur Kundgebung und wartete auf dem dunklen Parkplatz. Die Sicherheitsvorkehrungen waren un-

gewöhnlich lax; Amir wartete wenige Meter von Rabins Wagen. Eine halbe Stunde vor dem Ende der Veranstaltung ging ein Polizist auf ihn zu und wollte ihn offenbar kontrollieren. Amir bekam unverhofft Hilfe von dem Sänger und Jugendidol Aviv Geffen, der an ihnen vorüberging. »He, haben Sie den Typ gesehen?« fragte Amir den Polizisten. Der nickte. »Der hat sich vor dem Wehrdienst gedrückt«, höhnte Amir. »Der Wichser ist ein Drückeberger«, höhnte der Polizist, und beide waren Verbündete. Nach einer Weile deutete der Polizist auf eine Person und fragte, wer das sei. Amir hatte keine Ahnung, antwortete aber: »Schon in Ordnung. Das ist einer von uns.« Tatsächlich war der Mann Rabins Chauffeur Menachem Damit.

Als ein weiterer Polizist kam, fragte er Amir, wo dessen Wagen stehe. »Dort«, antwortete Amir, zeigte aber auf kein bestimmtes Auto. »Stellen Sie sich daneben«, sagte der Beamte. »Okay«, erwiderte der junge Wirrkopf und schlenderte ein paar Meter weiter. Ein paar Minuten später kamen zwei Polizisten dicht an Amir vorbei, der zehn Meter von Rabins Wagen entfernt auf dem Rand einer großen Pflanzschale saß. Der eine Polizist zeigte auf ihn und fragte den anderen: »Wer ist das?« – »Schon in Ordnung«, sagte der Kollege, »das ist ein Geheimer.«

Unterdessen fragte ein Journalist Rabins Frau Leah, die ebenfalls auf der Bühne stand, ob Rabin eine kugelsichere Weste trage. »Was soll diese Frage?« gab sie erbost zurück. »Wozu braucht er eine kugelsichere Weste? Leben wir in einer Bananenrepublik? Ich verstehe nicht, was in den Köpfen von euch Journalisten vorgeht!«

Außenminister Shimon Peres hatte ebenfalls an der Veranstaltung teilgenommen und ging nun auf dem Parkplatz mit seinen Sicherheitsbeamten an Amir vorbei. Amir hatte

in seiner Gruppe diskutiert, ob man auch Peres »aus dem Weg räumen« müsse, wie er sich ausdrückte, doch kam man überein, daß Rabin der »gefährlichere« der beiden sei.
Dann kam Rabin die Treppe zum Parkplatz herunter; die Tür seines Wagens wurde ihm geöffnet. Rabin und seine Leibwächter gingen keine fünf Meter an Amir vorbei, der zog seine Waffe und gab drei Schüsse ab. Zwei Dumdum-Geschosse zerfetzten Rabins Milz, durchtrennten Hauptarterien in seiner Brust und zerschmetterten das Rückgrat, die dritte Kugel traf seinen Leibwächter Yoram Rubin an der Hand. Kaltblütig rief Amir: »Es ist nichts! Es ist nichts! Nur ein Scherz!« Und: »Platzpatronen, Platzpatronen.« Rabin faßte sich an den Bauch und fiel nach vorn. Sein verletzter Leibwächter stieß ihn ins Auto, sein Fahrer raste mit Rabin ins Ichilov-Krankenhaus, das nur wenige Straßen entfernt lag. Polizisten und Shabak-Agenten entrissen Amir die Waffe und überwältigten ihn.
Kurz vor 23 Uhr, anderthalb Stunden nach dem Attentat, starb Rabin auf dem Operationstisch. Sein Bürochef Eitan Haber verlas vor den Reportern folgende Erklärung: »Mit Abscheu, großem Kummer und tiefer Trauer gibt die Regierung Israels den Tod Jitzhak Rabins bekannt, der von einem Mörder hingemeuchelt wurde ...«
Der Mord verblüffte Fachleute, weil das Persönlichkeitsprofil Yigal Amirs nicht im geringsten demjenigen politischer Attentäter entsprach; diese entstammten zumeist unteren sozialen Schichten, waren in prekären familiären Situationen aufgewachsen und hatten enorme persönliche Schwierigkeiten, privat und im Beruf. Das trifft auf Lee Harvey Oswald ebenso zu wie auf James Earl Ray, den Attentäter Martin Luther Kings, auf den vermutlichen Palme-Mörder Petterson und auf alle anderen. Amir jedoch kam aus der

Mittelklasse, trug aus guten Schulen gute Noten heim, hatte viele Freunde und Erfolg bei den Frauen (zu einigen deutschen Mädchen unterhielt er eine Brieffreundschaft); er absolvierte den Militärdienst in einer Eliteeinheit und studierte an einer der angesehensten Universitäten des Landes; außerdem wurde er als einer von wenigen Freiwilligen als Berater für Sommerlager jüdischer Jugendlicher ausgewählt. All dies spricht dafür, daß der Mord nicht so einfach in das übliche Schema eines politischen Attentats paßt – daß also tatsächlich mehr dahintersteckt.

Weil der Mord so beiläufig, so problemlos geschah, wurde der Fall Rabin auch zu einem Fall für Verschwörungstheoretiker. Auf diversen populären Internet-Seiten werden die vorgeblich wahren Schuldigen genannt: Da heißt es beispielsweise: »Die CIA tötet weltweit. Ich bin sicher, daß Rabin auf ihr Konto geht. Er war ausgleichend, sie aber wollen künstliche Polarisierung, Spannung, Haß, Krieg ... Rabin war zu ausgleichend. Also wurde er getötet, und prompt fliegt Israel nach 14 Jahren die ersten Luftangriffe gegen Beirut. Das ist Polarisierung. Zufall? Oder ein Plan? Ich glaube an das Planspiel, mit lebenden Figuren.« Keineswegs nur ein paar versprengte Spinner glauben an diese kruden Theorien, sondern eine ernst zu nehmende Anzahl Menschen – die »Rabin conspiracy« findet sich reichlich im Netz.

Begeben wir uns auf die rationale Ebene zurück: Der ausführende Mörder war ohne Zweifel Yigal Amir; doch ein Blick auf die Hintermänner, die dem Mord den Weg geebnet hatten, wirft die ewige Frage von Verantwortlichkeiten auf. War Amir nur die willfährige Hand mächtiger Drahtzieher? Viele Journalisten glauben, daß der Mord von gewissen religiösen Fanatikern nicht nur in Kauf genommen, sondern regelrecht gefordert worden war.

Die Anfeindungen, die Rabin wegen seiner Versöhnungspolitik aushalten mußte, waren zahlreich und nahmen in ihrer Heftigkeit von Tag zu Tag zu:

- »Wir sind Zeugen eines Landesverrats«, rief ein Abgeordneter im August 1993, nachdem erste Entwürfe zum Osloer Abkommen bekannt geworden waren. Ein Demonstrationsaufruf, der von der rechten Parlamentsopposition unterstützt wurde, lautete: »Das Volk erhebt die Waffen gegen den Verrat der Regierung Rabin am Staat Israel.« Dabei hatten am Tag vor Unterzeichnung des Osloer Abkommens 62 Prozent der israelischen Juden für den Friedensplan gestimmt.
- Ein besonders perfider Aufruf zur Revolte kam von einem einflußreichen Anwalt, der im März 1995 einem Generalmajor sagte: »In Hitlerdeutschland gab es Offiziere, die begriffen, daß ihre Regierung das deutsche Volk in den Untergang führte, und sie erhoben sich und rissen ihre Abzeichen herunter und bezahlten dafür mit dem Leben. Auch bei uns führt die Regierung das Volk in den Untergang.«
- Einen Monat vor dem Attentat veranstaltete die Vereinigung der Amerikaner und Kanadier in Israel einen Jahrmarkt. Bei Rabins Ankunft wartete bereits eine Gruppe Demonstranten, die ihn mit den Rufen »Hau ab!« und »Der Hund ist angekommen« begrüßte. Ein Rabbiner der Hebräischen Universität stürmte auf Rabin zu und keilte sich bis zu den Leibwächtern durch. Die Tageszeitung *Ha'aretz* schrieb daraufhin geschockt: »Der Mord an Rabin – ein Probelauf«.
- Zwei Wochen vor dem Attentat versammelte sich eine Gruppe religiöser Fanatiker vor Rabins Haus und belegte

ihn lautstark mit einem Todesfluch. Ein Korrespondent der französischen Wochenzeitschrift *Nouvel Observateur* berichtete von der explosiven Stimmung und glaubte, es sei nur noch eine Frage der Zeit, bis es zu einem wirklichen Attentat kommen könne. Der Artikel erschien am Donnerstag, den 2. November – zwei Tage später wurde Jitzhak Rabin ermordet.

Verantwortlich für die Hetze gegen Rabin, so die Autoren Karpin und Friedman, sei die nationalistische Yesha-Organisation, die die jüdischen Siedler im besetzten Westjordanland vertritt und mit zahlreichen Kontakten in höchste gesellschaftliche Ebenen versuchte, Jitzhak Rabin mürbe zu machen. Einer der ihren verglich die Regierung Rabin mit dem französischen Vichy-Regime: »Jene, die Groß-Israel treu sind, haben das Recht, eine Regierung, die Gebiete aufteilt, für illegal zu erklären, ebenso wie de Gaulle die Vichy-Regierung für illegal erklärt hat … Wir werden die Unterzeichnung des Osloer Abkommens so behandeln, wie Kollaboration mit den Nazis im besetzten Frankreich behandelt wurde … Dies ist ein Akt des Verrats, und der Tag wird unweigerlich kommen, an dem Rabin für diesen Akt zur Rechenschaft gezogen wird wie damals Pétain.«
Im Yesha-Rat wurde unter anderem diskutiert, Rabins Namen bei jeder Erwähnung das Wort »Verräter« hinzuzufügen. Ein weiterer Yesha-Mann (Yesha ist ein hebräisches Kürzel für Judäa und Samaria, die das Westjordanland bilden, und Gaza) war verantwortlich für die üblen Transparente gegen Rabin, die ihn im *keffieh,* dem traditionellen arabischen Kopftuch, zeigten. Ein weiteres Plakat zeigte das weltberühmte Foto des Händedrucks zwischen Rabin und Arafat, und darunter stand: »Aids: eine Krankheit, die

manchmal entsteht, wenn gebildete Menschen ihren Impulsen freien Lauf lassen und sich unverantwortlich und ohne die angemessene Vorsicht verhalten«. Erst nach dem Attentat distanzierte sich der Yesha-Rat von den Übergriffen einiger Mitglieder.
Anonyme Fanatiker verbreiteten von einem Piratensender vor der Küste Israels Botschaften wie diese: »Die Rechte in diesem Land ist impotent. Jedesmal, wenn ich zu einer Demonstration in Jerusalem gehe, bin ich am Ende frustriert. Was nützt es schon, eine halbe Stunde lang mit ein paar tausend Leuten herumzustehen, sich mal eine Rede von Netanjahu anzuhören und dann ruhig nach Hause zu gehen? Kein Wunder, wenn Rabin sagt, daß diese Demonstrationen ihn kaltlassen. Wenn aber Tausende von Leuten in die Amtsräume des Ministerpräsidenten eindringen, sich Rabin schnappen und ihn hinausschleifen, das würde ihn nicht kaltlassen! ... Es ist Zeit, die Handschuhe abzulegen und sich Rabin richtig vorzuknöpfen.«
Anfang Oktober 1995 zeigte eine Fotomontage, die auf einer Demonstration herumgereicht wurde, Rabin in einer SS-Uniform. Das ging selbst den Hardlinern in der Opposition zu weit: Sie hatten die Befürchtung, ihre harschen Proteste könnten zum Bumerang werden. Doch die Dementis klangen kaum überzeugend, der Romanautor Moshe Shamir beispielsweise reagierte folgendermaßen: »Nein, Jitzhak Rabin ist kein Nazioffizier, wie er auf diesem Bild gezeigt wird. Doch Rabin ist ein Kollaborateur mit Tausenden von Nazioffizieren, die er ins Herz des Landes Israel führt, das er unter dem Kommando ihres Führers, Adolf Arafat, an sie aushändigt, um den Plan der Vernichtung des jüdischen Volkes voranzubringen ... Diese Beleidigung des Blutes ist eine Nazi-Tat im wahrsten Sinne des Wortes. Das nationale Lager

muß die Reihen schließen, um die von Rabin geführte Kollaborationsregierung zu stürzen.«

Es war Wahnsinn, doch hatte er Methode: »Die Hetzkampagne gegen Jitzhak Rabin in Israel mochte noch so roh und schrill sein – verglichen mit der Kampagne in den USA, die sich gemeinhin eines zivilen Umgangstons im politischen Streit rühmen kann, konnte sie einem fast maßvoll vorkommen« (Karpin/Friedman). Die »American Connection«, in den USA lebende rechte und orthodoxe Juden, unterstützte die israelischen Genossen mit viel Geld; unverhohlen wurde Rabin von den USA aus als Nazi verunglimpft, der Haß der US-Juden auf Rabin war unbeschreiblich. Bei einer Demonstration auf dem New Yorker Times Square im Dezember 1993 sagte ein Teilnehmer: »Rabin ist schlimmer als Hitler. Hitler war ein Goj, der Juden getötet hat. Rabin ist ein Jude, der Juden tötet. Rabin sollte umgebracht werden.« Noch bevor das Wort in Israel selbst die Runde machte, wurde Rabin in New York und anderswo als »Verräter« beschimpft. Unter den schlimmsten Fanatikern wurde öffentlich diskutiert, ob Rabin zu töten sei und ob dies gegen das Fünfte Gebot verstoßen würde.

Als der Mord tatsächlich passierte, waren die rechten, orthodoxen Juden in den USA allerdings entsetzt – obwohl einer von ihnen schrieb: »Mir fällt es nicht leicht, aber es muß jetzt gesagt werden, daß Jitzhak Rabin und seine Mitstreiter das emotionale Klima geschaffen haben, das zu diesem Attentat geführt hat.«

Der Mord an Jitzhak Rabin wurde im vornhinein zu einer geradezu religiösen Aufgabe erklärt. Yigal Amir ist des Mordes schuldig, doch diejenigen, die die Stimmung gegen Rabin provoziert haben, trifft eine Mitschuld – sie haben den Tod des Friedensstifters wissentlich in Kauf genommen.

Gianni Versace

Dumpf tönten die Glocken über der Piazza del Duomo, als die Angehörigen und Freunde von Gianni Versace im Mailänder Dom Abschied nahmen. Tausende von Schaulustigen hatten sich vor den mächtigen Portalen des Gotteshauses eingefunden, um dem ermordeten Modeschöpfer die letzte Ehre zu erweisen. Im Inneren der schlicht geschmückten Kirche gedachten die Schönen und Reichen des italienischen Couturiers – Popstar Elton John und Prinzessin Diana, die Modezaren Karl Lagerfeld und Giorgio Armani, Skistar Alberto Tomba und Model Naomi Campbell, tief erschüttert angesichts des rätselhaften Todes ebenjenes Mannes, der die Modewelt wie kaum ein anderer beeinflußt hat.
Gianni Versace wurde am 2. Dezember 1946 in Reggio di Calabria geboren. Sein Vater war Handelsreisender, die Mutter Schneiderin und Boutique-Besitzerin. Im Geschäft seiner Mutter arbeitete Versace schon von Kind auf, 1978 brachte er nach abgebrochenem Architekturstudium seine erste Damen-Kollektion auf den Markt und gründete seine eigene Firma. Heute setzt das Unternehmen, das von seiner Familie weitergeführt wird, über 1,3 Milliarden Mark pro Jahr um, werden in den weltweit 500 Exklusiv-Boutiquen außer Mode auch Parfüms, Schmuck und Brillen verkauft.
Versace war ein reicher Mann. In Mailand besaß er einen Palazzo aus dem 17. Jahrhundert mit 3 500 Quadratmetern, am Comer See gehörte ihm die Villa Fontanella aus dem Jahr

1780, in New York besaß er als Businеßsitz eine Stadtvilla, in Miami residierte er in einem 15 Millionen Mark teuren Anwesen am exklusiven Ocean Drive.
In Miami fühlte sich Versace besonders wohl: »Die Atmosphäre ist sehr, sehr lässig. Diese Stimmung habe ich nirgendwo sonst auf der Welt wiedergefunden.« Kein Wunder – South Beach ist das Viertel der Reichen und Berühmten, teure Hotels, Designerläden und schicke Restaurants, in denen Stars wie Elton John, Sylvester Stallone und Madonna verkehren. Und South Beach ist auch das Zentrum der Schwulen. Manche kommen, um im warmen, subtropischen Klima die letzten Jahre vor dem Aidstod zu genießen, viele schöne junge Männer ziehen in die Stadt, um eine Karriere als Model zu starten. Einige steckten ihre Bewerbungsmappen direkt in Versaces Briefkasten am Ocean Drive. Es war kein Geheimnis, daß der schwerreiche Modezar Männer liebte.
Dort, am Ocean Drive, wartete am 15. Juli 1997 der Mörder auf Gianni Versace. Offenbar war der Täter gut informiert, denn er nutzte die Gewohnheit des Modeschöpfers aus, jeden Morgen allein seine Prachtvilla zu verlassen, um Zeitschriften zu kaufen. Als Versace auf dem Rückweg sein schmiedeeisernes Tor öffnete, kam der Killer von hinten. Aus kürzester Distanz feuerte er Versace zwei Kugeln vom Kaliber .40 in den Kopf und flüchtete zu Fuß.
Das FBI und die Polizei von Miami waren schnell mit drei Mordtheorien zur Stelle. Die erste war lapidar – ein ehemaliger Geliebter schoß aus Eifersucht oder gekränkter Eitelkeit. Doch die Recherchen unter den Freunden und Bekannten des Modeschöpfers blieben ohne konkrete Spur. Die zweite Theorie war da schon spannender: In der Nähe von Versaces Leiche wurde eine tote Taube gefunden, die gängige Unter-

schrift der Cosa Nostra. Sollte hinter dem Tod des Couturiers eine Mafia-Verschwörung stecken? Auch die Präzision der Todesschüsse ließ einen professionellen Killer vermuten. Nahrung bekam dieses Gerücht durch die Aussagen des Top-Models Kate Hatch, die jahrelang Versace-Mode auf dem Laufsteg präsentierte. Im britischen Magazin *The Spectator* führte sie Argumente an, warum Versace einem Auftragsmord erlegen sei. So habe der Modeschöpfer ein Jahr vor seinem Tod einen Detektiv angeheuert, weil er Angst vor dem organisierten Verbrechen hatte. Kate Hatch glaubt, daß Versace erschossen wurde, weil er über die enge Kooperation zwischen dem Mailänder Modebusineß und der Unterwelt auspacken wollte. Gerüchte über Versace und seinen sagenhaften Reichtum machten schnell die Runde: So zitierte der Londoner *Independent* Insider, die sich Versaces Vermögen nur dadurch erklären konnten, daß er persönlich Geld für die Mafia wusch. Wegen ähnlicher Mutmaßungen hatte der Modeschöpfer den *Independent on Sunday* bereits 1995 erfolgreich verklagt. Während die Medien noch über dunkle Mafia-Verbindungen mutmaßten, hatte die Polizei schon längst eine neue heiße Spur, Andrew Cunanan, »gebildet, gut angezogen und wortgewandt«, so die Einschätzung von Miamis Polizeichef Richard Barreto – und ein schwuler Serienmörder. In San Diegos Schwulenbezirk Hillcrest galt der verkrachte Student als strahlender Party-Boy. Halbnackt pflegte der dunkeläugige Schönling in Hardrock-Bars zu tanzen, wo Soldaten und Yuppies nach Bettgenossen suchten. Seinen Eroberungen erzählte Cunanan, er sei Erbe einer schwerreichen Familie, außerdem würden ihn Hollywood-Regisseure mit Angeboten eindecken. »Er erfindet seine Geschichte« warnte eine Internet-Seite, »indem er Fakten aus dem Leben von anderen

Menschen absorbiert, die er getroffen hat.« Doch irgendwann im Frühjahr 1997 muß im Leben des exzentrischen Callboys tatsächlich etwas passiert sein – Ende April lud er noch einmal alle Freunde zu einer Abschiedsparty ein, auf der er ihnen eröffnete, daß er in den Mittleren Westen müsse. Warum, verriet er keinem Menschen. Dann begann Cunanan eine blutige Spur quer durch die USA zu hinterlassen. Am 29. April tötete er seinen früheren Freund, den Ex-Marine-Leutnant und Ingenieur Jeffrey Trail; er erschlug ihn mit einem Hammer, wickelte ihn in einen Teppich und schleppte die Leiche in das Apartment seines zweiten Opfers. In Rush City, unweit von Minneapolis, erschoß Cunanan den Architekten David Marsh. Zwei Fischer fanden dessen Leiche im East-Rush-See. Cunanan zog mit dem roten Jeep Cherokee von Marsh weiter Richtung Osten. Sein nächstes Opfer: der Immobilienmakler und Multimillionär Lee Miglin. Cunanan ermordete ihn am 4. Mai durch zehn Messerstiche in die Brust und sägte ihm die Kehle durch; anschließend überrollte Cunanan den Toten noch fünfmal mit dem Auto. Wieder wechselte er den Wagen: Er ließ den Cherokee stehen und nahm dafür den Lexus – von Miglin. Die nächsten Tage vergingen relativ ereignislos. Am 8. Mai registrierte dann die Polizei von Chicago Gespräche mit dem Autotelefon von Miglin. Und am 9. Mai schlug Cunanan bereits wieder zu: Der Friedhofs-Angestellte William Reese wurde aus nächster Nähe in seinem Büro erschossen, sein roter Pick-up gestohlen.
Dieser rote Pick-up war dann auch die heiße Spur, die zu Cunanan führte, denn der Wagen wurde kurz nach der Ermordung Versaces in unmittelbarer Nähe des Tatorts gefunden. Doch was war das Motiv? Und welche Beziehung gab es zwischen Cunanan und Versace?

War Cunanan dem Modeschöpfer schon einmal begegnet? Hatte Versace diesen gar als Liebhaber gehabt? Ihn womöglich mit Aids infiziert?
Für eine Bekanntschaft zwischen Cunanan und Versace gibt es allenfalls fragwürdige Hinweise. Eine Reporterin des Modeblatts *Vanity Fair* will von Freunden Cunanans gehört haben, die beiden hätten sich einmal in der Oper von San Francisco getroffen. Da habe der Designer zu Cunanan gesagt: »Ich erinnere mich an dich. Lago di Como, nicht wahr?« Doch genauso möglich ist, daß sich Cunanan sein Opfer nur zufällig ausgesucht hat, weil dieser extrem auffällig lebte. Auch die Aids-Theorie steht auf schwachen Füßen; zwar fürchtete Cunanan nach Aussagen von Freunden, HIV-positiv zu sein, die genauen Ergebnisse seiner Bluttests werden aber geheimgehalten, und inoffiziell verlautete, daß er nicht mit dem Erreger infiziert gewesen sei. Versaces Leiche wurde in dieser Hinsicht nicht untersucht, seine Familie ließ ihn schnell in Italien beerdigen. War Cunanan wirklich der Mörder, und was trieb ihn zu seiner Tat?
Wahrscheinlich war Cunanan der Mörder, sicher läßt sich die Frage nicht beantworten. Und wenn er es war, so hat der Killer die Antwort nach dem Grund für seine Tat mit ins Grab genommen, denn nach einer tagelangen intensiven Jagd wurde Cunanan am 25. Juli 1997 von einem Hausmeister auf einem pastellblauen Hausboot in Miami Beach entdeckt. Spezialeinheiten stürmten nach stundenlanger Belagerung die schwimmende Villa, in der sich der mutmaßliche Serienmörder verschanzt hatte, doch da hatte sich der Gejagte bereits seine halbautomatische Pistole vom Kaliber .40 in den Mund gesteckt und abgedrückt – es war die gleiche Waffe, mit der Versace ermordet worden war. Das Gesicht des Toten war derart entstellt, daß er erst Stunden spä-

ter anhand der Fingerabdrücke als Andrew Cunanan identifiziert werden konnte.
Gleich nach dem Tod Cunanans machten neue Gerüchte die Runde: Wurde er von irgend jemandem gedeckt? Der Besitzer des Hausboots ist eine Kiezgröße aus Deutschland, seit 1993 per Haftbefehl international gesucht. Sollte er dem fünffachen Mörder einen Reisepaß besorgen, damit sich Cunanan nach Mexiko absetzen konnte? Doch auch diese Spur verlief im Sand. Die schillerndste Theorie bot Frank Monte, Ex-Söldner und Privatdetektiv. Seiner Meinung nach wurden Versace und Cunanan von der Drogen-Mafia ermordet. Cunanan habe mit dem Mord an Versace nichts zu tun gehabt, ihm sei die Sache nur in die Schuhe geschoben worden, weil er in der Szene bekannt gewesen sei und auf der Flucht war. Cunanan soll entführt worden, von einem Profi-Killer erschossen, drei Tage soll seine Leiche in einer Tiefkühltruhe versteckt, schließlich auf das Hausboot des Deutschen geschafft worden sein. Das FBI lehnte jede Stellungnahme zu dieser Theorie ab.
Im Dezember schloß die Miami Beach Police den Fall ab – ein 700 Seiten starker Bericht mit über 1 000 Fotos. Die entscheidenden Fragen, ob sich Versace und Cunanan kannten, ob Cunanan mit hundertprozentiger Sicherheit der Mörder war, und wenn ja, warum, werden auch dort nicht beantwortet. Einer der Ermittler kam zu dem Schluß: »Eins ist sicher: Andrew Cunanan wollte den Ruhm eines dramatischen Endes, wie ein Rock-Star.« Wer einen berühmten Menschen tötet, erwirbt sich diesen im Medienzeitalter schnell, auch wenn er sonst ein leeres und verpfuschtes Leben führt wie Andrew Cunanan.

Diana

Trotz aller mahnenden Worte im Buch *Ungelöst:* Inzwischen gilt es als ausgemachte Sache, daß bei Dianas tödlichem Unfall am 31. August 1997 im Pariser Alma-Tunnel einiges nicht mit rechten Dingen zugegangen ist – um das mindeste zu sagen. Selbst seriöse Medien melden mittlerweile Zweifel an und spekulieren eifrig mit. Als Elemente des Mysteriösen galten bislang folgende Umstände:

- Diana engagierte sich in der Anti-Landminenbewegung. Paßte das einigen Industriellen nicht in den Kram?
- Wollte das britische Establishment eine quasi nichtchristliche Monarchie verhindern? Schließlich wäre Dodi al-Fayed, ein gläubiger Muslim, möglicherweise der Stiefvater der Prinzen William und Henry geworden.
- Richtete sich der vermeintliche Anschlag gar gegen die mächtige Familie al-Fayed, die sich auf dem Weg nach oben viele Feinde gemacht hat?

Gewürzt wurden diese Spekulationen durch Hinweise auf ominöse Fiat Unos, wahlweise schwarz oder weiß, nicht identifizierte Männer auf Motorrädern, Lärm und Explosionsgeräusche im Tunnel Sekunden vor dem Unfall, den sturzbetrunkenen Fahrer Henri Paul und den schweigenden Leibwächter Trevor Rees-Jones. Weiterhin gilt zumindest als verwunderlich, daß die Prinzessin erst nach einer Stunde und 40 Minuten im Krankenhaus war und daß die zahlreichen Kameras zur Verkehrsüberwachung den rasenden Mercedes nicht aufzeichneten.

Im November 1998 legte die Pariser Polizei ihren Abschlußbericht vor. Zweifelsfrei wird festgestellt: Es war ein Unfall, Attentat und Sabotage sind ausgeschlossen, der Mercedes hat einwandfrei funktioniert. Schuld am Unfall war Henri Paul, der 1,75 bis 1,80 Promille Alkohol und Spuren des Antidepressionsmittels Prozac im Blut hatte und mit 118 km/h (nicht, wie in den vorläufigen Berichten festgestellt, mit annährend 200 km/h) gegen den Brückenpfeiler fuhr.

Der entscheidende Fahrfehler Henri Pauls könnte, so der Unfall-Sachverständige Michel Nibodeau, durch das Automatikgetriebe des Mercedes 280 S ausgelöst worden sein, denn der Ritz-Chauffeur fuhr normalerweise nur Gangschaltung. Am Alma-Tunnel angekommen, versuchte Paul, das Tempo zu drosseln, indem er runterschaltete und mit dem Motor bremsen wollte. Dabei schaltete er aus Versehen in den Leerlauf der Automatik. Beim Automatikgetriebe liegt oberhalb von D (Drive) N (Neutral/Leerlauf), das entspricht dem 4. und 3. Gang beim Schaltgetriebe. Ein Indiz für diese Theorie ist der enorme Lärm, den Zeugen vor dem Unfall im Tunnel gehört haben wollen – vergleichbar einem Motor, der im Leerlauf aufjault.

Der Abschlußbericht verfehlte jedoch seine finale Wirkung. Zwei Wochen später zirkulierte eine neue Theorie zu Dianas Tod: Der israelische Geheimdienst Mossad, ein alter Bekannter in jeder gängigen Verschwörungstheorie, soll Schuld am Unfall haben, wenn auch indirekt. Die Israelis, so wird kolportiert, wollten Henri Paul unbedingt als Spitzel anwerben, weil er als stellvertretender Sicherheitschef des

Ritz Zimmer, Gäste und Telefone überwachen konnte. Der Mossad wußte, daß sich im Ritz internationale Waffenhändler zu dunklen Geschäften trafen. Unter diesem Druck flüchtete Henri Paul in Drogen und Alkohol.
Und es ging weiter. »Sensationelle Wende: Di – War es doch Mord?« vermeldete *Bild* am 11. Februar 1999 in siebeneinhalb Zentimeter großen Lettern auf Seite 1. Das Boulevardblatt teilte seinen vier Millionen Lesern mit, daß US-Geheimdienste Dianas Telefongespräche abgehört und ein 1 056 Seiten starkes Dossier über die Prinzessin von Wales angelegt hatten. Mohammed al-Fayed versuchte nun gerichtlich, die Herausgabe der CIA-Akten zu erreichen, denn er hoffte auf den Beweis, daß Diana an ihrem Todestag auf einem ihrer vier Handys ihrer Freundin (die Rede ist von Lucia Flecha de Lima, der Frau des brasilianischen Botschafters in Washington) die Verlobung mit Dodi al-Fayed ankündigte – laut Vater Mohammed ihr »Todesurteil«.
Ende Februar 1999 meldete sich dann ein Mann bei der Familie al-Fayed, der behauptete, im mysteriösen Fiat Uno gesessen zu haben, der den Mercedes geschnitten und so den Unfall verursacht hatte. Bei dem Fiat Uno handelte es sich in Wahrheit um einen Citroen AX, so der Anonymus. Ob der Mann ernst genommen werden kann, ist nicht klar: Schließlich hat Mohammed al-Fayed eine Belohnung von einer Million Pfund (2,7 Millionen Mark) ausgelobt. Als Beweis für einen Mordanschlag taugt der Mann, der öffentlichkeitswirksam den Namen »Monsieur X« verpaßt bekam, natürlich kaum.
Am 8. März 1999 präsentierte *Bild* dann den angeblichen Verlobungsring (»War dieser Ring ihr Todesurteil?«): eine 370 000 Mark teure Preziose, die am Samstag vor dem tragi-

schen Ende des Paares nach Paris gebracht wurde, denn am folgenden Montag sollte die Verlobung offiziell verkündet werden. (Daß die Liebesgeschichte zwischen Di und Dodi möglicherweise keine war, enthüllte übrigens, wenig pietätvoll, Herzchirurg Christiaan Barnard. Vielmehr sei sein Kollege, der Herzspezialist Hasnat Khan, der Auserwählte gewesen. Diana wollte ihn sogar heiraten und zwei Mädchen von ihm bekommen.)
Doch nicht nur die Boulevard-Journaille beschäftigte sich mit Dianas Tod. So wurden in der US-amerikanischen *Time* folgende Fragen aufgeworfen:

- Warum hat Dodi al-Fayed in der fraglichen Nacht nicht das Auto seines Vaters Mohammed genommen, das in der Tiefgarage des Hotels stand? Dabei handelte es sich um einen grünen Mercedes 500 SEL mit kugelsicheren Scheiben und vielen weiteren Sicherheitsmerkmalen.
- Wie konnte Henri Paul überhaupt das Auto steuern? Die Obduktion bewies, daß sein Blut einen abnorm hohen Anteil Kohlenmonoxid enthielt – genug, um Schwindelgefühle und gar Ohnmacht auszulösen. »Ich verstehe nicht, wie er überhaupt in diesem Zustand gehen, geschweige denn sich ans Steuer setzen konnte«, zitiert das Nachrichtenmagazin einen namentlich nicht genannten Chef eines toxikologischen Institutes in Paris. Rätselhaft bleibt tatsächlich, wie das Kohlenmonoxid in Pauls Körper gelangte, denn er konnte nicht den Qualm in den Sekunden nach dem Unfall eingeatmet haben, weil er sofort an Genickbruch gestorben war. Allenfalls ein starker Raucher könnte einen vergleichbaren Anteil von Kohlenmonoxid im Blut haben, doch Paul war Nichtraucher, nur selten paffte er mal eine Zigarre.

Die Frage, warum Henri Paul nicht den schweren Mercedes al-Fayeds nahm, läßt sich simpel erklären: Er hat nun einmal nicht damit gerechnet zu verunglücken. Und der Abschlußbericht der Polizei erklärt den Kohlenmonoxidgehalt im Blut Henri Pauls mit den Gasen, die im Moment des Unfalls vom Airbag freigesetzt wurden.

Doch, was immer auch beweisen mag, daß Diana nicht ermordet wurde, wie viele Fakten und Abschlußberichte auch noch kommen werden: Es ist zu spät, die Prinzessin von Wales ist längst in den Zustand der kritiklosen, idolisierenden Verklärung erhoben worden. Diana wird immer ein Mythos bleiben und nie eine von 7989 anonymen Verkehrstoten in Frankreich im Jahr 1997.

Falco

Es hätte den Österreichern alles gut ins Konzept gepaßt: ihr einziger aktueller Weltstar, jung und tragisch gestorben und möglicherweise, wie einst sein Landsmann Wolfgang Amadeus Mozart, gar von fremder Hand gemeuchelt – doch die Umstände, sie meinten es nicht so mit dem gebürtigen Wiener.
Falcos Tod ist tragisch, aber wahrlich kein Heldenepos. Am Freitag, den 6. Februar 1998 verläßt der Sänger die Ferienanlage Hacienda Resorts in der Nähe der dominikanischen Hafenstadt Puerto Plata, wo er seit einem Jahr eine luxuriöse, 300 Quadratmeter große Villa besitzt. Falco steigt in seinen metallicgrauen Mitsubishi-Jeep. Dem starken Raucher, der bis zu drei Schachteln pro Tag verqualmt, sind die Zigaretten ausgegangen.
Er fährt in Richtung Sousa zum nächsten Supermarkt. Falco erledigt seinen Einkauf, setzt sich in sein Auto und kehrt zurück nach Puerto Plata.
Die Straße ist, wie die meisten Straßen in der Dominikanischen Republik, eng und unübersichtlich, oft können keine zwei Autos gleichzeitig passieren, und einer muß an den Rand fahren. Johann Hölzel, so Falcos richtiger Name, biegt mit dem Jeep in eine Kurve, als der Kleinbus einer privaten Reisegesellschaft auf ihn zurast und ihn frontal mit hoher Geschwindigkeit rammt.
Falco, 40, ist sofort tot, der Fahrer des Busses und eine Reisebegleiterin erleiden Schürfwunden und Knochenbrüche.

Die Leiche des Sängers wird zur Obduktion ins Krankenhaus nach Santiago gebracht.
Helmut Mauerbauer, ein Freund Falcos und Manager der Ferienanlage Hacienda Resorts, war einer der ersten, die das Wrack des völlig demolierten Jeeps gesehen haben. Er sagte, wohl noch unter Schock, gegenüber der Presse: »Die haben ihn frontal abgeschossen.«
Diese Aussage sollte für einige Wochen den Ton in der Berichterstattung bestimmen. Ein tragischer, unverschuldeter Tod, die Sache war für die meisten ganz klar. Wen die Götter lieben, lautete das oft bemühte Sprichwort, den holen sie eben jung zu sich.
Falco war durchaus nicht einer von vielen Sängern, die sich erst durch einen tragischen Abgang Berühmtheit verschaffen mußten: Seine Debütsingle »Der Kommissar« von 1981 verkaufte sich 6,5 Millionen Male. Seine Verehrer behaupten gar, er sei der Erfinder der europäischen Rap-Musik gewesen.
Im Jahr 1985 wurde die Single »Rock Me, Amadeus« sogar der erste deutschsprachige Song, der Platz 1 der US-Charts erobern konnte – ohne Zweifel ein sensationeller Erfolg.
Auch für Skandale ist Falco, der exzessiv lebende Star, immer zu haben: Seine Single »Jeannie«, eine schwülstige Vertonung von Sex und Gewalt, wird von vielen Radiostationen boykottiert – gleichwohl wird das Lied ein Hit. Seine Alkohol- und Kokainexzesse beschäftigen die bunten Blätter Österreichs und Deutschlands; Ex-Freundinnen berichten über ihn, er neige zu Gewalttätigkeiten.
Der Umzug in die Dominikanische Republik wird daher auch von vielen als Flucht interpretiert, sogar als Neuanfang. Ein Tonstudio habe er sich in seiner Villa einrichten

wollen, wissen die Zeitungen; und die Einladungen zur Einweihungsparty seien sogar schon verschickt worden.
Der musikalische Erfolg jedenfalls bleibt Falco sogar posthum treu. Das Album *Out Of The Dark* mit der gleichnamigen Single und der Folgehit »Egoist« schafften 1998 und 1999 sofort den Sprung in die Top ten.
Erst ein paar Tage nach dem tödlichen Unfall kommen Zweifel am Unfallhergang auf. Ein Augenzeuge berichtete der *Bild,* daß Falcos Jeep gegen 18 Uhr aus einer Raststätten-Ausfahrt rollte. Auf der Hauptstraße sei der Bus mit rund 100 km/h, also erheblich zu schnell, angerollt gekommen, der Fahrer habe keine Chance gehabt auszuweichen.
Doch warum rollte das Auto des Österreichers auf die Kreuzung? Der Zeuge: »Einheimische sagten, sie hätten an der Raststätte mit dem *loco gringo,* mit dem verrückten Ausländer, kräftig gebechert. Danach habe er sich sein T-Shirt ausgezogen und sei am Steuer eingeschlafen.«
Vollsuff wegen Liebeskummer, ferndiagnostizierte *Bild.* Seine letzte Freundin, eine Politikwissenschaftlerin namens Andrea, hatte ihn angeblich zwei Wochen zuvor verlassen.
Also doch ein Unfall im Alkoholrausch? Das hatten seine Freunde und Verwandten stets bestritten – Falco sei keinesfalls unter Alkohol- oder gar unter Drogeneinfluß Auto gefahren. Nun bekam das hastig zusammengezimmerte Heiligenbild des Stars erste Kratzer.
Im März 1998, vier Wochen nach dem Unfall, veröffentlichten die dominikanischen Behörden schließlich den Obduktionsbericht. Damit war zunächst klar: Falco hatte den Unfall selbst verschuldet. Zum Zeitpunkt seines Todes hatte der Österreicher erhebliche Mengen Alkohol im Blut, außerdem erhebliche Mengen Kokain und Marihuana.

Das konnten die Österreicher nicht auf sich sitzen lassen, in bester Kolonialherrenart beschimpften Fans die Fachleute der Dominikanischen Republik. Dem leitenden Arzt Dr. Sergio Sarita-Valdez unterstellten einige, er habe »sein Diplom beim Medizinmann unter der Bananenstaude erworben« (*News*), denn dieser Arzt hatte nach der Obduktion die unglaubliche Dreistigkeit besessen, zu behaupten, Falco habe das enorme Quantum von 1,5 Promille im Blut gehabt, außerdem 43 Nanogramm Marihuana (eine relativ geringe Menge, die etwa einem Joint entspricht), aber die verheerende Menge von 2604 Nanogramm Kokain.
Universitätsprofessor Eduard Leinzinger, Vorstand des Gerichtsmedizinischen Instituts der Universität Graz, der auch im Fall Unterweger als Gutachter auftrat, wurde eingeschaltet. Leinzinger versicherte, er zweifle die Kompetenz seines Kollegen nicht an; er erhielt aber aus dem Kreis von Falcos Hinterbliebenen den Auftrag, den Obduktionsbefund zu prüfen.
Das österreichische Nachrichtenmagazin *News*, das den Fall monatelang gründlich recherchierte (was die Tragweite von Falcos Tod für den Alpenstaat beweist), brachte beide Experten an einen Tisch. Leinzinger setzte sich im Labor der Grazer Gerichtsmedizin mit Dr. Sarita-Valdez zusammen, der alle Unterlagen und Befunde mitbrachte; eine gerichtlich beeidete Spanisch-Dolmetscherin assistierte den beiden.
Gemeinsam blättern sie dreieinhalb Stunden lang den Obduktionsbericht durch – ein eigenartiges Schauspiel, eine bizarre wienerische Operette.
Zwei Dinge fallen dem Österreicher ins Auge. Erstens äußert er sein Unverständnis, daß Sarita-Valdez den medizinisch ungebräuchlichen Begriff »Marihuana« statt »Tetrahydro-

cannabinol« verwendet – dieser ungenaue Begriff wurde in der österreichischen Presse immer wieder als Indiz für die Inkompetenz des dominikanischen Pathologen angeführt. Sarita-Valdez rechtfertigt sich damit, daß im eigentlichen Protokoll der medizinisch korrekte Begriff stand, vor Gericht jedoch aus Gründen der Verständlichkeit eine vereinfachte Bezeichnung gewählt wurde.
Das zweite ist ein Tippfehler einer Sekretärin beim Marihuana-Wert (mg statt ng). Doch der Professor räumt gönnerhaft ein, daß davor kein Institut der Welt gefeit sei.
»Ich kann keine fundierten Zweifel anmelden«, gibt Leinzinger schließlich zu Protokoll. »Mögliche Ungenauigkeiten sind auf schlechtere technische Geräte zurückzuführen, haben aber auf das Gesamtergebnis keinen Einfluß.« Insbesondere die monströse Menge Kokain bestätigte sich, beide Mediziner gaben an, selten soviel Kokain in einem Körper diagnostiziert zu haben. Diese Menge, so die Ärzte, könne man sich wohl nur injizieren.
Wie auch Leinzinger weiß, ist Sarita-Valdez keineswegs ein karibischer Voodoo-Zauberer, sondern eine international anerkannte Kapazität. Er hat 15 Jahre Praxis am Klinikum von Chicago hinter sich, an einer Stätte mit den modernsten medizinischen Geräten weltweit; außerdem ist er Mitglied des US Board of Pathologists, einer internationalen Elite-Gesellschaft, der man nur beitreten kann, wenn man strengste Aufnahmeprüfungen bewältigt. Und Sarita-Valdez kann über 500 Artikel in internationalen Fachpublikationen nachweisen. Kurz: Der Obduktionsbefund steht, die Zweifel sind ausgeräumt.

Damit dürfte klar sein, daß Falco den Unfall selbst verschuldet hat. Vielleicht hat er, benebelt durch die Drogen und mit eingeschränktem Blickfeld, den Bus nicht gesehen. Eine

weitere typische Reaktion unter Alkohol und Drogen am Steuer ist die Selbstüberschätzung: Möglicherweise hat Falco in völliger Verkennung der Situation geglaubt, er könne dem Bus problemlos ausweichen.
Oder aber, und das ist nun die eigentliche Frage: War es wirklich nur ein Unfall, bei dem festgestellten Drogencocktail also gewissermaßen ein Selbstmord aus Versehen, oder war es ein vorsätzlicher Selbstmord? »Aber wer«, fragt die *Bunte* nach dem bestätigten Obduktionsbericht, »säuft, raucht und kokst schon aus Versehen? Falco sang gut, aber er belog sich selbst – und uns – noch besser.«
Die Kellnerin Maribel Baldez ist die letzte, die Falco lebend gesehen hat. Er hatte seinen Wagen vor der »Turist Disco« geparkt, dem Arbeitsplatz der Bedienung. »Entweder war er total verwirrt, deprimiert oder betrunken«, erzählte sie. »Er saß mit nacktem Oberkörper im Auto, wirkte irgendwie geistig abwesend – bis er plötzlich Gas gab und losraste.«
War der Zusammenstoß mit dem Bus also Absicht? Die Polizei von Puerto Plata ermittelte auch in Richtung Selbstmord, das beweist ein HIV-Test, der im Rahmen der Obduktion durchgeführt wurde. Ein solcher Test wird nur gemacht, wenn der Verdacht auf Suizid besteht; der Test fiel im übrigen negativ aus.
Vieles spricht für einen Unfall. Zwar neigte Falco offenbar zu manisch-depressiven Phasen, doch er arbeitete intensiv an seinem musikalischen Comeback (was tragischerweise ja auch wenige Monate nach seinem Tod hervorragend funktionierte); außerdem schmiedete er eifrig Pläne, bald nach Wien zurückzukehren, um Videos zu produzieren.
Und der Unfall forderte ein weiteres Opfer: Der Busfahrer wird seines Lebens nicht mehr froh werden. Zuerst saß er eine Woche unschuldig hinter Gittern – mit 25 anderen Ver-

urteilten in einer Zelle, und karibische Gefängnisse dürften kaum einem Landerholungsheim ähneln.
»Am 6. Februar bin auch ich gestorben – zumindest ein Teil von mir«, erzählt der Bedauernswerte im *News*-Interview. »Ich habe Falcos Jeep früh genug gesehen, seine Kurzschlußhandlung konnte ich aber nicht voraussehen. Ich habe gebremst, wollte ausweichen – doch vergeblich, ich konnte den Unfall nicht verhindern. Mein Leben ist die Hölle. Bis zum Crash fuhr ich zehn Jahre lang unfallfrei.«
Auf die Frage, warum er Falco nach dem Unfall nicht geholfen habe, antwortet der Dreißigjährige: »Weil ich sofort sah, daß da nichts mehr zu retten ist. Außerdem fürchtete ich die Wut der Menschenmenge. Auch jetzt habe ich noch Furcht, daß irgendein Falco-Fan durchdrehen und ihn rächen könnte. Ich bete, daß man mir verzeiht. Ich kann nichts dafür ...«
Rätselhaft bleibt lediglich ein Umstand: Der unglückliche Fahrzeuglenker wurde gegen eine Kaution von umgerechnet 71 000 Mark aus dem Gefängnis entlassen. Daß er diese Summe selbst bezahlt hat, ist mehr als unwahrscheinlich. Er verdient gerade einmal 140 Mark im Monat und muß eine Frau und zwei Kinder ernähren.
Die Münchner *Abendzeitung* vermutet: »Haben Freunde von Falco das Geld hinterlegt, um etwas zu vertuschen? Die Polizei bleibt Antworten nach der Geldquelle schuldig.«
Dies ist aber letztlich eine zweifelhafte Spekulation, denn was könnte ein armer Busfahrer, in dessen Gefährt ein komplett narkotisierter Popstar raste, der Welt schon Überraschendes oder Wissenswertes mitteilen?

Florence Griffith-Joyner

Sie hat unserem Sport eine Aufmerksamkeit gegeben, die wir zuvor nicht kannten«, sagte Evelyn Ashford über ihre langjährige Konkurrentin Florence Griffith-Joyner, genannt FloJo. Die Leichtathletin ließ ihre Fingernägel zu 16 Zentimeter langen Krallen wachsen und bemalte sie mit schillernden Farben; sie rannte die 100 und 200 Meter in selbstentworfenen und knallbunten Einteilern, die nur das Nötigste bedeckten, und sie gewann bei den Olympischen Spielen von Seoul 1988 dreimal die Goldmedaille; außerdem lief sie Weltrekorde, die bis heute Bestand haben. Sie war die erste »Diva der Tartanbahn« (so der *Spiegel*), und sie wurde von vielen Seiten vereinnahmt. Patricia Rico, Präsidentin des US-Leichtathletikverbandes, bekundete, mit FloJo hätten »Frauenwettkämpfe eine neue Ära erreicht«; tatsächlich waren Wettkämpfe mit ihr spannender und glamouröser als die Vergleiche der Männer. Amerikanische Sportlerinnen wie Gail Devers kürten FloJo zu ihrem Vorbild. 1998 verstarb Florence Griffith-Joyner im Alter von achtunddreißig Jahren. Die zunächst verbreitete Todesursache: Herzversagen.

1988 war die Sportwelt, die FloJo als schlanke, grazile Sprinterin kannte, verblüfft: Ihre Schultern schienen doppelt so breit wie früher, ihre Oberschenkel waren so dick wie bei Bodybuildern – wohlgemerkt: männlichen Bodybuildern –, das Kinn war ausgeprägt und von einem Bartschatten gezeichnet. Derart aufgerüstet, pulverisierte Griffith-Joyner die alten Bestmarken und lief die 100 Meter in 10,49 Sekunden und die 200 Meter in 21,34 Sekunden; auf den 100 Metern war sie damit schneller als der damals amtierende deutsche Meister Andreas Maul. Carl Lewis und andere Sportler beschuldigten ihre Kollegin des Dopings, doch ihr konnte nie etwas nachgewiesen werden – die Kontrollen waren lasch, die Zusammensetzung der Dopingmittel raffiniert genug, um im Körper schnell abgebaut oder versteckt zu werden. Ihre Rekorde nahmen »die nächsten fünfzig Jahre im Frauensprint vorweg«, erklärte süffisant Charlie Francis, der geständige Trainer Ben Johnsons. »In der Welt der Leichtathletik hatte die Meinung, daß Florence gedopt war, Allgemeingültigkeit«, schrieb Carl Lewis in seiner Autobiographie. Einmal sagte Lewis, er wisse »aus sehr zuverlässigen Quellen«, daß ihr von ihrem Trainer Anabolika verabreicht worden seien, und der frühere US-Mittelstreckenläufer Darell Robinson gestand dem *Stern,* FloJo habe ihm 2000 Dollar für eine Zehnkubikzentimeter-Ampulle mit Wachstumshormonen bezahlt. Lorna Boothe, einst FloJos Trainingspartnerin und mittlerweile Teammanagerin des britischen Leichtathletikverbandes, versicherte, sie wisse von einer Krankenschwester in einem kalifornischen Hospital, daß die Läuferin regelmäßig mit anabolen Steroiden und Testosteron behandelt wurde. »Wenn man wie ein Mann laufen will, dann muß man wie ein Mann trainieren«, antwortete FloJo dagegen auf Fragen nach ihrer wortwörtlich fabelhaften Leistungsexplosion. Und: »Wenn du an Gott glaubst, weißt du, daß allein der Glaube alles möglich werden läßt.«

Anabolika ähneln in ihrer chemischen Struktur dem männlichen Sexualhormon Testosteron. Nicht nur die Skelettmuskulatur schwillt an, sondern auch der Herzmuskel wird größer und schwerer, die Muskelfasern ziehen sich unkoordiniert zusammen, es kommt zu Durchblutungsstörungen. Der Kugelstoßer Ralf Reichenbach, ebenfalls 1998 verstorben, hatte nach Aussage des Doping-Fahnders Werner Franke das Herz eines Achtzigjährigen. Reichenbach, einer der stärksten Männer der Welt, konnte gegen Ende seines Lebens angeblich nicht einmal mehr einen Stuhl anheben.

Die Leber ist durch die Doping-Substanzen überlastet und kaum noch in der Lage, Cholesterin abzubauen. Das Fett zirkuliert in den Adern, es kann zu einer Arterienverkalkung und zum Herzinfarkt kommen; einige der verbotenen Mittel begünstigen auch die Bildung von Blutgerinnseln, die Gefäße im Herz oder im Hirn verstopfen und im schlimmsten Fall einen Infarkt oder Schlaganfall auslösen können.

Fünf Monate nach ihrem Triumph von Seoul erklärte Florence Griffith-Joyner ihren Rücktritt – ohne danach je wieder an einem einzigen Rennen teilgenommen zu haben. Für Fachleute ist der Grund klar: Seoul erlebte mit der Entlarvung des kanadischen Sprinters Ben Johnson kurz nach seiner Goldmedaille im 100-Meter-Lauf einen Doping-GAU. Danach begriff selbst das Internationale Olympische Komitee, daß das Doping den Sport völlig ruinieren könnte. Die Greisen beschlossen für Anfang 1989 schärfere Kontrollen, etwa unangemeldete Checks während der Trainingsphasen der Athleten.

FloJo nannte als Grund, sie käme sonst ihren Verpflichtungen nicht mehr nach, denn sie fühlte sich als Superstar, deren Vermarktungspotential ihr Manager bei »irgendwo um die 50 Millionen Dollar« ansiedelte. Die Fachwelt allerdings vermutete zwei andere Gründe: Entweder habe sie durch exzessives Doping schon damals unter gesundheitlichen Problemen gelitten – oder sie habe keine Chance mehr gesehen, den zunehmenden und präziseren Doping-Kontrollen zu entgehen. US-Senator Joseph Biden saß 1989 einem Parlamentsausschuß zur Doping-Bekämpfung vor. Als man ihm zwei Bilder der Weltrekordlerin vorlegte, eines von 1984 und eines von 1988, fragte er: »Das sind nicht zwei verschiedene Athletinnen? Unglaublich!«

Die 50 Millionen Dollar, die man aus FloJo herausholen könnte, waren zu optimistisch gedacht, denn es wurde schnell still um die exzentrische Sprinterin. Sie verfaßte Kinderbücher, doch die wollte keiner lesen; sie sollte eine Hollywood-Karriere einschlagen, doch ein Film mit Eddie Murphy kam nicht zustande. FloJo, seit 1987 mit Al Joyner, dem Dreisprung-Olympiasieger von Los Angeles, verheiratet und seit 1990 Mutter einer Tochter, mußte nicht hungern, doch verloren die Sponsoren irgendwann das Interesse an ihr. Als der Ostblock zusammenbrach und das ganze Ausmaß des Dopings im Weltsport deutlich wurde, konnte eine Journalistin von *Sports Illustrated* zwei Sportmediziner und einen Apotheker aufspüren, die versicherten, der Leichtathletin Dopingmittel verkauft beziehungsweise verabreicht zu haben. Die Story erschien nie, angeblich, weil die Vorfälle zu lange zurücklagen.

1992 versuchte Griffith-Joyner, »inzwischen wieder auf Normalmaß geschrumpft« (*Stern*), ein Comeback als Langstreckenläuferin. Sie schaffte die 5000 Meter in zwanzig Minuten – eine katastrophale Zeit. Vier Jahre später wollte sie vor heimischem Publikum bei den Olympischen Spielen von Atlanta ein weiteres Comeback feiern, doch noch vor den Qualifikationsläufen stieg sie aus, angeblich wegen Problemen mit der Achillessehne.

Im April 1996 erlitt sie auf einem Flug von Kalifornien nach St. Louis einen Herzanfall und durfte anschließend das

Krankenhaus nach nur einem Tag schon wieder verlassen, da die Ärzte bei den Checks nichts finden konnten. Ihr Mann spielte den Vorfall herunter: Es sei nur ein kleiner Kollaps gewesen, verursacht durch Übermüdung und Flüssigkeitsmangel. »Wenn die Presse nichts als Fakten drucken würde«, sagte ihr Coach Bob Kersee, »dann stünde zu lesen, daß Florence Griffith-Joyner eine Weltrekordlerin war, daß sie sich im Wettkampf gut geschlagen hat, daß sie hart trainierte, daß sie jeden Dopingtest bestand und daß sie sich freiwillig Dopingtests unterzogen hat, daß sie ein wahrer Champion ist, eine wahre Heldin und ein wahres Vorbild. Das ist die Wahrheit.« Doch es kam heraus, daß FloJo bereits 1990 während ihrer Schwangerschaft eine kleinere Attacke erlitten hatte.

Am 21. September 1998, nachdem sie am Tag über Müdigkeit geklagt hatte, starb Florence Griffith-Joyner im Schlaf in ihrem Haus in Laguna Beach nahe Los Angeles. Im olympischen Trainingszentrum der Vereinigten Staaten in Colorado Springs wurden die Flaggen auf Halbmast gesetzt, Fans legten Blumen vor Florence Griffith-Joyners Haus nieder. Aus dem ganzen Land gingen Beileidsbekundungen ein; auch von Bill Clinton kam ein Kondolenzschreiben.

Der Autopsiebericht wurde am 22. Oktober veröffentlicht und kam zu dem Schluß, ein epileptischer Anfall sei die Todesursache gewesen.

Unklar bleibt also, ob der Tod der schnellen Schönen eine Spätfolge ihres Dopings war. Dies ist wahrscheinlich, aber nicht einwandfrei nachzuweisen. Unzählige medizinische Studien haben die Beeinträchtigungen des Dopings auf das Herz-Kreislauf-System bestätigt, doch ein Sportler unterliegt wie jeder Mensch auch noch anderen Einflüssen. Nach dem Tod des Sprinter-Stars vermuteten fast alle Fachleute jedoch einen kausalen Zusammenhang. Andere gehen so weit, ihren frühen Tod als »nachträglichen Dopingbeweis« *(Frankfurter Allgemeine Zeitung)* aufzufassen.

Es ist kaum zu ermitteln, wie weit verbreitet das Doping auch bei Freizeitsportlern ist. Jedes Jahr sterben in Deutschland 1000 Menschen beim Sport, 90 Prozent von ihnen an Herzversagen. Der häufigste Grund für Herzversagen ist allerdings nicht Doping, sondern nicht auskurierte Viruserkrankungen, die auch den Herzmuskel befallen können. Ein derart geschwächtes Herz könne bei körperlicher Anstrengung aus dem Takt kommen oder sogar ganz versagen. Dennoch ist unsicher, wie viele sportliche Deutsche dopen.

In den USA befindet sich Doping auf einem erschreckenden Vormarsch, gerade in dem rigoros auf sportliche Bestleistungen ausgerichteten High-School- und College-System. Anfang 1998 gestanden im US-Bundesstaat Massachusetts von beinahe 1000 befragten Schülern 2,7 Prozent, schon einmal verbotene Anabolika eingenommen zu haben, Mädchen ebenso wie Jungen. Jedes Jahr sterben in den USA rund 100 Sportler im Alter von fünfunddreißig bis fünfundvierzig Jahren an den Folgen einer langjährigen Einnahme leistungssteigernder Mittel. Kein Wunder, ist doch Doping in den USA, obschon illegal, gesellschaftlich keineswegs so geächtet wie in Europa: Der Baseball-Star Mark McGwire, der in der Saison 1998 mit 65 Homeruns einen neuen Rekord aufstellte, bekennt sich offen zum Konsum zweifelhafter anaboler Medikamente. Nach Griffith-Joyners Tod war in Amerika die Diskussion über die Doping-Problematik auch höchst zurückhaltend – und das nicht nur, weil man von den Toten nur Gutes reden soll.

Fachleute fordern, Sportler nach ihrem Tod öfter zur Autopsie freizugeben, um das Ausmaß des Dopings besser einschätzen zu können. Illegale Substanzen könnten im Freizeitsport weiter verbreitet sein, als das bisher für möglich gehalten wurde. Vielleicht war der frühe Tod von Florence Griffith-Joyner nicht sinnlos, vielleicht hat er einigen Hochleistungs- und Freizeitsportlern radikal vor Augen geführt, wohin der unbedingte Wille zum Sieg führen kann.

Quellenverzeichnis

Mozart

Carr, Francis: Mozart und Constanze. Stuttgart 1986

Hildesheimer, Wolfgang: Mozart, Frankfurt 1991

Ist Mozart am Doktor gestorben?, in: *Stuttgarter Zeitung* 5.11.1983

Jacob, Heinrich Eduard: Mozart – Der Genius der Musik. Frankfurt am Main 1980

Long Live Mozart!, in: *Time*, 22.7.1991

Mozarts Todeskrankheit: Symptomatik einer finalen Urämie, in: *Deutsches Ärzteblatt*, Heft 8 und 9, 19./26. Februar 1981

Nicht Gift noch Tbc – Mozart starb am Schädeltrauma, in: *Welt am Sonntag*, 20.3.1994

Robbins, H. C.: 1791 – Mozarts letztes Jahr. Düsseldorf 1988

Salieris Schweigen, in: *Frankfurter Allgemeine Zeitung*, 22.4.1995

Wer vergiftete Mozart?, in: *Die Zeit*, 9.10.1987

Wurde Mozart doch vergiftet?, in: *Frankfurter Allgemeine Zeitung*, 12.7.1986

Wurde Mozart ermordet?, in: *Welt am Sonntag*, 11.10.1970

Napoleon

Arsen-Spuren in Napoleons Haar, in: *Neue Zürcher Zeitung*, 22.3.1995

FBI überprüft Hypothese von der Ermordung Napoleons, in: *Frankfurter Allgemeine Zeitung*, 22.6.1994

Napoleon – Neun Haare beim FBI, in: *Frankfurter Rundschau*, 21.6.1994

Napoleon was poisoned, in: *International Herald Tribune*, 9.9.1995

Weider, Ben/Hapgood, David: The Murder of Napoleon. New York 1982

Edgar Allan Poe

Lenning, Walter: Poe. Hamburg 1995

Rosen und Cognac um Mitternacht – Am Grabe Edgar Allan Poes, in: *Frankfurter Allgemeine Zeitung*, 7.2.1987

Traurige, unendliche Erinnerung – Eine neue Biographie entmystifiziert Edgar Allan Poe, in: *Süddeutsche Zeitung*, 23.5.1992

Abraham Lincoln

Reck, W. Emerson: Abraham Lincoln – His Last 24 Hours. South Carolina 1994

Uthmann, Jörg von: Attentat. Berlin 1996

Ludwig II.

Der Dunst über dem See bleibt undurchdringlich, in: *Süddeutsche Zeitung*, 16.11.1991

Der König ist tot, es lebe der Kini, in: *Die Zeit*, 13.6.1986

Ewige Lust an Ludwig, in: *Der Spiegel*, 21.8.1995

»König Ludwig, steh auf und regier!«, in: *Stern*, 10.8.1995

Ludwig II.: In die Zunge verbissen und erstickt, in: *Süddeutsche Zeitung*, 26.1.1991

Annie Chapman, Polly Nichols, Elizabeth Stride, Catherine Eddowes, Mary Jane Kelly

»Goddam, das ist ein hartes Stück Arbeit« – Spiegel-Autor Wilhelm Bittorf über den neuesten Stand der »Jack the Ripper«-Forschung, in: *Der Spiegel*, 36/1988

Jack the Ripper – der Schlitzer war ein Profi, in: *Süddeutsche Zeitung*, 20.7.1995

Jack the Ripper, in: *Stern*, 34/1988

Rise and Rise of the Ripper, in: *The Times Saturday Review*, 21.12.1991

Und ewig schlitzt der Ripper, in: *Tempo*, 8/1988

Wo der Mörder eine halbe Milz verlor, in: *Süddeutsche Zeitung*, 15.4.1997

Ambrose Bierce

Morris, Ray: Ambrose Bierce. Allein in schlechter Gesellschaft. Zürich 1999

Nickell, Joe: Ambrose Bierce Is Missing and Other Historical Mysteries. Kentucky 1991

Das Lindbergh-Baby

Auf dem Flug zu Hitler las Englands Außenminister Lindberghs Warnung, in: *Welt am Sonntag*, 30.5.1976

Crime of the Century, in: *Variety*, 9.9.1996

Ein Todesurteil weckt noch nach 50 Jahren Zweifel, in: *Süddeutsche Zeitung*, 14.2.1985

Fall Lindbergh wird nicht aufgerollt, in: *Süddeutsche Zeitung*, 29.1.1986

Fliegerheld Charles Lindbergh: War er selbst der Mörder seines Kindes?, in: *Neue Post*, 19.9.1996

Lindbergh-Baby – Hat der Vater es entführt?, in: *Bild*, 14.9.1996

Lindbergh-Baby von Tante getötet?, in: *Die Welt*, 7.1.1994

Neue Fragezeichen im Lindbergh-Fall, in: *Süddeutsche Zeitung*, 13.2.1981

Neue Klage im Fall Lindbergh, in: *Süddeutsche Zeitung*, 20.6.1986

»Tötet den Deutschen! Auf den Stuhl mit ihm!«, in: *Frankfurter Allgemeinen Zeitung*, 2.4.1996

Warum mußte Hauptmann sterben?, in: *Stern*, 10/1982

Wurde der Falsche hingerichtet?, in: *Stuttgarter Zeitung*, 10.2.1981

Antoine de Saint-Exupéry

Saint-Exupéry Mystery: One More Look, in: *International Herald Tribune*, 14.7.1992

So starb der Autor des »Kleinen Prinzen«, in: *Frankfurter Rundschau*, 22.5.1981

Suche nach Flugzeug Saint-Exupérys erfolglos, in: *Süddeutsche Zeitung*, 5.11.1992

U-Boot soll Rätsel um Saint-Exupéry aufklären, in: *Frankfurter Rundschau*, 22.7.1992

»Wir haben Saint-Exupéry nicht abgeschossen!«, in: *Bild am Sonntag*, 21.6.1981

Glenn Miller

Das Geheimnis um eine »Swing-Legende«, in: *Hamburger Abendblatt*, 12.12.1984

»Er hat den Flug verpennt«, in: *Hamburger Abendblatt*, 16.7.1997

Glenn Miller: Herztod im Bordell?, in: *Abendzeitung*, 15.7.1997

James Dean

Aus dem Reich der Toten – Der Spuk in James Deans Unglücks-Auto, in: *Autozeitung*, 1/1975

Death of James Dean Makes for Lively Fare in His Hometown, in: *Wall Street Journal*, 11.10.1991

Letzte Fahrt im Porsche Spyder, in: *Tagesspiegel*, 10.10.1992

Rock Hudson ließ James Dean ermorden!, in: *Bildwoche*, 9.11.1989

Vor dem Unfall legte sich James Dean in einen Sarg, in: *Bild*, 6.10.1975

Rosemarie Nitribitt

Das Märchen Rosemarie, in: *Frankfurter Rundschau*, 20.1.1986

Der Fall Nitribitt »jenseits der Gesetze«, in: *Kriminalistik*, 4/1969

Die Akte Nitribitt, in: *Neue Revue*, 24.12.1996

»Quick sucht den Mörder der Nitribitt«, in: *Quick* 3/1959, 4/1959, 5/1959, 6/1959, 7/1959, 8/1959

Marilyn Monroe

Gregory, Adela/Speriglio, Milo: Der Fall Marilyn Monroe. München 1996

Marilyn Monroe mit Gift-Klistier ermordet, in: *Bild*, 1.6.1996

Mellen, Joan: Marilyn Monroe – Ihre Filme, ihr Leben. München 1983

Neue Monroe-Biographie – Ließen die Kennedys sie ermorden?, in: *Welt am Sonntag*, 28.4.1993

John F. Kennedy

Jelzin übergibt Clinton KGB-Akten, in: *Süddeutsche Zeitung*, 22.6.1999

J.F.K., in: *Newsweek*, 22.11.1993

Uthmann, Jörg von: Attentat. Berlin 1996

Paul McCartney
Reeve, Andru J.: Turn Me On, Dead Man, The Complete Story of the Paul McCartney Death Hoax. Ann Arbor, Michigan, USA 1994

Bruce und Brandon Lee
Clouse, Robert: Bruce Lee, The Biography. Unique 1989
Lethal Weapon, in: *People*, 19.4.1993
Thomas, Bruce: Bruce Lee, Fighting Spirit. North Atlantic 1994

Elvis Presley
Elvis lebt!, in: *Hamburger Morgenpost*, 6.1.1995
Elvis lebt!, in: *TV Movie*, 24.7.1997
Goldman, Albert: Elvis, Die letzten 24 Stunden. Bergisch Gladbach 1993
How Did Elvis Die? U.S. Authorities Back Decision by Examiner, in: *Wall Street Journal*, 30.9.1994

Heinz-Herbert Karry
Karry-Mord ein Betriebsunfall?, in: *taz*, 11.5.1992
Ministermord ohne Täter, in: *taz*, 15.7.1985
Mord an Karry: Polizei resigniert, in: *Frankfurter Rundschau*, 11.5.1996
Mord aus Versehen, in: *Der Spiegel*, 24.11.1997
Mordfall Karry abgeschlossen, in: *Frankfurter Rundschau*, 7.5.1986

Roberto Calvi
Bankier Gottes – »Es war doch Mord«, in: *Hamburger Abendblatt*, 19.10.1992
Bankier Gottes findet keine Ruhe, in: *Süddeutsche Zeitung*, 18.12.1998
Bischof Marcinkus und die Affäre Calvi, in: *Frankfurter Allgemeine Zeitung*, 25.6.1982
Calvis Tod läßt Mächtige zittern, in: *Die Welt*, 8.7.1982
Gott und Geld, in: *Der Spiegel*, 10/1987
Im Namen des Heiligen Geldes, in: *Stern* 47/1986

Knackt die Schweizer Justiz den Tresor des Opus Dei?, in: *Weltwoche*, 21.4.1994
Mafia ermordete Bankpräsident Calvi, in: *Süddeutsche Zeitung*, 11.4.1997
Mailands Männer in Grau, in: *Wirtschaftswoche*, 2.7.1982

Birgit Dressel

Der plötzliche Tod der Siebenkämpferin war kein heilsamer Schock, in: *Frankfurter Allgemeine Zeitung*, 10.4.1997
Die beiden Gutachter sind überzeugt: Ein Allergieschock hat den Tod verursacht, in: *Frankfurter Allgemeine Zeitung*, 1.8.1987
Ein Tod mit Fragezeichen, in: *Hamburger Abendblatt*, 13.4.1987
Es waren um die 100 Medikamente, in: *Hamburger Abendblatt*, 8.9.1987
Fall Dressel: Neue Rätsel um den Tod der Athletin, in: *Welt am Sonntag*, 10.5.1987
Fall Dressel: Wird da was vertuscht?, in: *Bild am Sonntag*, 5.7.1987
»Im Flur hörte ich ihre Schmerzensschreie«, in: *Abendzeitung*, 13.4.1987
Klümpers Beteiligung ist nicht ganz abwegig, in: *Frankfurter Allgemeine Zeitung*, 22.12.1995
Tod einer Athletin, in: *Sports*, 6/1987

Alfred Herrhausen

»Herrhausen hingerichtet«, in: *Frankfurter Rundschau*, 6.12.1989
Herrhausen wurde nicht von der RAF ermordet, in: *Süddeutsche Zeitung Magazin*, 48/1992
Keine heiße Spur im Fall Herrhausen, in: *Süddeutsche Zeitung*, 25.1.1992
Keine Spur von Mördern Herrhausens, in: *Süddeutsche Zeitung*, 4.12.1989
Neue Ungereimtheiten im Fall Herrhausen, in: *Die Welt*, 22.2.1992
Nun setzen die Ermittler auf die Bevölkerung, in: *Die Welt*, 22.1.1992
Sie wissen so gut wie nichts, in: *Hamburger Abendblatt*, 29.1.1992
Wie der Verfassungsschutz mit Siggi Nonne »Polka« tanzte, in: *Frankfurter Rundschau*, 28.11.1992

Kurt Cobain

Halperin, Ian/Wallace, Max: Who Killed Kurt Cobain? The Mysterious Death of an Icon. Secaucus, New Jersey, USA 1998

Thompson, Dave: Nirvana – Das schnelle Leben des Kurt Cobain. München 1994

Woodward, Fred: Cobain. New York 1997

River Phoenix

Asche zu Asche – River Phoenix gestorben, in: *Süddeutsche Zeitung*, 3.11.1993

Ein Junge namens River, in: *Frankfurter Rundschau*, 20.5.1995

Jungstar: Es waren Drogen, in: *Hamburger Abendblatt*, 8.11.1993

Nicht nur die Drogen töteten ihn, in: *Berliner Zeitung*, 1.11.1994

River of no return, in: *Tempo*, 1/1994

River Phoenix (23) – die letzten Minuten, bevor er starb, in: *Bild*, 3.11.1993

River's end, in: *People*, 15.11.1993

Jitzhak Rabin

Karpin, Michael/Friedman, Ina: Der Tod des Jitzhak Rabin, Anatomie einer Verschwörung. Reinbek bei Hamburg 1998

Gianni Versace

Orth, Maureen: Vulgar Favors – Andrew Cunanan, Gianni Versace and the Largest Failed Manhunt in U.S. History. New York 1999

Turner, Lowri: Gianni Versace – Fashion's Last Emperor. New York 1997

Diana

Dianas Tod – ist Dodi schuld?, in: *Abendzeitung*, 15.9.1997

Diana – War der Unfall ein Mord?, in: *Bunte*, 13.11.1997

Di's Tod – Mythos und Mystery, in: *Abendzeitung*, 3.11.1997

Mossad schuld an Dianas Tod?, in: *Hamburger Abendblatt*, 5.10.1998

Sensationelle Wende: Di – War es doch Mord?, in: *Bild*, 11.2.1999

Zeugen wollen weißes Auto nach dem Unfall in Paris gesehen haben, in: *Frankfurter Allgemeine Zeitung*, 2.1.1998

Falco
Bestätigt!, in: *News*, 2.4.1998
Den Aufprall höre ich heute noch, in: *News*, 2.7.1998
Falco fuhr in den Tod!, in: *Bild am Sonntag*, 8.2.1998
Falco: War es Selbstmord?, in: *Abendzeitung*, 17.3.1998
Sein letztes Lied war eine Lüge, in: *Bunte*, 19.3.1998

Florence Griffith-Joyner
Ihr Herz war zu schnell für diese Welt, in: *Bunte*, 1.10.1998
Like Lightning, in: *People*, 5.10.1998
Muskelprotz mit Greisen-Herz, in: *Süddeutsche Zeitung*, 20.10.1998

Stefan Maiwald

Ungelöst

Unglaubliche Verschwörungstheorien

Die Geschichte des Luxusliners *Titanic* ging um die Welt – aber handelt es sich bei ihrem tragischen Untergang vielleicht doch um einen perfekt geplanten Versicherungsbetrug? Stefan Maiwald durchleuchtet in diesem Buch die bekannten und unbekannten, auf jeden Fall aber immer bizarren Verschwörungstheorien der Welt – von der Wahrheit über die letzte Zarentochter Anastasia bis zur Explosion des Zeppelins *Hindenburg.*

»Eine Reise in die bizarre Welt der Verschwörungstheorien!« *Playboy*

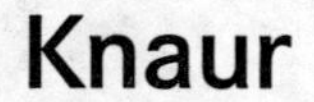